Informatik-Fachberichte 183

Herausgegeben von W. Brauer
im Auftrag der Gesellschaft für Informatik (GI)

A. Clauer   W. Purgathofer (Hrsg.)

AUSTROGRAPHICS '88

Aktuelle Entwicklungen in der
Graphischen Datenverarbeitung

Fachtagung, Wien,
28.–30. September 1988

Proceedings

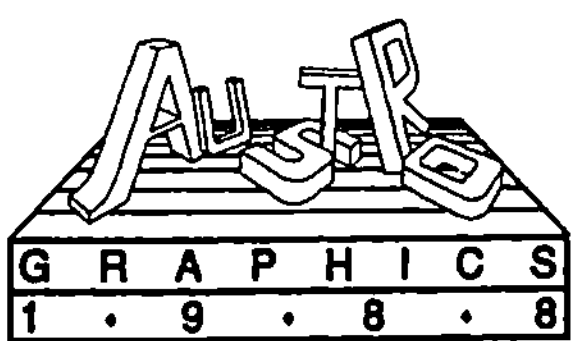
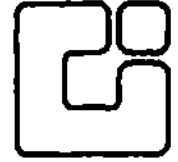

Springer-Verlag
Berlin Heidelberg New York
London Paris Tokyo

Herausgeber

Alexander Clauer
Werner Purgathofer
Institut für Praktische Informatik
Abteilung für Algorithmen und Programmiermethodik
Technische Universität Wien
Resselgasse 3/180, A–1040 Wien

CR Subject Classifications (1987): I.3

ISBN-13: 978-3-540-50305-7   e-ISBN-13:978-3-642-74081-7
DOI: 10.1007/978-3-642-74081-7

CIP-Titelaufnahme der Deutschen Bibliothek.
Aktuelle Entwicklungen in der Graphischen Datenverarbeitung : proceedings / Austrographics '88. A. Clauer; W. Purgathofer (Hrsg.). GI ; ACGA. –
Berlin; Heidelberg; New York; London; Paris; Tokyo: Springer, 1988
    (Informatik-Fachberichte; 183)

NE: Clauer, Alexander [Hrsg.]; Austrographics «1988, Wien»;
    Gesellschaft für Informatik; GT

Vorwort

Dieser Band enthält die Beiträge zur periodischen Tagung der *Austrian Computer Graphics Association (ACGA)*, zur AUSTROGRAPHICS´88. Die Tagung fand vom 28. bis 30. September 1988 an der Technischen Universität Wien statt und wurde von der *Eurographics Association*, der *Gesellschaft für Informatik e.V.* und der *Österreichischen Computergesellschaft* mitveranstaltet. Die AUSTROGRAPHICS findet alle zwei Jahre als internationale deutschsprachige Tagung zum Thema Graphische Datenverarbeitung statt.

Die ACGA ist der österreichische Verband für Graphische Datenverarbeitung. Sie agiert als uneigennütziger, nicht gewinnorientierter Verein zur Verbreitung und Förderung der Graphischen Datenverarbeitung und ihrer Anwendungen. Neben der AUSTROGRAPHICS werden noch unregelmäßig Einzelveranstaltungen wie Seminare, Kongresse und Vorträge abgehalten. Außerdem gibt die ACGA die Fachzeitschrift *CAD&Computergraphik* heraus, die 4 bis 6 mal jährlich erscheint (Kontakt: ACGA, Karlsplatz 13/180, A-1040 Wien).

Das Hauptziel der AUSTROGRAPHICS´88 ist es, die im deutschsprachigen Raum getätigten Bemühungen auf dem Gebiet der Graphischen Datenverarbeitung konzentrieren und koordinieren zu helfen. Gleichzeitig ermöglicht sie natürlich die Präsentation wissenschaftlicher Ergebnisse ohne die für manche anstrengende Übersetzung ins Englische.

Elf Programmkomiteemitglieder wählten aus 25 eingereichten Arbeiten die 15 besten für das endgültige Programm aus. Da in der gleichen Woche ebenfalls in Wien ein GI-Fachgespräch zum Thema *Visualisierungstechniken und Algorithmen* stattfand, liegen die Themenschwerpunkte der AUSTROGRAPHICS´88 eher auf anderen Gebieten. Nach einem Kapitel über neue *Algorithmen der Graphischen Datenverarbeitung* folgen Beiträge zu den Themenkreisen *Graphische Benutzerschnittstellen, Kartographie, Hardware und Netze*. Einen regelrechten Schwerpunkt bilden diesmal die Kapitel *Freiformflächen* und *Geometrische Algorithmen*.

In diesem Zusammenhang muß auch den Mitgliedern des Programmkomitees unser herzlicher Dank ausgesprochen werden für die Arbeit, die sie sich mit den Begutachtungen gemacht haben. Unser Dank gilt auch den Autoren, die alle pünktlich ihre endgültigen Manuskripte fertiggestellt hatten. Und schließlich müssen wir uns noch bei *Springer-Verlag Heidelberg* für die engagierte und unbürokratische Unterstützung bedanken, die wesentlich zum Gelingen dieses Bandes beigetragen hat.

Alexander Clauer   Werner Purgathofer

Ehrenschutz

Dr. Franz Vranitzky
Bundeskanzler der Republik Österreich

Dr. Alois Mock
Vizekanzler der Republik Österreich

Prof. Dr. Hans Tuppy
Bundesminister für Wissenschaft und Forschung

Dr. Helmut Zilk
Bürgermeister der Stadt Wien

Prof. Dr. Karl Kraus
Rektor der Technischen Universität Wien

Programmkomitee

W. Barth
Technische Universität Wien

J. Encarnaçao
TH Darmstadt

M. Gervautz
Technische Universität Wien

H. Hagen
Universität Braunschweig

W. Herzner
Forschungszentrum Seibersdorf

E. Huttar
ÖCAD Wien

H. Müller
Universität Karlsruhe

U. Waibel
IMPULS Wien

J. Weiß
Sysgraph Wien

E. Wenger
Akademie der Wissenschaften Wien

E. Wilmersdorf
Magistratisches Rechenzentrum Wien

Inhalt

Eingeladene Beiträge

Graphische Datenverarbeitung
als Werkzeug in der Ausbildung

Georg Köberle

Zentrum für Graphische Datenverarbeitung
Wilhelminenstraße 7
D-6100 Darmstadt

Die Einführung graphisch-interaktiver Systeme wie CAD, CAE, Simulation u.ä. in der Wirtschaft ist in vollem Gange und wird in den kommenden Jahren verstärkt fortgesetzt werden. Die Einführung solcher Systeme wird bereits heute dadurch behindert, daß nicht genügend qualifiziertes Personal bereitgestellt werden kann.

Dieses Ausbildungsdefizit ist schnellstens zu beheben, wobei die Hochschulen und die Industrie gleichermaßen gefordert sind. Gerade im technisch-wissenschaftlichen Bereich wird der Einsatz von rechnergestützten Anwendungssystemen mit graphischen Benutzerschnittstellen mehr und mehr zu einem unabdingbaren Kriterium praxisnaher Aus- und effizienter Fortbildung. Dies gilt sowohl für den Hochschulbereich als auch für die Weiterbildung von Mitarbeitern der Wirtschaft.

Erfahrungen, wie die Trends der EDV-Entwicklung (Mikroprozessoren, Arbeitsplatzrechner, Super-Minicomputer, Local-Area-Network, Wide-Area-Network, ISDN, etc.) in der Ausbildung in großem Stil eingesetzt werden können, fehlen weitgehend. Die existierende Lücke auf diesem Gebiet, verglichen zu anderen Industriepartnern, insbesondere zu den USA, muß schnellstens geschlossen werden, wenn nicht ein Technologiedefizit aus einem vorangegangenen Ausbildungsdefizit entstehen soll.

D.h. es ist dringend erforderlich, daß sich die bestehenden Ausbildungseinrichtungen auf die veränderten Anforderungen einstellen. Dabei darf aber auch nicht übersehen werden, daß zur Bereitstellung der notwendigen Infrastruktur noch umfangreiche Forschungs- und Entwicklungsarbeiten zu leisten sind.

Das Zentrum für Graphische Datenverarbeitung e.V. (ZGDV) in Darmstadt ist ein Zusammenschluß der Technischen Hochschule Darmstadt und Wirtschaftsunternehmen, die auf dem Gebiet der Graphischen Datenverarbeitung als Ausbilder, Hersteller, Systemhäuser und Anwender tätig sind. Gemeinsames Ziel dieser Partner ist es, in einer neuen Form der Kooperation die Ausbildung zukünftiger Hochschulabsolventen praxisnah und dem neuesten Stand der Technik entsprechend zu gestalten. Aus dieser Erkenntnis heraus wurde das Projekt

"Pilotzelle für Graphikausbildung"

ins Leben gerufen.

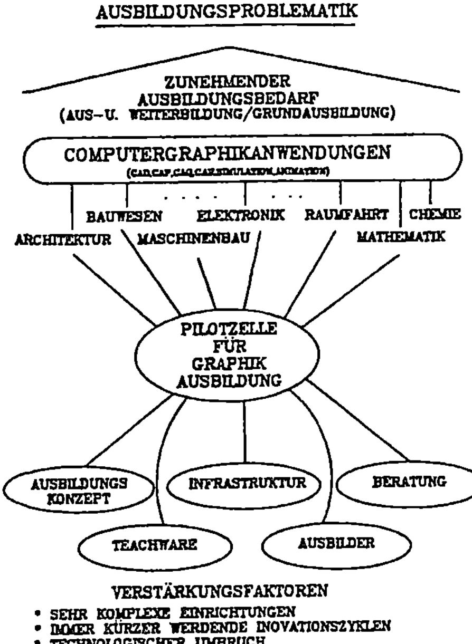

Das Ziel des Projektes ist es, im Rahmen von Pilotzelleninstallationen Erfahrungen über Aufbau und Betrieb von verteilten Rechnersystemen in der graphisch-interaktiven Ausbildung zu gewinnen. Die Gesamtthematik "Pilotzelle für Graphikausbidlung" wurde in drei Bereiche untergliedert:

Infrastruktur

Die Hardware- und Softwarestruktur muß den besonderen Anforderungen der Ausbildung wie

- hohe Teilnehmerzahl
- unterschiedliche Anwendungsgebiete
- unterschiedliche Ausbildungsformen
  (Kurse, Gruppenübungen, freies Arbeiten, etc.)

gerecht werden.

All dies stellt hohe Anforderungen an die Vernetzung und das Systemmanagement. Unterschiedliche Systemanbieter, aber auch die vorhandene Hochschulausrüstung haben gezeigt, daß es "die Infrastruktur" nicht gibt, sondern ein solches Projekt muß so angelegt sein, daß es möglichst viele dieser Aspekte mit berücksichtigt.

Teachwareentwicklung

Unter diesem Synonym werden alle Hilfsmittel zusammengefaßt, die den Lehr- und Lernprozeß unterstützen. Es handelt sich um ein sehr neues Gebiet, bei dem wir noch ganz am Anfang stehen, d.h. es sind noch viele Grundlagen und Konzepte zu erarbeiten und zu erproben, die dann ihrerseits wieder Rückwirkungen auf die Infrastruktur und auf die Ausbildungskonzepte haben werden. Aus heutiger Sicht läßt sich dieses Gebiet grob in folgende Teilbereiche gliedern:

- elektronische Präsentationstechniken
- Simulationssysteme
- Lernerfolgsunterstützung

Ausbildungskonzepte

Sicher das aufwendigste und schwierigsten Thema wird die Erstellung neuer, auf die neuen Techniken abgestimmte, Ausbidlungskonzepte. Zentrale Vorarbeiten in Form von Beispielanwendungen können hier wertvolle Dienste leisten. Doch jeder Lehrverantwortliche (Professor) wird sich selbst mit dieser Thematik auseinandersetzen müssen (Ausbildung der Ausbilder), um anschließend die eigenen Lehrangebote entsprechend umstellen zu können.

Die Einführung dieser neuen Ausbidlungskonzepte wird entscheidend davon bestimmt werden, welche System-, Teachwarekonzepte und Ausbildungsgrundlagen bereitgestellt werden können, da diese Teile sicher nicht von den Ausbildern erbracht werden können. Beschleunigen kann man die Einführung auch dadurch, daß entsprechende Beratungsleistung bereitgestellt werden kann.

Systemkonzepte

Zur Zeit gibt es im wesentlichen drei alternative Möglichkeiten, um einen breiten Nutzerkreis mit Rechnerleistung für graphisch-interaktive Anwendungen zu versorgen:

- den Einsatz mehrerer vernetzter Mikroprozessorsysteme aus einer Rechnerfamilie (homogene Zelle)
- den Einsatz mehrerer vernetzter Mikroprozessorsysteme unterschiedlicher Hersteller (inhomogene Zelle)
- den Einsatz eines leistungsfähigen Rechners im Multi-User-Betrieb für ingenieurmäßige Anwendungen hoher Komplexität (zentrale Zelle)

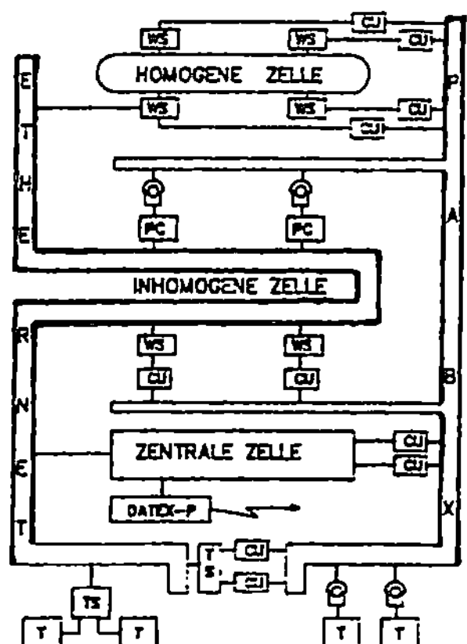

6

Jede dieser Möglichkeiten hat ihre spezifischen Vor- und Nachteile auf dem Gebiet Leistung, Datenzugriff, Datensicherheit, Softwarewartung, Organisation des Systembetriebes und deren Ausbaubarkeit.

Um relevante Aussagen über Vor- und Nachteile machen zu können, werden alle drei Lösungen (Zellen) parallel realisiert und erprobt. Innerhalb der Zellen stehen Systeme unterschiedlicher Leistungsklassen zur Verfügung, um Aussagen machen zu können, welche Konfiguration sich für welche Applikation am besten eignet.

Die Zahl der einzelnen Workstations und deren Leistungsklassen orientiert sich am zu erwartenden Bedarf, wie er sich aus der Anwenderbefragung ergeben hat; dabei mußte auch berücksichtigt werden, daß für Gruppenübungen eine Mindestzahl gleichartiger Workstations aus dem jeweiligen Leistungsbereich zur Verfügung stehen. Die so geschaffenen Resourcen werden durch entsprechende Kommunikationseinrichtungen untereinander vernetzt.

Folgende Dienste werden bereitgestellt:

- Remote-Terminalzugriff, um transparent auf die unterschiedlichen Rechnersysteme durchgreifen zu können.

- File-Transfer zum systemübergreifenden Datenaustausch in Form von Massenspeicherfiles und zum Bereitstellen netzwerkweiter zentraler Dienste (Plotting, Printing, etc.).

- Mail-Dienste, um netzwerkweit Informationsdienste bereitstellen zu können.

- Task-to-Task-Kommunikation zum Aufbau von verteilten Softwaresystemen (Loadsharing).

Das eigentliche Rückgrat der lokalen Vernetzung bildet Ethernet. Die "Homogene Zelle" wird mit einem Tokenring betrieben und über ein Gateway an das Ethernet angeschlossen. Parallel zum Ethernet wird "zellenübergreifend" eine "Digitale Nebenstelle" (DNSTA) integriert. In ausgewählten Pilotanwendungen sollen die zukünftigen Anwendungsmöglichkeiten von ISDN ermittelt werden.

Im Wide-Area-Bereich wird über DATEX-P der Zugang zum Deutschen Forschungsnetz mit den zugehörigen DFN-Diensten realisiert. Damit ist sichergestellt, daß mit anderen Lehr- und Forschungseinrichtungen Ergebnisse ausgetauscht werden können. Ein besonderes Augenmerk bei der Vernetzung haben wir der Standardisierung gewidmet, um sicherzustellen, daß die Entwicklungsergebnisse möglichst zukunftsweisend eingesetzt werden können.

<u>Systemmanagement</u>

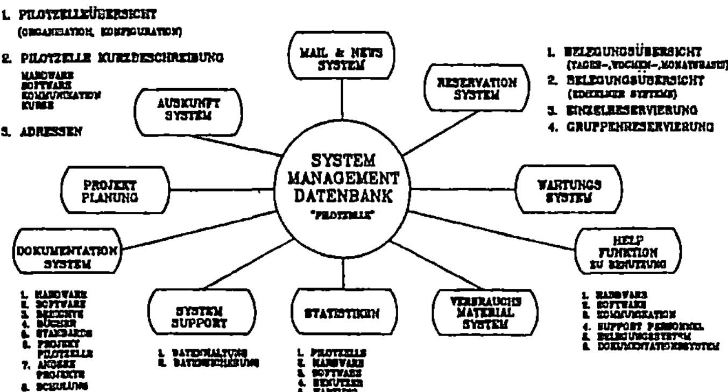

Das Systemmanagement einer so diversitären Systemumgebung wirft ganz erhebliche organisatorische Fragen auf, die im Vorfeld zu lösen sind, um einen störungsfreien und reibungslosen Betrieb zu gewährleisten. Zum einen muß im Vorfeld der Systemeinsatz mit mehreren hundert Benutzern geplant und organisiert werden, zum anderen müssen die entsprechenden Resourcen und Dienste für alle in entsprechendem Umfang bereitgestellt werden.

Darüber hinaus sind eine Reihe verwaltungstechnischer und organisatorischer Probleme zu lösen, wie:

- Vorhalten von Verbrauchsmaterial,

- Einsatzplanung für die Systeme,

- Kostenabrechnung, etc.

Erfahrungen in der Betriebsführung mit einer so heterogenen Umgebung und einem ständig wechselnden Teilnehmerkreis liegen nicht vor bzw. sind nicht ohne weiteres aus anderen Anwendungen übertragbar. Dieser Tatsache haben wir dadurch Rechnung getragen, daß aufbauend auf den Erfahrungen der Projektmannschaft und der Mitgliedsfirmen ein erstes Modell entworfen wurde.

Diese Vorstellungen müssen im realen Einsatz erprobt und entsprechend den Erfahrungen angepaßt werden. Wichtig dabei ist, daß nach Vorliegen gesicherter Erkenntnisse möglichst viel durch Rechnerunterstützung bereitgestellt wird. Da wir im Bereich "verteilter Rechenzentren" erst am Anfang stehen, muß in den nächsten Jahren mit einigen Neuentwicklungen durch die Hersteller gerechnet werden, die dann möglichst schnell in das eigene Konzept übernommen werden, um größere Eigenentwicklungen zu vermeiden.

Pilotlehrveranstaltungen in der Graphikausbildung

Obwohl der Computer schon längst zum Alltag nahezu aller Ingenieurdisziplinen gehört, ist festzustellen, daß die computerunterstützte Lehre, also das systematische Einbeziehen von EDV-Systemen in die Wissensvermittlung und den Gruppenübungsbetrieb, noch weitgehend in den Kinderschuhen steckt.

Durch die rasante Einführung von CAx- und Simulationssystemen in der Wirtschaft wird hier die Graphikausbildung eine Vorreiterrolle in der computerunterstützten Lehre übernehmen müssen.

Um ein möglichst praxisnahes Konzept zu bekommen, wurde dem Projekt ein 14-köpfiger Nutzerbeirat, bestehend aus Professoren der Technischen Hochschule Darmstadt und den Fachhochschulen des Landes Hessens, angegliedert. Zusammen mit dem Nutzerbeirat wurde ein Einführungsmodell entwicklelt, das Grundlagen schaffen soll.

Von einem ·interdisziplinär zusammengesetzten Expertenteam, auch Kernteam genannt, bestehend aus den Fachbereichen Informatik, Geometrie und Didaktik, werden diese Grundlagen, Lehrmodelle und Empfehlungen erarbeitet. Um dieses Kernteam herum muß dann ein fachbereichspezifisches "Schalenteam" organisiert werden, das die Ergebnisse des Kernteams in spezifische Lehrveranstaltungen umsetzt.

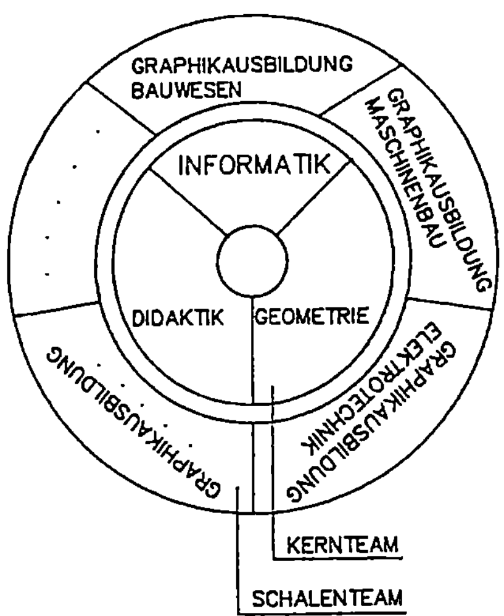

In der ersten Versuchsphase wird zunächst das Kernteam zusammen mit dem Nutzerbeirat, also den zukünftigen Anwendern, und der Pilotzellenentwicklungsmannschaft ein allgemeines graphisches Lehrkonzept für Gruppenübungen erarbeiten. Dabei kommt dem Nutzerbeirat die Aufgabe zu, das Kernteam fachspezifisch zu beraten und mit Lehrmaterial zu versorgen. Anschließend wird dieses Lehrkonzept mit konkreten Übungsgruppen erprobt.

Mit dieser Vorgehensweise wird sichergestellt, daß die Nutzer bereits von Anfang an mit wertvollen Anregungen, Konzepten und Beispielen versorgt werden, die wegweisend für weitere fachspezifische Anwendungen sind.

Teachwarekonzept

Aufbauend auf die Pilotzellenkonzeption haben wir im Rahmen eines EG-Projektes ein Konzept entwickelt, das gezielt den Gruppenübungs- und Kursbetrieb unterstützen soll.

Ausgegangen sind wir von den Möglichkeiten sogenannter Selbstlerninseln, bei denen vornehmlich im PC-Bereich Ende der 70er Jahre eine große Anzahl Selbstlernprogramme entstanden sind, mit Hilfe derer sich der Auszubildende im Selbststudium entsprechende Kenntnisse beibringen konnte. So vielversprechend diese Systeme auch waren bzw. sind, sie haben einen entscheidenden Nachteil: Verständnisprobleme sind nicht vorgesehen.

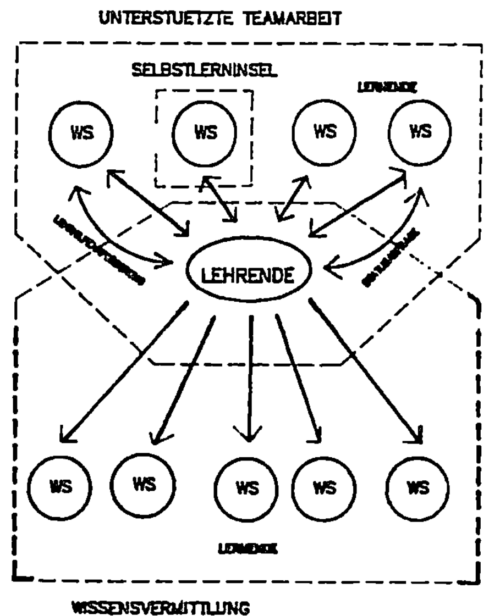

Unser Ziel ist es nun, ein System zu entwickeln, das Gruppenunterricht unterstützt, in dem ein Lehrer mit in das Konzept integriert ist.

Die Konzeption sieht zwei Schwerpunkte vor:

- <u>elektronisches Präsentieren</u>

    Das Unterrichtsmaterial bzw. Teile davon wird ähnlich wie bei den Selbstlernkursen direkt über den Computer dargeboten. Die Präsentation kann dann über die einzelnen Arbeitsstationen oder über eine Großbildprojektion erfolgen.

    Zur Erstellung solcher Präsentationen sind verschiedene Editoren (Text und Graphik), sowie Hilfsprogramme erforderlich, die es erlauben, elektronische Abzüge von Bildschirminhalten unterschiedlicher Anwendungen zu machen, sowie die einzelnen Bilder zu Präsentationssequenzen zusammenfassen können.

    Damit stehen dem Anwender folgende Möglichkeiten zur Verfügung:

    - Erzeugen engerer Bildfolgen (mehr Zwischenschritte)
    - temporäres Einblenden von Erläuterungsinformationen
    - Präsentation reeller Applikationsbildschirminhalte
    - Nutzung von Bewegung und Farbe
    - billiges Kurs-/Übungsmaterial in Form eines elektronischen Datenträgers und damit Möglichkeiten zur privaten Nachschulung
    - einfaches Vervielfältigen

- <u>Teachwareshell</u>

    Wichtig für die Beurteilung des Lernerfolges und zur gezielten Unterstützung des Lernenden ist nicht das Ergebnis, sondern der Weg, der zum Ergebnis geführt hat, aber gerade dieser geht bei den meisten Anwendungsprogrammen verloren.

    Mit einer sogenannten "Teachwareshell" werden wir für ausgesuchte Anwendungsprogramme jede Eingabe auf einem sogenannten "Journalfile" protokollieren. Mit diesem Journalfile ist eine schrittweise Rekonstruktion des Entstehungsvorganges möglich und damit ist der Lehrer in der Lage, gezielte Unterstützung zu geben.

    Darüber hinaus stehen mit dem Journalfile folgende Möglichkeiten zur Verfügung:

    - schrittweise Präsentation einer Musterlösung
    - komfortables Recoverytool bei Fehlbedienung bzw. Systemabsturz
    - in einem der nächsten Entwicklungsschritte kann dieses Journalfile ständig im Hintergrund ausgewertet werden, um so z.B. automatische Hinweise geben zu können (Alternativen, Fehler, etc.) oder dem Ausbilder gezielte Unterstützungshinweise geben.

Wichtig bei der Teachwareentwicklung ist grundsätzlich die ständige praktische Erprobung der einzelnen Entwicklungsschritte, denn nicht jede vermeintliche gute Idee bewährt sich im Ausbildungsalltag.

Methoden der VLSI-Implementierungen
für Graphikanwendungen

Herbert Grünbacher
Technische Universität Wien

Zusammenfassung:

Geschwindigkeitsforderungen, wie sie insbesondere bei
Graphikanwendungen typisch sind, zwingen zur Verlagerung von
Systemfunktionen von Software in Hardware.
Der Entwickler moderner Systeme kann entscheiden, welche
Funktionen wirtschaftlicher in Software und welche günstiger in
Hardware zu implementieren sind.
Kostengünstige Workstations und die Verfügbarkeit leistungsfähiger
Entwurfswerkzeuge einerseits, Fortschritte in der Halbleiter-
fertigung andererseits, ermöglichen heute Hardwarelösungen, die
vor wenigen Jahren aus Kostengründen nicht denkbar waren.
Dieser Betrag stellt die zur Verfügung stehenden Implementierungs-
verfahren für anwendungsspezifische Schaltkreise (ASIC's) dar und
vergleicht Vor- und Nachteile der einzelnen Methoden vom
technisch-wirtschaftlichen Standpunkt.

Algorithmen der graphischen Datenverarbeitung

Rasche Berechnung perspektiver Darstellungen eindeutiger Funktionen (Flächen) in zwei Variablen

W.R.Herzner
Österreichisches Forschungszentrum Seibersdorf
Institut für Physik
A-2444 Seibersdorf

Eine Methode zur effizienten Berechnung perspektiver Darstellungen zweiparametriger Flächen wird vorgestellt. Sie erlaubt nicht nur freie Wahl der Projektionsparameter wie Bildausschnitt, Brennweite oder Drehwinkel der synthetischen Kamera gegen die Horizontale, sondern sie ermöglicht auch, die Einfärbung der Fläche unabhängig von der Höhendefinition vorzunehmen sowie beliebige Flächenbereiche als transparent zu interpretieren. Ebenso werden weder der 'externen' Repräsentation der Fläche noch der des Bildbuffers Einschränkungen auferlegt. Die Methode arbeitet mit sogenannten Profilen, welche Schnitte der darzustellenden Funktion mit den Augpunkt enthaltenden und auf die Parameterebene orthogonalen Ebenen darstellen, und entlang derer Sichtbarkeiten einfach zu berechnen sind. Der Beitrag diskutiert auch Verfremdungen und ihre Behandlung und schließt mit Überlegungen zu Erweiterungen.

EINLEITUNG

Über einem rechteckigen Parameterbereich eindeutig gegebene Flächen lassen sich als

$$F = F(x,y), \quad \text{mit} \quad x_{min} <= x <= x_{max}, \quad y_{min} <= y <= y_{max} \tag{1}$$

darstellen, welche im folgenden kurz "zweiparametrige Funktionen" genannt werden sollen. Die räumliche Darstellung solcher Funktionen wie etwa Geländemodelle oder Potentialflächen ist noch immer ohne spezielle Hardware ziemlich aufwendig. Der Grund dafür ist die möglicherweise sehr hohe Komplexität. Das heißt, ist die Fläche nicht

genügend glatt, so würden zu ihrer Beschreibung etwa in CSG-Modellen
(engl.: Constructive Solid Geometry) eine sehr große Zahl elementarer
Objekte und Verknüpfungsoperationen benötigt . Ähnlich verhält es
sich, wenn sie in einem Oberflächenmodell durch Polygone oder gekrümmte Flächen beschrieben wird (/FoDa82/, /CeWo87/). Ist die Fläche
etwa über einem Punktraster der Größe 1000x1000 gegeben, so können bis
zu einer Million (nicht planarer) Vierecke oder - falls planare Polygone erforderlich sind - doppelt soviele Dreiecke zu ihrer möglichst
exakten Beschreibung vonnöten sein. Selbst Algorithmen, welche die
recht einfach berechenbare Tiefenstaffelung der Flächenelemente ausnützen wie jene, die jedes neue Element gegen den gemeinsamen Umriß
der bereits dargestellten klippen und gegebenenfalls diesen aktuali-
sieren /FoDa82/, geraten bei solchen Dimensionen zeitaufwendig. Auch
jene Scanline-Mthoden, welche mit aktiven Polygon- bzw. Kantenli-
sten arbeiten, werden aufgrund der großen Zahl zugleich in Evidenz
zu haltender Polygone kein befriedigendes Laufzeitverhalten aufweisen
/SeGr82/.

Es ist allerdings gar nicht notwendig, zweiparametrige Flächen auf
diese Weise für 3D-Algorithmen aufzubereiten. Die besondere Geometrie
dieser Objekte, welche durch ihre Eindeutigkeit über der Parameter-
Ebene gegeben ist, gestattet den Einsatz spezifischer Algorithmen.

So beschreibt Andersen einen Hiddenline-Algorithmus für 3D-Pro-
jektionen von 'Grid Surfaces' /Ande82/. Ist seine Methode auch auf
schwarz/weiß-Darstellungen der Parameterlinien beschränkt, was vor
allem bei hoher Anzahl derselben zu einer 'Schwärzung' des Bildes
führt, so gibt es doch keine Einschränkungen bezüglich der Position
des Augpunktes bzw. - und dies vor allem - der Rauheit der Fläche.

Coquillart und Gagnet geben in /CoGa84/ eine Raytracing-Methode zur
Darstellung digitaler Karten an, die sogenannte vertikale Kohärenz
ausnützt. Darunter wird im wesentlichen der Umstand verstanden, daß
ein Augstrahl r_3, der über und zwischen zwei Strahlen r_1 und r_2 liegt,
das Objekt nicht früher treffen kann als r_1 und r_2. Dies stellt jedoch
gewisse Anforderungen an die Glattheit des Objekts. Abgesehen davon
scheint diese Methode aber keine bedeutenden Einschränkungen hinsichtlich Projektionsparameter zu haben. Auch die Verwendung anderer
Quellen als digitale Karten sowie eigener Einfärbungsdaten scheint
möglich. Allerdings liegt die Rechenzeit bei Bildgrößen von 512x640
Pixel im Stundenbereich, wobei aber bedacht werden muß, daß die Kar-
tendimension deutlich größer sein kann.

Andere Arbeiten behandeln wiederholt verschiedene Aspekte, zumeist
gibt es jedoch Einschränkungen bezüglich Projektionsparameter oder
Quelldaten (/FoMi85/, /Robe87/).

Es wird daher eine Methode vorgestellt, welche diese Einschränkungen
nicht aufweist und außerdem mit für den interaktiven Betrieb akzeptablen Rechenzeiten auskommt.

DER ALGORITHMUS

Legt man eine Ebene π orthogonal zur Parameterebene ε der darzustellenden Funktion bzw. Fläche F, im folgenden auch Objekt genannt, so
schneidet π F in einem sogenannten Profil p (siehe Bild 1). Dieser
Kantenzug erbt die Eindeutigkeit von F über ε, das heißt, bezeichnet
man den Schnitt von π und ε mit t, so läßt sich p auch als p(t) in
$[t_{min}, t_{max}]$ auffassen.

Tastet man nun von dem in π liegenden Augpunkt A diese Profil p vom
A zugewandten Ende ab, wobei zunächst ohne Beschränkung der Allgemein-
heit der Fußpunkt A_Z0 von A auf ε außerhalb des Definitionsbereichs
von F angenommen wird, so projiziert sich p auf eine (natürlich in
π liegende) gerade s, wobei die Sichtbarkeitsverhältnisse sich auf
direkte Weise ergeben (siehe Bild 2).

Stellt weiters s die Schnittlinie der Bildebene β mit π dar, so können
damit sämtliche Pixelwerte entlang s in einem 'Arbeitsgang' ermittelt
werden, wobei jedes Pixel höchstens einmal gesetzt werden muß, da
ein bereits gesetztes aus der Menge der noch zu bestimmenden entfernt
werden kann, weil es sicher nicht mehr überschrieben wird. Die auf
s liegenden Pixel (siehe Bild 1) sollen "Pixelsequenz" genannt werden.

Dies beschreibt das Kernstück der entwickelten Methode. Bevor jedoch
eine solche Pixelsequenz berechnet werden kann, sind einige Vorarbeiten nötig. Insgesamt kann der Algorithmus in folgende Schritte unterteilt werden:

a) Bestimmung der Lage des Bildbereichs und damit von β im Objektraum;

b) Bestimmung der zu berechnenden Pixelsequenzen;

c) Pro zu berechnende Pixelsequenz:

    c.a) Bestimmung von π, t, t_{min}, t_{max};

    c.b) Berechnung der Pixelsequenz;

    c.c) Eintrag der Pixelsequenz in den Bildbuffer

In den nächsten Abschnitten werden nun die einzelnen Schritte detailliert behandelt. Zuvor sollen jedoch einige Begriffe und Konventionen erläutert werden. Da die Implementierung des Algorithmus' als Pascal-Prozedur wiederholt zur verständlicheren Erläuterung herangezogen wird, werden auch die wesentlichen Programmvariablen vorgestellt.

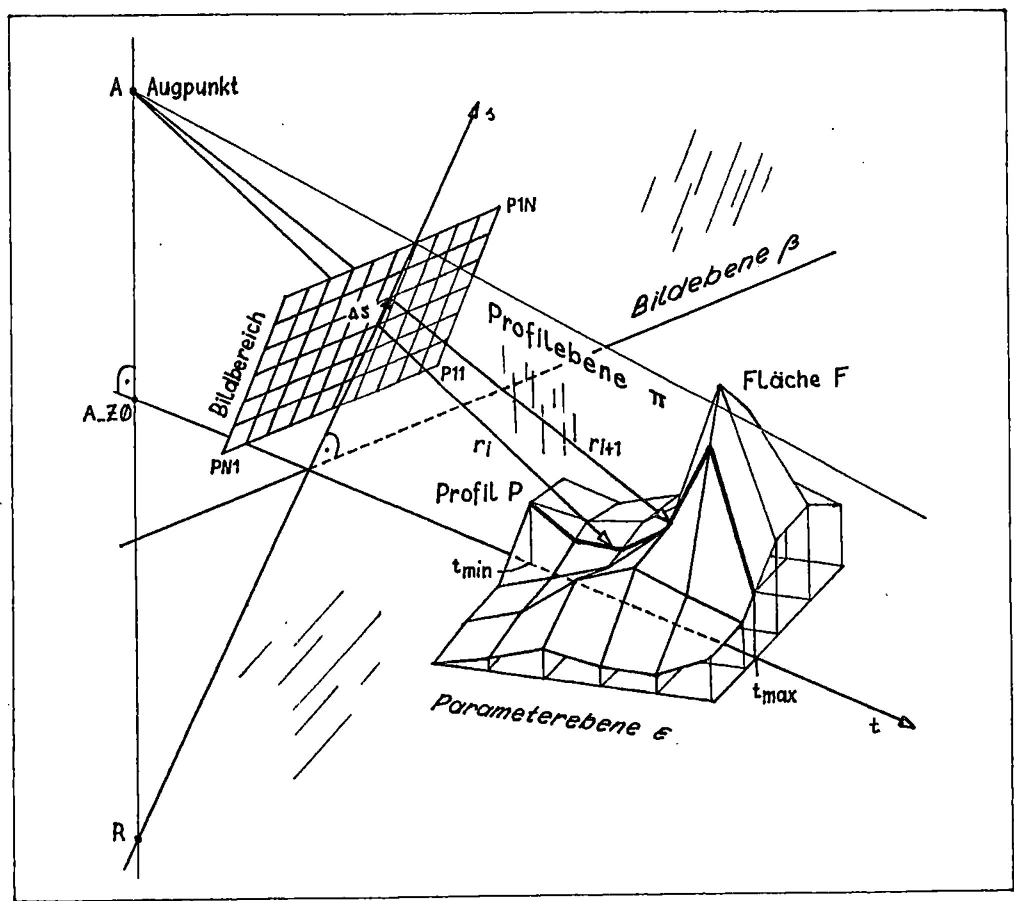

Bild 1: Beziehungen zwischen Fläche bzw.Objekt, Bildebene, Bildbereich, Profil und Profilebene

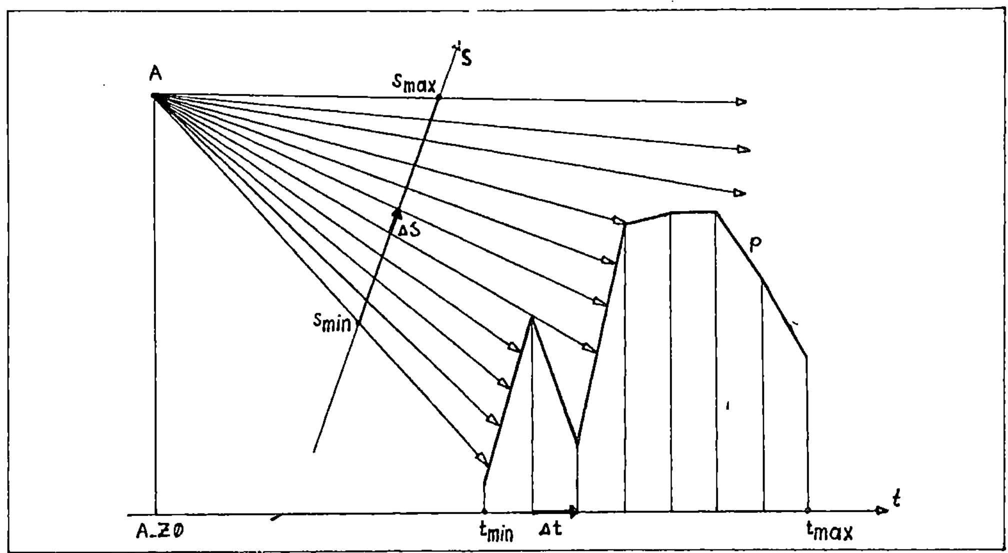

Bild 2: Projektion eines Profils p auf eine Pixelsequenz
zwischen s_{min} und s_{max} entlang s. Ausgehend von s_{min},
treffen die Strahlen immer 'später' auf p auf.

Koordinatensysteme

Es wird zwischen vier Koordinatensystemen unterschieden:

Der **Objektraum**: karthesisch orthogonales 3D-Koordinatensystem, dessen
Achsen durch das Objekt selbst — nämlich die Parameterachsen x und
y sowie Höhenachse z — definiert sind, wobei die Einheiten auf diesen
Achsen als gleich lang angenommen werden. Geometrische Objekte repräsentierende Variable ohne besondere Namenskennung sind in diesem Koordinatensystem angegeben.

Die **Parameterebene** ε: Grundebene des Objektraums mit z=0. Geometrische
Objekte in dieser Ebene werden durch die Endung '_Z0' gekennzeichnet.

Die **Bildebene** β: karthesisch orthogonales 2D-System, dessen Ursprung
im linken, unteren Eckpunkt des Bildbereichs liegt, und dessen Achsen
parallel zu denen des Bildbereichs verlaufen, wobei ihre Einheiten
denen der Bildpixel entsprechen. Seine Erweiterung zu einem rechtshän-
digen 3D-Koordinatensystem wird **Bildraum** genannt. Geometrische Variable in diesem System tragen die Endung '_Screen'.

Die **Profilebene** π: karthesich orthogonales 2D-System, dessen Ursprung stets A_Z0, die eine Achse t (Schnitt von π mit $\mathcal{E}$), und dessen andere die durch A_Z0 und A gehende, zu $\mathcal{E}$ orthogonale Gerade ist. Die Einheit auf t hängt von dessen Richtung ab und ist so gewählt, daß ihre Projektion auf jene Parameterachse der Parameterebene, mit der t einen Winkel kleiner als 45° einschließt, mit dessen Einheit übereinstimmt (siehe Bild 3). Geometrische Variable in diesem System tragen die Endung '_Profile'.

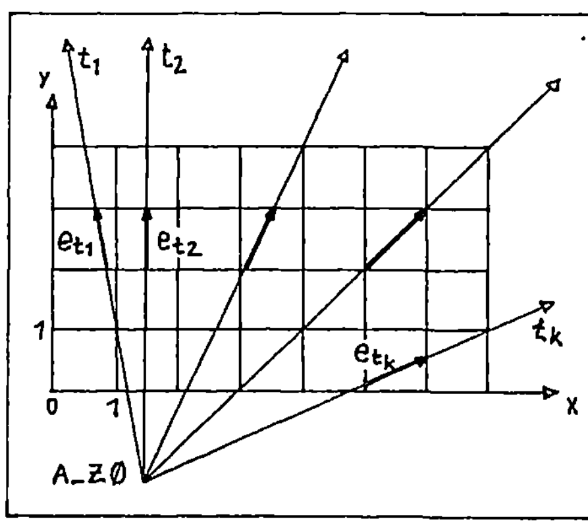

Bild 3: t-Einheitsvektoren in Abhängigkeit der Richtung von t relativ zur Parameterebene (x,y)

Transformation zwischen Bild- und Objektraum

Zur Bestimmung der Lage des Bild(bereich)es im Objektraum werden vom rufenden Programm die Objektraum-Koordinaten des linken, unteren Eckpunktes **P11**, des rechten unteren Eckpunktes **PN1** sowie des linken, oberen **P1N** angegeben (siehe Bild 1). Durch weitere Angabe der gewünschten Bilddimensionen **NrColumns** in horizontaler und **NrRows** in vertikaler Richtung ist das Koordinatensystem der Bildebene festgelegt. Die Bild-Einheitsvektoren im Objektraum sind dann unter Verwendung elementarer Analysis gegeben durch (sie entsprechen den Kantenlängen eine Pixels)

$$\text{PixelWidth} \; := \; \frac{1}{\text{NrColumns}} \; * \; (\text{PN1} - \text{P11})$$

$$\text{PixelHeight} \; := \; \frac{1}{\text{NrRows}} \; * \; (\text{P1N} - \text{P11}) \tag{2}$$

und die Abbildung von Bild- in Objektkoordinaten durch

$$P := \text{P11} + (\text{P\_Screen.Column} - 1) * \text{PixelWidth}$$
$$+ (\text{P\_Screen.Row} - 1) * \text{PixelHeight} \tag{3}$$

<u>Anmerkung</u>: in der Implementierung muß P11 nicht dem Pixel(1,1) des Bildbuffers entsprechen, was leicht gewonnene Flexibilität in der Plazierung des Ergebnisses innerhalb desselben bietet und daher in Gleichung (3) die Einsen durch die aktuelle Pixelkoordinate von ersetzt werden.

Die freie Wahl von P11, PN1 und P1N erlaubt nicht nur rechtwinkelige Bildbereiche, sondern etwa auch Scherung der Objektgeometrie.

Mit dem aus PixelWidth und PixelHeight ableitbaren Normalen-Einheits-vektor **PixelNormal** von β und dem Augpunkt A, der bei Aufruf ebenfalls in Objektkoordinaten übergeben wird, ist die Projektionsgeometrie eindeutig bestimmt.

Die Auswahl der Pixelsequenzen

Um das gesamte Ergebnisbild zu berechnen, müssen Pixelsequenzen so gelegt werden, daß alle Pixel des zu setzenden Bildbereichs überdeckt werden.

Hiefür wird zunächst der Schnittpunkt R des Projektionsstrahls von A auf ε (welcher diese in A_Z0 durchstößt) mit β berechnet, siehe Bild 1. Da Pixelsequenzen stets auf Schnittlinien s_i von Profilebenen π_i mit β liegen, weiters die π_i wegen ihrer Orthogonalität zu ε obigen Projektionsstrahl enthalten, enthalten sie auch R. Dies bedeutet aber, daß alle s_i ebenfalls durch R gehen und daher Bild 3 auch diesen Sachverhalt beschreibt, wenn man A_Z0 durch R, die t_i durch s_i und x bzw. y durch Column bzw Row ersetzt.

Daraus folgt: legt man die π_i so, daß sie durch aufeinanderfolgende Randpixel des Bildbreichs gehen, so wird damit der Bildbereich aus-reichend überdeckt, wobei nur jene Randpixel berücksichtigt werden müssen, auf deren s zwischen ihnen und R noch andere Pixel liegen.

Bild 4 zeigt die drei möglichen Fälle:

a) R_Screen befindet sich in Richtung einer Ecke außerhalb des Bildbe-reichs:
   die zu berücksichtigenden Randpixel liegen auf den zwei der Ecke gegenüberliegenden Kanten;

b) R_Screen befindet sich in Richtung einer Kante außerhalb des Bildbereichs:
die zu berücksichtigenden Randpixel liegen auf den anderen Kanten;

c) R_Screen befindet sich innerhalb des Bildbereichs:
die Randpixel auf allen Kanten sind zu berücksichtigen.

Wie sich leicht zeigen läßt, bringt diese Form der Bestimmung der
Pixelsequenzen Mehrfachberechnung von Pixeln mit sich, welche mit
dem Näherrücken von R zur Mitte des Bildbereichs zunimmt, das heißt,
je kleiner der Winkel zwischen β und $\mathcal{E}$ ist. In Bild 4c) schließlich
werden etwa doppelt soviele Pixel berechnet als nötig: bei einem
Bild der Dimension n*n sind 4*(n-1) Pixelsequenzen der mittleren
Länge n/2 zu berechnen. Es gibt allerdings einfache Optimierungen zur
Reduktion dieser Redundanz, auf die jedoch erst im entsprechenden
Abschnitt eingegangen werden soll.
Natürlich erfolgen im anderen Extremfall, wenn nämlich R_Screen in den
Fernpunkt übergeht, β also orthogonal zu $\mathcal{E}$ steht, keine Mehrfachbe-
rechnungen, da dann die Pixelsequenzen zueinander parallel verlaufen.
Weil dies jedoch einige numerische Sonderfälle bewirkt, deren Berück-
sichtigung die Laufzeiteffizienz etwas beeinträchtigen würde, wird β
in diesem Fall um einen so kleinen Winkel gekippt, daß diese Sonderfälle nicht auftreten können, das Ergebnis sich jedoch nicht vom
ursprünglichen unterscheidet.

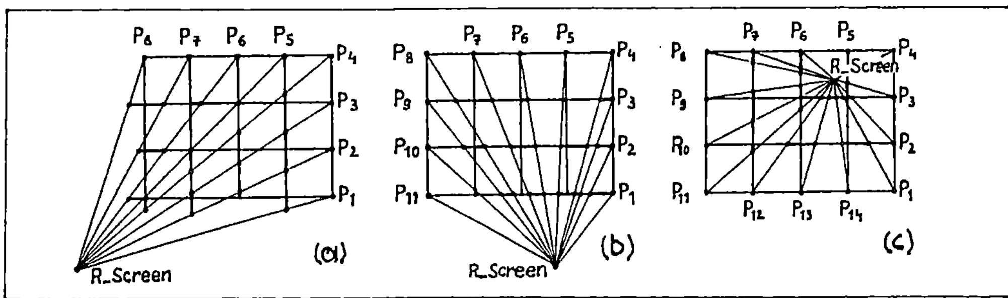

Bild 4: Auszuwählende Randpixel in Abhängigkeit der Lage von R
relativ zum Bildbereich:
(a) Ecke, (b) Kante, (c) Innenfläche.
Knotenpaare •——• stellen mögliche Zuordnungen von Elementen
der Pixelsequenzen zu Bildpixel dar.

Die Berechnung der Pixelsequenzen

Sind jene Randpixel bestimmt, durch die Profilebenen zu legen sind,
so wird die Position des Startpixels (im mathematisch positiven Sinn)
mit Hilfe der im ersten Schritt ermittelten Vektoren berechnet.
(Ebenso ist zur Ermittlung des nächsten Randpixels lediglich eine
Vektoraddition nötig, abgesehen von Richtungswechseln in Ecken.)

Die Berechnung einer Pixelsequenz - also der Projektion eines Profils
auf das dazugehörige s - erfolgt in den drei 'klassischen' Schritten

Initialisierung
   - von π durch t und s   (siehe Bild 1)
   - der Pixelsequenz

Berechnung
   - Abtasten von p im zuvor bestimmten t-Bereich
   - Setzen der entsprechenden Pixel in der Pixelsequenz

Ausgabe
   - Eintrag der Pixelsequenz in den Bildbuffer

Um die Diskussion der einzelnen Phasen zu erleichtern, seien zuvor
wichtige Programmvariable beschrieben. Die Notation ist in Pascal
gegeben. Für globale Namen (von Konstanten, Typen, Variablen, Unter-
programmen) gibt es eine allgemeine Prefix-Notation (VRF steht für
View Rastered Function):

VRF$_   ist Prefix für Konstantennamen.
          Beispiel: VRF$_TRANSPARENT ist möglicher Rückgabewert der
          Höhenfunktion, wenn die Fläche an der erfragten Position
          unbestimmt oder transparent ist.
VRF$T_   ist Prefix für Typnamen.
VRF$ ist Prefix für Unterprogrammnamen.

PixelSequence: ARRAY [0..MaxPixelSequence] OF integer;

Feld zur Zwischenspeicherung der Projektion eines Profils auf β.

NrPixel: integer;

Anzahl der für das aktuelle Profil maximal zu setzenden Pixel.

NrActivePixel: integer;

Anzahl der maximal noch zu setzenden Pixel.

Ray: ARRAY [-1..MaxPixelSequence] OF
     RECORD
       DeltaZ: real; {Anstieg des Strahls von A durch das entspr.
                    Pixel der Pixelsequenz}
       NextUp: integer; {Index des nächsten aktiven Strahls 'darüber'}
       NextDown: integer; {Index des nächsten aktiven Str. 'darunter'}
     END;

Dieses mit PixelSequence indexparallele Feld dient zwei Zwecken:
erstens, um bei Abtastung des Profils die Höhen der einzelnen Augstrahlen durch die zu berechnenden Pixel (und damit die Projektion
von p auf s) effizient ermitteln zu können, und zweitens, um bereits
gesetzte Pixel aus der Liste der noch zu setzenden 'aktiven' entfernen
zu können. Die Elemente [-1] und [NrPixel+1] dienen der Vermeidung
von Sonderfällen.

Gerade werden durch die üblichen Geradengleichngen $g = P0 + \lambda * \Delta$
dargestellt, wodurch Strecken einfach durch Parametergrenzen λ_{min} und
λ_{max} festgelegt werden können. Folgende Gerade werden benötigt:

$$r[i] := A + LambdaR[i] * DeltaR[i], \quad i \in [0, NrPixel] \tag{4}$$

Augstrahl durch Pixel [i]. DeltaR[i] wird so normiert, daß seine
Projektion auf $\mathcal{E}$ gleich e_t ist (siehe Bild 3), skaliert um einen
Faktor 'Resol' (siehe weiter unten). Dadurch ist nur mehr die z-Kompo-
nente dieses Vektors zu speichern, was in Ray[i].DeltaZ geschieht.

$$s := R + LambdaS * DeltaS \tag{5}$$

Schnitt von β mit π (siehe Bild 1). DeltaS wird so normiert, daß es
exakt eine Pixelzeile bzw. -spalte des Bildbereichs überspannt (siehe
Bild 2), also analog zu den e_t in Bild 3.

$$t := A\_Z0 + LambdaT * DeltaT \tag{6}$$

Schnitt von $\mathcal{E}$ mit π (siehe Bild 1). DeltaT entspricht den e_t in Bild 3.

Resol: real;

Schrittweite in Parameter-Einheiten, in der das Objekt abgetastet
wird. Wird vom rufenden Programm gesetzt. Je größer Resol, desto
schlechter die Auflösung, aber desto kürzer die Rechenzeit.

Während des Abtastens von p werden jeweils die relevanten Daten der
aktuellen Profilknoten in folgenden Records gespeichert:

```
Curr, Last:
  RECORD
  ColorIndex: integer;  {zugeordneter Farbindex}
  ColorIndexNotEvaluated: boolean; {zur Opt. der Farbfunktion-Aufrufe}
  Height: real;          {Funktionswert in diesem Profilpunkt}
  Incr: real;            {zur Best. des nächsten relevanten Profil-Pkt.}
  LambdaT: real;         {Wert für Gleichung (6)}
  RayHeight: real;       {Höhe des aktiven Strahl über Profilpunkt}
  RelPos: (unknown,below,inside,above); {Height-Relation zum Bildber.}
  X,Y: real;             {Parameterwerte dieses Profilpunktes}
  Zmin,Zmax: real;       {auf Bild projizierender z-Bereich über (X,Y)}
  END;
```

Curr beschreibt den neueren, Last den davorliegenden Profilpunkt in
der Abtastreihenfolge.

Die derzeitige Implementierung arbeitet mit Farbindizes statt mit
Farben selbst. Die Umstellung auf direkte Farbbehandlung ist jedoch
simpel.

Zwei weiteren wichtigen Aspekten trägt diese Datenstruktur Rechnung:
zum einen können Höhe und Farbe (bzw. Farbindex) über verschiedene
Funktionen definiert werden, zum anderen sollen diese Funktionen
so selten wie möglich aufgerufen werden. Daher wird die farb(index)-bestimmende Funktion erst aufgerufen, wenn der entsprechende
Profilpunkt tatsächlich zum Ergebnis beiträgt. Incr dient einem an-
alogen Zweck: die höhenbestimmende Funktion kann durch geeignetes
Setzen dieses Parameters ihren eigenen Aufruf optimieren (siehe 'die
Schnittstelle').

Der 'aktive' Strahl ist derjenige r[i], der wahrscheinlich als näch-
ster die Funktion trifft.

LambdaSmin, LambdaSmax: real;

Koeffizienten der Geradengleichung für s, welche die Grenzen der
Pixelsequenz auf s festlegen.

LambdaTmin, LambdaTmax: real;

Koeffizienten der Geradengleichung für t, welche die Grenzen des
Profils auf F über t festlegen.

RayActive: boolean;

Anzeige, ob derzeit in Last und Curr Höhenwerte eines bestimmten
Strahls eingetragen sind, ein Strahl also 'aktiv' ist. Wenn ja, so
gibt

RayIndex: integer;

den Index dieses Strahls an.

SamplePath: (none, downwards, upwards);

Anzeige, in welcher Richtung (innerhalb Ray) der nächste aktive Strahl
zu suchen ist.

Initialisierung

Zunächst wird s (Gleichung 5) durch Bestimmung von DeltaS festgelegt:

```
DeltaS_Screen :=  BorderPixel_Screen - R_Screen;
LambdaSmax    :=  max (|DeltaS.X|, |DeltaS.Y|);              (7)
DeltaS_Screen :=  1/LambdaSmax * DeltaS_Screen;
```

BorderPixel ist dabei die Position des Randpixels, durch das s gehen
soll.

Befindet sich R_Screen im Bildbereich (Bild 4c), so wird LambdaSmin
auf 1.0 gesetzt, andernfalls muß es durch Schneiden von s mit den
Kanten des Bildbereichs ermittelt werden. Damit ist dann aber auch

$$NrPixel := round (LambdaSmax - LambdaSmin) \qquad (8)$$

bekannt. Nun wird t (Gleichung 6) bestimmt, indem zunächst der durch
LambdaSmax bestimmte Punkt Smax_Screen (Randpixel) in den Objektraum
abgebildet und auf t projiziert wird, was der Projektion von s auf
t entspricht, und man damit die Richtung von t erhält. Der Einheitsvektor DeltaT wird auf analoge Weise bestimmt wie DeltaS.

LambdaTmin und LambdaTmax werden durch Schnitt von t mit dem Parame-
terbereichsgrenzen (Gleichung 1) bestimmt. Befindet sich A_Z0 innerhalb dieses Bereichs, so wird LambdaTmin auf 0.0 gesetzt. Gibt es
keine Schnittpunkte, so schneidet die Profilebene F nicht und es
ist keine Berechnung dieser Pixelsequenz nötig.

Sodann erfolgt die Initialisierung von PixelSequence und Ray.

Das Rücksetzen von Pixelsequence auf Hintergrund erfolgt aus Geschwin-
digkeitsgründen durch Zuweisung eines konstanten Feldes.

Für Ray ist dies jedoch nicht sinnvoll, da die DeltaZ für jedes Profil
neu berechnet werden müssen. Dafür werden in einer Schleife die Positionen der zu berechnenden Pixel in Profilkoordinaten transformiert,
daraus die Anstiege der Augstrahlen durch diese Positionen ermittelt
und normiert in die DeltaZ eingetragen. Dies geschieht unter Ausnüt-
zung der Linearitäten und benötigt daher pro DeltaZ nur drei Additionen und eine Division. Zugleich werden die Zeiger (NextUp, NextDown)
auf die jeweiligen Nachbarn gerichtet. Außerdem werden die Grenzele-
mente Ray[-1] und Ray[NrPixel+1] initialisiert, sodaß sich die in Bild
5a dargestellte Verkettung ergibt.

Schließlich wird Curr mit dem ersten Profilpunkt sowie weitere Variable initialisert:

```
WITH Curr DO
   BEGIN
   Incr :=  1.0;
   LambdaT :=  LambdaTmin;
   X        :=  A.X + LambdaT * DeltaT.X;
   Y        :=  A.Y + LambdaT * DeltaT.Y;
   Zmin :=  A.Z + LambdaT * min(Ray[0].DeltaZ,Ray[NrPixel].DeltaZ);
   Zmax :=  A.Z + LambdaT * max(Ray[0].DeltaZ,Ray[NrPixel].DeltaZ);
   RelPos   :=  unknown;
   END;

Last.RelPos :=  unknown;
RayActive   :=  false;
SamplPath   :=  none;
```

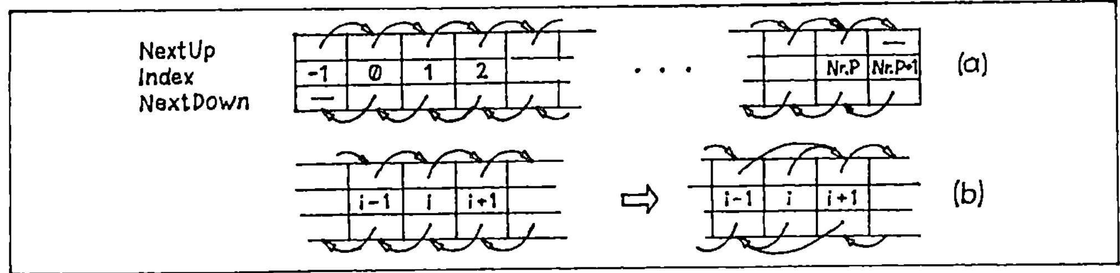

Bild 5: schematische Darstellung des Feldes Ray mit Indizes statt
        DeltaZ;
        (a) zeigt den Anfangszustand,
        (b) die Entfernung des Elements i aus der 'aktiven' Liste

Berechnung

Grob lässt sich das Abtasten eines Profils wie folgt umreißen:

```
REPEAT
- Bestimme nächste Profilkante k;
- Bestimme für alle Strahlen, die auf k aufreffen, die Farbindi-
  zes, und trage diese in die entsprechenden PixelSequence-Ele-
  mente ein;
- Entferne diese Strahlen aus der Liste der noch zu berechnenden;
UNTIL Profil abgearbeitet oder alle Strahlen berechnet.
```

Detailliert ist der Algorithmus im folgenden gegeben, wobei aus Gründen der Übersichtlichkeit eine Pascal-ähnliche Notation verwendet
wird.

```
REPEAT
WITH Curr DO
  BEGIN       {Ermittlung des Funktionswertes, bezüglich Get_Height
              siehe "die Schnittstelle"}
  Height :=  Get_Height (X, Y, ..., Incr);

  IF Height <> VRF$_TRANSPARENT THEN
    BEGIN   {aktueller Profilpunkt ist definiert}
    ColorIndexNotEvaluated := true;

            {Bestimmung der Lage dieses Punktes relativ zum
            Projektionsfenster:}
    IF Height < Zmin       THEN  RelPos := below
    ELSE IF Height > Zmax  THEN  RelPos := above
    ELSE                         RelPos := inside;
    END

  ELSE
    BEGIN   {aktueller Profilpunkt ist transparent; die Kante
            vom letzten zu diesem kann nicht abgetastet werden}
    RelPos      := unknown;
    SamplePath := none;
    RayActive  := false;
```

```
END;
                {Schneiden der aktiven Strahlen mit Profilkante:}
CASE Last.RelPos OF


unknown: {Kantenanfang ist undefiniert, die Kante kann nicht
          abgetastet werden};


inside:
   IF Curr.RelPos <> unknown THEN
      BEGIN   {aktuelle Profilkante ist vollständig bestimmt und
               beginnt innerhalb des Projektionsfensters}
      Zunächst ist zu testen, in welche Richtung die aktuelle
      Kante abgetastet werden muß, das heißt, ob Strahlen mit
      zu- oder abnehmenden Indizes zunehmend weiter von A ent-
      fernt liegende Schnittpunkte mit dieser Kante liefern,
      siehe Bild 6. Dieser Test liefert den Wert NewSamplePath.


      IF NewSamplePath = upwards THEN
         BEGIN
         IF RayActive THEN
            BEGIN
            IF Curr.SamplePath = upwards THEN
               {alte und neue Abtastrichtung stimmen überein ->
                verwende aktiven Strahl:}
               Berechne Curr.RayHeight
            ELSE
               BEGIN
               Versuche, nächsten unberechneten Strahl 'über'
               aktiven zum aktiven zu machen; beende das Abtasten
               der aktuellen Kante, falls kein geeigneter Strahl
               mehr vorhanden ist;

               Cuur.SamplePath := upwards;
               END
            END


         ELSE
            BEGIN   {kein Strahl derzeit aktiv}
            Versuche, den aktiven Strahl zu finden, der möglichst
            nahe zu Last.Height die Kante trifft; dies wird
            erreicht, indem von Ray[-1] die 'NextUp'-Kette durch-
            laufen wird, bis entweder der erste über Last.Height
```

```
            liegende Strahl gefunden oder das andere Ende von Ray
            erreicht wird; im letzteren Fall kann das Abtasten der
            aktuellen Kante abgebrochen werden; andernfalls werden
            die z-Werte des gefundenen Strahls für Curr. und
            Last.LambdaT berechnet sowie RayIndex, RayActive und
            SamplePath entsprechend gesetzt;
            END
          END


      ELSE
          BEGIN  {NewSamplePath = downwards}
          Spiegelbildliche Behandlung zu 'upwards'
          END;


      {Nachdem aktueller Strahl und Abtastrichtung gefunden sind
       erfolgt das Abtasten der Profilkante im Unterprogramm:}
      Sample_ProfileEdge;
      END;   {Last.RelPos = inside}


below:
    IF Curr.RelPos IN [inside, above] THEN
      BEGIN   {Kante projiziert sich zumindest teilweise auf
               auf den Bildbereich (Projektionsfenster)}
      IF ViewDown {siehe Bild 6} THEN
        BEGIN   {teste aktive Strahlen von Ray[-1] aufwärts:}
        RayIndex :=  Ray[-1].NextUp;
        SamplePath := upwards;
        END
      ELSE
        BEGIN   {teste aktive Str. von Ray[NrPixel+1] abwärts:}
        RayIndex :=  Ray[NrPixel+1].NextDown;
        SamplePath := downwards;
        END;
      RayActive := true;
      Berechne RayHeight für aktiven Strahl in Curr und Last;
      Sample_ProfileEdge;
      END;   {Last.RelPos = below}


above: Spiegelbildliche Behandlung zu 'below';


END;   {CASE Last.RelPos OF}
```

{Die aktuelle Profilkante ist damit abgetastet}

Last := Curr;   {alter Endpunkt wird neuer Anfangspunkt}

Falls weder das Profil abgearbeitet noch alle Pixel gesetzt:
bereite Curr auf den nächsten Profilpunkt, unter Berücksichtigung
von Incr, vor;

END;   {WITH Curr DO}

UNTIL Profil abgearbeitet oder alle Strahlen geschnitten;

Wie arbeitet nun die Prozedur Sample_ProfileEdge?

Sie überprüft zunächst, ob der aktuelle Strahl die Kante tatsächlich
schneidet. Ist dies nämlich nicht der Fall, so gibt es keinen Strahl,
der diese Kante trifft, und ihre Arbeit ist für diesmal beendet.

Andernfalls prüft sie weiter, ob in Last und Curr schon die ColorIn-
dex-Werte bestimmt wurden und ruft nötigenfalls die Funktion Get_Co-
lorIndex (siehe "die Schnittstelle") auf. Dann werden die Hilfsvariab-
len

    DeltaHeight := Curr.Height - Last.Height   (9)
    DeltaColorIndex := Curr.ColorIndex - Last.ColorIndex

bestimmt. Schließlich erfolgt die Schleife

    REPEAT

    IF DeltaColorIndex = 0 THEN   {keine Interpolation nötig}
       PixelSequence[RayIndex] := Curr.ColorIndex
    ELSE
       WITH Last DO   {Farbidenx muß interpoliert werden, siehe Bild 7:}
          PixelSequence[RayIndex] :=   ColorIndex +
             round (DeltaColorIndex * (RayHeight - Height) /   (10)
                (RayHeight - Curr.RayHeight + DeltaHeight));

Dekrementiere NrActivePixel und beende Bearbeitung des aktuellen
Profils, wenn NrActivePixel negativ wird.

```
WITH Ray[RayIndex] DO          {entferne aktuellen Strahl aus aktiver}
  BEGIN                        {Liste, siehe Bild 5b}

  Ray[NextDown].NextUp :=  NextUp;
  Ray[NextUp].NextDown :=  NextDown;
  END;


Finde nächsten zu testenden Strahl gemäß Curr.SamplePath


UNTIL Strahl trifft Kante nicht mehr oder kein Str. mehr vorhanden;
```

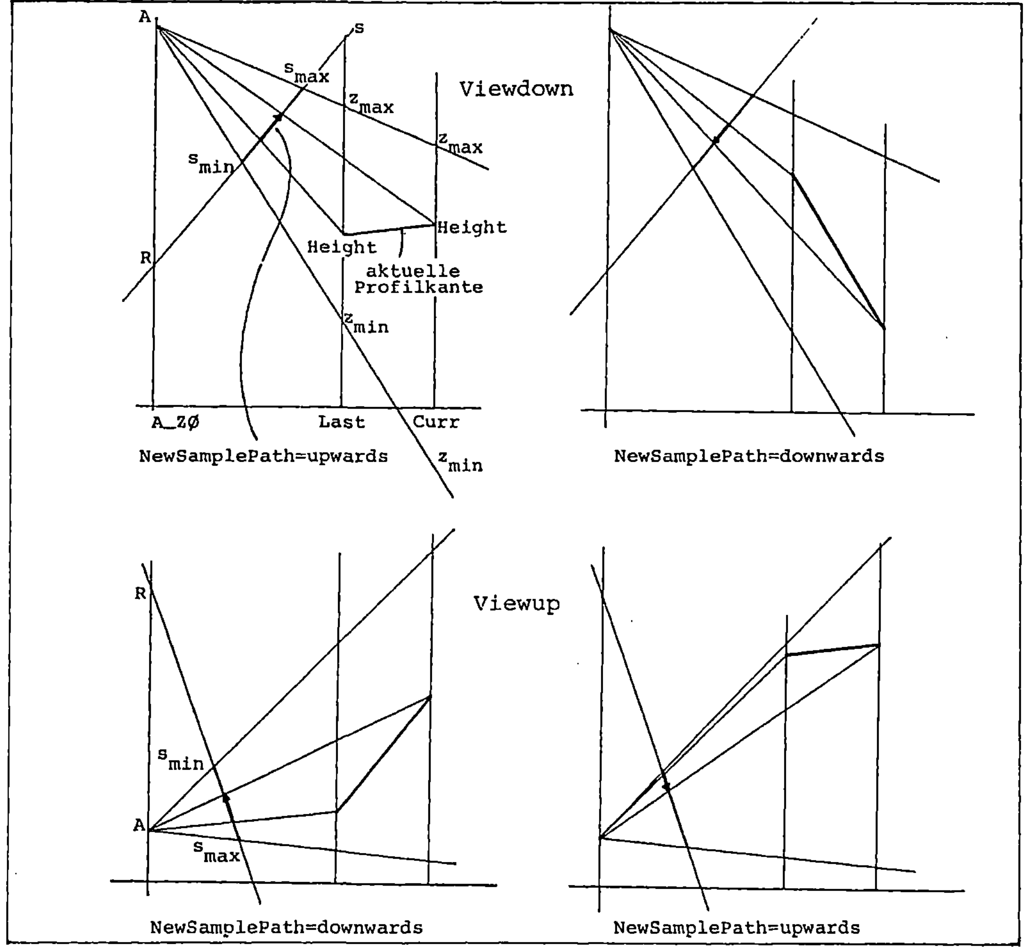

Bild 6: Die 'NewSamplePath'-Richtung innerhalb einer Pixelsequenz
ist nicht nur abhängig vom Anstieg der aktuellen Profilkante, sondern auch von der Blickrichtung:
Hinuter: A.Z > R.Z, hinauf: A.Z < R.Z

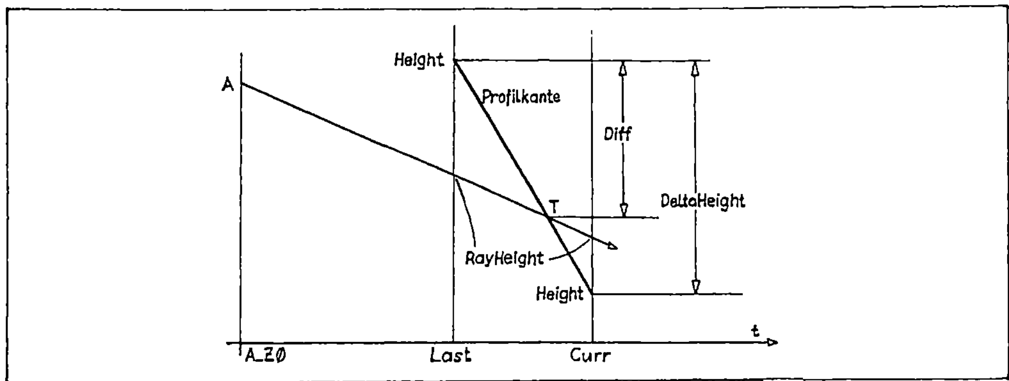

Bild 7: Farb(index)interpolation   über eine Profilkante;
        T ergibt sich als Schnittpunkt der Kante
        k = Last.Height + LambdaK * DeltaHeight   mit dem Strahl
        r = Last.Rayheight + LambdaR * (Curr.RayHeight-Last.RayHeight)
        und daraus der interpolierte Index

$$c = \text{Last.ColorIndex} + \frac{\text{Diff}}{\text{DeltaHeight}} * \text{DeltaColorIndex}$$

Ausgabe

Nachdem eine Pixelsequenz berechnet worden ist, ist sie in den Bildbuffer einzutragen. Dies erfolgt durch eine weitere anwendungsspezifische Prozedur, siehe nächsten Abschnitt.

Prinzipiell steht dieser Prozedur frei, wie sie die übergebenen Daten
verarbeitet. Die einfachste Methode ist wohl, inkrementell die Pixel-
positionen zu bestimmen, auf die nächste ganzzahlige Position zu run-
den und das entsprechende Bildpixel zu setzen.

DIE SCHNITTSTELLE

Nach der Darstellung des implementierten Algorithmus erscheint es
angebracht, die Prozedurschnittstelle zu beschreiben, nicht zuletzt,
um zusammenzufassen, welche Parameter das rufende Programm setzen
muß bzw. kontrollieren kann und welche Unterprogramme es zur Verfügung
zu stellen hat.

```
FUNCTION  VRF$3FUNC (
   FUNCTION Get_Height (X,Y, dX,dY, IncrMax: real;
                              VAR Incr: real): real;
   FUNCTION Get_ColorIndex: integer;
   Xmin,Xmax,Ymin,Ymax: real;
   Resol: real;
   BackGround: integer;
   VAR Eye: VRF$T_Rec3D;
   VAR P11, PN1, P1N: VRF$T_Rec3D;
   PROCEDURE Put_Profile (
      X,Y, dX,dY: real;
      NrPixel: integer;
      VAR PixelSequence: ARRAY [p1..pN:integer] OF integer
                        );
   Column1,ColumnN: integer;
   Row1, RowN: integer
                     ): integer;
```

Der Name VRF$3FUNC deutet darauf hin, daß drei Funktionen/Prozeduren
als Parameter benötigt werden. Dies deshalb, weil es mehrere Varianten der Schnittstelle gibt, auf die noch eingegangen wird.

Get_Height wird von VRF$3FUNC aufgerufen, um den Funktions/Höhenwert
an der Position (X,Y) zu erhalten. Die weiteren Parameter dienen
der Optimierung der Aufrufe von Get_Height selbst. So gibt (dX,dY)
den Vektor an, der zu (X,Y) addiert wird, um die nächste Position
zu erreichen, für die Get_Height wieder aufgerufen werden würde.
Weiß nun Get_Height etwa, daß sich die Funktion erst ab Position
(X,Y) + f*(dX,dY) ändert, so kann sie Incr auf f setzen, wobei sie die
Beziehung 1 <= Incr <= Incrmax nicht verletzen darf. Außerdem soll
Get_Height den Wert VRF$_TRANSPARENT liefern, wenn sie die gegebene
Position als transparent markieren will.

Get_ColorIndex wird aufgerufen, wenn für dieselbe Position, für die
zuletzt Get_Height aufgerufen wurde, auch der Farbindex benötigt
wird. Das Wegfallen sämtlicher Parameter reduziert etwas die Rechenzeit.

Xmin,...,Ymax bestimmen den Parameterbereich, über den die Funktion
dargestellt werden soll.

<u>Resol</u> ist die Schrittweite in Parametereinheiten, mit der die Funktion
abgetastet werden soll.

<u>BackGround</u> ist der Farbindex, mit dem PixelSequence initialisiert
wird.

VRF$T_Rec3D ist ein   RECORD X,Y,Z: real END;

<u>Eye</u> ist der Augpunkt in Objektkoordinaten.

<u>P11,PN1,P1N</u> sind linker unterer, rechter unterer und linker oberer
Bildbereichseckpunkt in Objektkoordinaten.

<u>Put_Profile</u> wird aufgerufen, wenn eine Pixelsequenz in den Bildbuffer
eingetragen werden soll. (X,Y) ist die Position des ersten Pixels
der Sequenz, (dX,dY) die Differenz zum nächsten und NrPixel die Anzahl
der in PixelSequence übergebenen Pixel.

<u>Column1</u> bis <u>RowN</u> schließlich bestimmen den Bereich des Bildbuffers,
für den das Ergebnisbild berechnet werden soll.

Eine Variante dieser Schnittstelle, nämlich VRF$2FUNC, hat statt
der Funktionen Get_Height und Get_ColorIndex eine Funktion Get_Value
mit denselben Argumenten wie Get_Height, aber den Funktionstyp integer, sowie zwei neue Parameter

        VAR Heightmap: ARRAY [h1..hN: integer] OF real;
        VAR ColorIndexmap: ARRAY [c1..cN: integer] OF integer;

Der Rückgabewert von Get_Value wird hier als Index in diese beiden
Felder verwendet und so Höhe und Farbindex einer (X,Y)-Position ermittelt.

OPTIMIERUNGEN

Wie bereits erwähnt, können durch die Auswahl der Profilkanten Mehr-
fachberechnungen von Pixel auftreten, und zwar umso mehr, je näher
R an oder gar in den Bildbereich rückt. Es ist klar, daß diese Über-
lappungen eher auf der zu R zugewandten Seite der Pixelsequenzen auf-

treten als auf der gegenüberliegenden, da die s_i ja ein Strahlenbündel
durch R bilden. Es ist zwar keine effiziente Methode gefunden worden,
die redundanten inneren Elemente einer Pixelsequenz optimal zu bestimmen, es gibt jedoch eine sehr simple Methode, bis zu 50% der Doppelbe-
rechnungen zu vermeiden: man berechnet für jedes zweite Profil nur
jene Pixel(sequenz), die in der äußeren Hälfte der Strecke von R zu
jenem das Profil bestimmende Randpixel auf s liegen (liegt).

Eine weitere Optimierungsmöglichkeit besteht darin, jene Pixelsequenzen überhaupt nicht zu berechnen, welche vollständig von Nachbarse-
quenzen abgedeckt werden. Solche sind dann gegeben, wenn das bestimmende Randpixel von einer Nachbarsequenz bedeckt wird.

Eine dritte Verbesserungsmöglichkeit könnte man sich darin vorstellen,
daß die Berechnung jener Pixelsequenzen, deren Profile den darzustellenden Parameterbereich gar nicht schneiden, auch nicht initiiert
wird. Hier sei jedoch angemerkt, daß die für solche vergeudeten Profile aufgewandte Rechenzeit kaum mehr als 1% der Gesamtrechenzeit
ausmacht, sofern ihre Zahl nicht einen Großteil aller zu berechnenden
beträgt.

Schließlich könnte eine vierte Verbesserung ins Auge gefaßt werden,
welche hauptsächlich bei horizontalen Ansichten – also solchen, wo
der Großteil der Projektionsstrahlen sehr flach verläuft – zu tragen
käme. Dabei kann es nämlich leicht passieren, daß große Teile eines
Profils umsonst abgetastet werden, weil sie durch im 'Vordergrund'
liegende 'Berge' abgedeckt werden. Hier könnte ein Quadtree-ähnliche
Struktur, welche pro Untereinheit die Funktionsextrema enthält, Beschleunigung bringen (siehe Bild 8). Allerdings ist einerseits zu
bedenken, daß nicht nur der Aufbau dieser Struktur ziemlich zeitinten-
siv sein kann, sondern auch die Übergabe an den VRF-Modul effizient
gelöst werden muß.

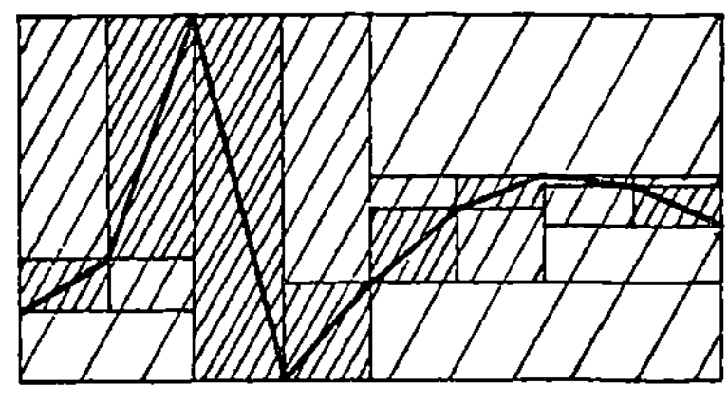

Bild 8: binäre Extremwertunterteilung
eines Profils

ENTFREMDUNG (ANTIALIASING)

Drei Quellen für Verfremdungseffekte lassen sich lokalisieren:

- Fehler in der Bestimmung von Höhe und Farbindex,
- Eigenheiten des Algorithmus,
- Fehler bei Eintrag der Pixelsequenzen in den Bildbuffer.

Fehler der ersten Gruppe sind hier nur insofern zu diskutieren, als ihre Ursache im Prinzip der Objektabtastung liegt. Dabei kann jeweils einer der beiden folgenden Effekte auftreten: ist die Abtastschrittweite groß im Vergleich zur 'Auflösung' der Funktion, so können Details - etwa einzelne Spitzen oder Nadeln - verloren gehen. Ist umgekehrt die Abtastschrittweite klein im Vergleich zur den Objektdetails, so können Spitzen eher als schmale Wände orthogonal zur Blickrichtung dargestellt werden denn als runde oder quadratische Spitzen. Letzteres ist auch zugleich die wesentlich Verfremdungseigenheit dieses Algorithmus.

Zur letzten Gruppe gehört vor allem der bekannte Stufeneffekt, wenn fast bildachsenparallele gerade Objektelemente 'sorglos' in den Bildbuffer eingetragen werden. 'Intelligente' Übertragung kann hier weitgehend Abhilfe schaffen, wobei allerdings nicht übersehen werden darf, daß bei vorliegender Verwendung von Farbindizes statt Farben hier prinzipiell Grenzen gesetzt sind. (So kann Interpolation zwischen verschiedenen Indizes Werte liefern, die nicht den Interpolationsfarben entsprechen.)

ANWENDUNGEN, BEISPIELE

Die angefügten Fotos stellen einige Anwendungen dar. Foto Nr.1 zeigt einen einen Blick von Ungarn über Ostösterreich, wobei rechteckige Löcher fehlende Objektdaten darstellen. Die anderen Fotos stellen mathematische Funktionen dar. Foto Nr.2 ist eine Szene aus einem mit diesem Programm entwickelten Animationsfilm, wobei hier die Möglichkeit genutzt wurde, Höhe und Farbindex getrennt zu bestimmen. Foto Nr. 3 zeigt ein Objekt in gedrehter Lage, und im letzten Foto erfolgte zusätzlich eine Scherung, was durch Verschiebung des linken, oberen Eckpunktes erreicht wurde.

Diese Bilder geben nur einige wenige Anwendungsmöglichkeiten wieder.
Es soll noch hervorgehoben werden, daß durch das Eintragen der Pixelsequenzen in den Bildbuffer durch eine anwendungsspezifische Prozedur
eine Reihe weiterer Möglichkeiten gegeben ist. So kann diese etwa auf
die Übertragung von Hintergrundpixel verzichten, und dadurch das
Bild der darzustellenden Funktion randgenau einem bereits vorhandenem
Bild überlagern, die Funktion also vor beliebigen Hintergrund darstellen.

ERWEITERUNGEN

Zwei Kategorien lassen sich unterscheiden:

- neue Funktionalitäten,
- Parallelisierung.

Die wesentliche funktionale Erweiterung ist die Einbeziehung von
Schattierungsmodellen, was bisher aus zwei Gründen nicht vorgenommen
wurde: zum einen wegen des nicht unbdeutenden Anstiegs der Rechenzeit,
und zum anderen wegen der Verwendung von Farbindizes statt direkten
Farben. Es bereitet jedoch keine grundlegenden Probleme, denn das
Konzept der Profilschnitte zur Berechnung von Sichtbarkeiten kann
auch zur Bestimmung von Beleuchtungsverhältnissen herangezogen werden.
Daher erscheint bei einer möglichen Erweiterung auf Farbtupel, was
prinzipiell kein Problem bedeutet, sowie Parallelisierung auch die
Einbeziehung von Schattierungsmodellen sinnvoll.

Der vorgestellte Algorithmus läßt sich recht einfach auf ein Netz
paralleler Prozessoren abbilden, da die Berechnung der einzelnen
Pixelsequenzen unabhängig voneinander erfolgen kann. Bild 9 zeigt
eine mögliche Architektur. Prozessor A steht mit allen P_i Prozessoren
direkt in Verbindung, versorgt sie mit den nötigen Daten für die
Evaluierung einer Pixelsequenz und trägt die von ihnen erhaltenen
Sequenzen in den Bildbuffer ein. Prozessor b steht ebenfalls mit
allen P_i direkt in Kontakt und beantwortet Get_Height bzw. Get_Co-
lor(Index)- Aufrufe. Dies Konfiguration hat außerdem den Vorteil,
daß A nur den Bildbuffer, B hingegen nur die Objektdaten halten muß.

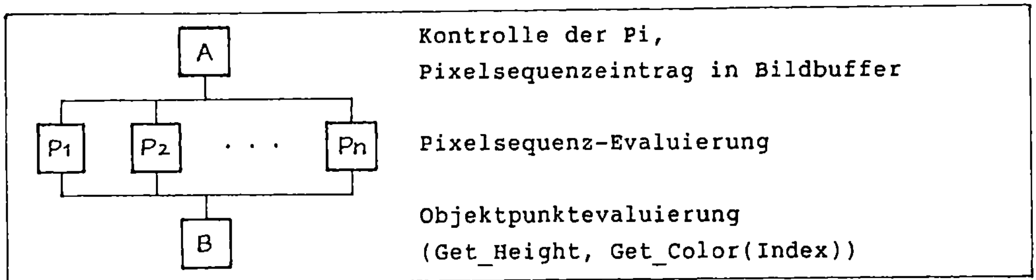

Bild 9: mögliche Konfiguration mit Parallelprozessoren

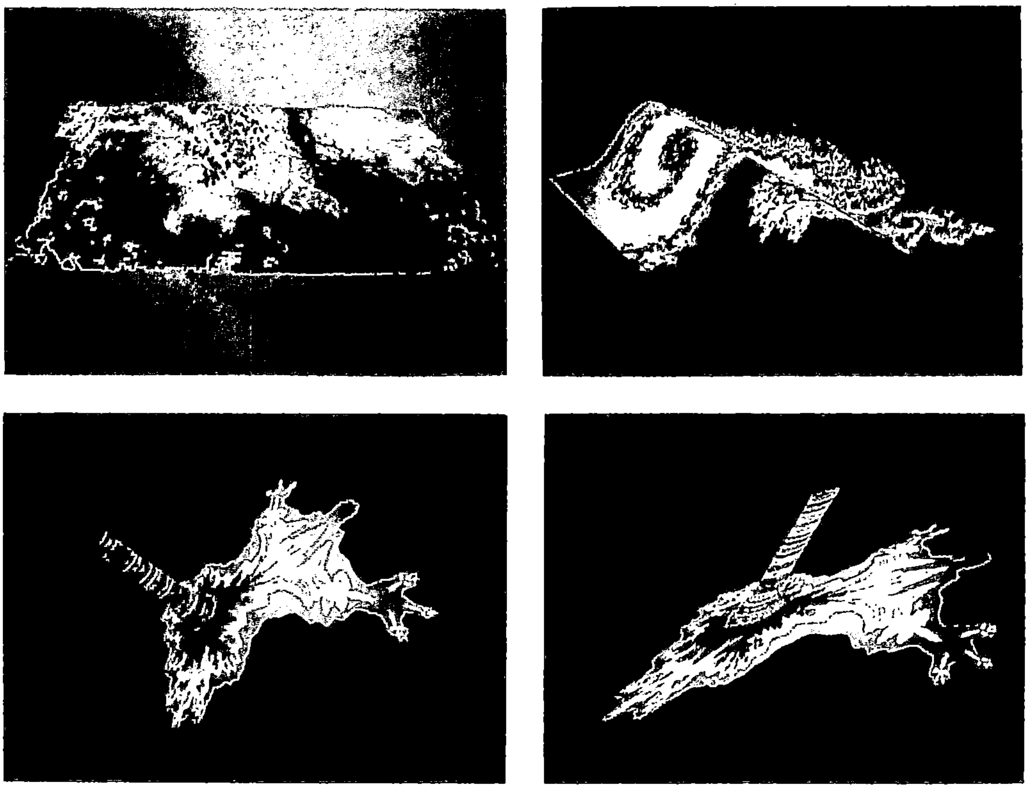

Bild 10: Beispiele

l.o.: perspektive Höhenkarte,   r.o.: Filmszene
l.u.: gedrehtes Bild,   r.u.: geschertes Bild

RESUMEE

Es ist eine Methode vorgestellt worden, dessen Hidden-Surface-Removal
Technik nach /FoDa82/ vornehmlich der Klasse der Objektraumalgorithmen
zuzuordnen ist, und welche beliebige zweiparametrige Funktionen mit
einer Reihe von Vorteilen räumlich darstellt:

- geringe Rechenzeiten (die angefügten Fotos benötigen bei einer Auflösung von Objekt und Bild von ca. 1024*800 und Resol zwischen 1 und
  1.5 auf μVAX/GPX etwa 5 Minuten Rechenzeit);
- freie Wahl der Projektionsparameter
- Trennung von Höhen- und Farbbestimmung
- Verwendbarkeit beliebiger Quellen für Objektdaten
- anwendungsspezifische Verarbeitung der Ergebnisse
- frei kontrollierbare Transparenz von Objektbereichen.

LITERATUR

/Ande82/ D.P.Anderson:
        "Hidden Line Elimination in Projected Grid Surfaces"
        ACM Trans. on Graphics, Vol.1, No.4, Oct. 1982

/CeWo87/ Z.J.Cendes, St.H.Wong:
        "C^1 Quadratic Interpolation Over Arbitrary Point Sets";
        IEEE Computer Graphics & Appl., Nov. 1987

/CoGa84/ S.Coquillart, M.Gagnet:
        "Shaded Display of Digital Maps";
        IEEE Computer Graphics & Appl., July 1984

/Flor87/ L.De Floriani:
        "Surface Representations based on Triangular Grids";
        The Visual Computer, March 1987; Springer

/FoDa82/ J.D.Foley, A.van Dam:
        "Fundamentals of Interactive Computer Graphics";
        Addison Wesley, Mass. 1983

/FoMi85/ A.Fournier, Th.Milligan:
"Frame Buffer Algorithms for Stochastic Models";
IEEE Computer Graphics & Appl., Oct. 1985

/Kaji83/ J.T.Kajiya:
"New Techniques for Ray Tracing Procedurally Defined Objects"
ACM Trans. on Graphics, Vol.2, No.3, July 1983

/Robe87/ P.K.Robertson:
"Fast Perspective Views of Images Using 1-dimensional Opera-
tions";
IEEE Computer Graphics & Appl., Feb. 1987

/RoCa85/ P.K.Robertson, J.F.O'Callaghan:
"The Application of Scene Synthesis Techniques to the Display
of Multidimensional Image Data";
ACM Trans. on Graphics, Vol.4, No.4, Oct. 1985

/SeGr82/ S.Sechrest, D.B.Greenberg:
"Visible Polygon Reconstruction Algorithm";
ACM Trans. on Graphics, Vol.1, No.1, Jan. 1982

/Thal86/ D.Thalmann:
"A 'Lifegame' Approach to Surface Modeling and Rendering";
The Visual Computer, Feb. 1986; Springer

COMPUTERANIMATION FÜR DISKRETE EREIGNISSIMULATION

Georg Ch. Pflug
Michael Prohaska

1. Motivation

Die Computeranimation hat in den letzten Jahren der Methode der Diskreten Ereignissimulation neue Dimensionen ihrer Einsetzbarkeit verliehen. Mit der Möglichkeit die dynamischen Prozesse, ihre Abhängigkeiten und Auswirkungen innerhalb eines Simulationsmodells zu visualisieren und interaktiv Veränderungen im Ablauf bewirken zu können, wird die Transparenz der Modelle sowohl für den Simulationsexperten als auch für den Anwender wesentlich gesteigert. Ohne Zweifel kann somit auch die Akzeptanz beim Benutzer deutlich erhöht werden.

Die Computersimulation ist eine Methode, die es erlaubt, experimentell verschiedenste Szenarien hinsichtlich des gegebenen Zielsystems durchzuspielen. Interaktiv können Parameter, Zufallszahlenkeime oder auch Modellstrukturen verändert und deren Auswirkungen analysiert werden. Durch die Einführung animierter Systeme können diese Auswirkungen unmittelbar am Bildschirm durch Beobachtung des Verhaltens der dargestellten Abläufe klar und anschaulich erklärt und verstanden werden.
Entscheidungsträger, die als Benutzer von Simulationsmodellen zumeist sehr schnell und deutlich die Folgen ihrer potentiellen Entscheidungen untersuchen möchten, erreichen durch die Visualisierung der Abläufe und deren interaktive Veränderbarkeit einen hohen Grad an Identifikation mit dem Modell.

Folgende wesentliche Vorteile lassen sich bei Verwendung animierter Simulationssysteme gegenüber herkömmlichen Standardsystemen erzielen:

1) Animierte Simulation macht dem Benutzer klar, daß das zugrundeliegende System "modelliert" wurde. Standard Simulationsprogramme sind zumeist "intransparent", da der Benutzer als "Nichtexperte" die Richtigkeit des Modells nicht erkennen kann.

2) In der Planung erlaubt die animierte Simulation, präsumptiven Kunden die Leistungsfähigkeit des zu realisierenden Systems schon bei Anbotstellung zu demonstrieren.

3) Animierte Simulation verbessert die Verifikation und Validierung von Simulationsmodellen, insbesonders bei komplexen Applikationen. Versteckte Modellierungs- und Implementierungsfehler können wesentlich besser lokalisiert werden. Somit kann die Zuverlässigkeit der Simulationsmodelle verbessert werden.

4) Animierte Simulation ist hervorragend für Schulungszwecke geeignet. Im Bereich der anwendungsorientierten Schulung können den Auszubildenden die Auswirkungen spezifischer Tätigkeiten auf das System demonstriert werden. Aber auch im Bereich der Ausbildung der Simulationstechnik selbst, können Probleme der Parellelität und Konkurrenz von dynamischen Prozessen mit Hilfe animierter Systeme besser erklärt werden.

Die rasante Entwicklugn von Mikro- und Minirechnern bzw. Workstations wird den Einzug der Computeranimation in die Simulation verstärken und deren Verbreitung forcieren. So finden sich Anwendungen computeranimierter Simulationssysteme in verschiedensten Bereichen, besonders aber in der Planung, Gestaltung und Analyse von Produktionsanlagen. Hier weisen vor allem flexible Fertigungssysteme (FMS) bzw. flexible Transportsysteme (FMHS) einen hohen Grad an Komplexität auf, womit die Computersimulation in diesen Bereichen immer stärker an Bedeutung gewinnen wird.

2. Diskrete Ereignissimulation und kontinuierliche Animation

Diskrete Ereignismodelle sind - wie der Name sagt - durch diskrete Zustandsübergänge gekennzeichnet. Dies bedeutet, daß die Menge der möglichen Zustände endlich oder abzählbar ist und das System nach dem Verweilen in einem Zustand sprunghaft in den nächsten übergeht.
Die Zustandsübergänge im Modell entsprechen **Ereignissen**, also Zeitpunkten in der Realität. Tätigkeiten (**Aktivitäten**), die eine Zeitspanne beanspruchen, können nur indirekt modelliert werden, indem der Aktivitätsanfang und das Aktivitätsende jeweils als Ereignisse definiert werden.
Betrachten wir als Beispiel ein Transportsystem, in dem Werkstücke durch AGV's (Automatic Guided Vehicles) zwischen verschiedenen Maschinen zur Bearbeitung transportiert werden. Aktivitäten wären in diesem Falle die Bearbeitungen auf den einzelnen Maschinen, sowie der Transport zwischen den Maschinen. Ereignisse sind dann der Beginn der Bearbeitung, das Ende der Bearbeitung, der Beginn und das Ende des Transports.
Auf der Implementationsebene werden diskrete Ereignismodelle durch eine spezielle Datenstruktur, nämlich die **Ereignisliste** dargestellt:
Jedem Ereignis entspricht ein Record, welches unter anderem die Ereigniszeit und einen Verweis auf die zur Ereigniszeit durchzuführende Aktion enthält. Die Ereignisliste ist nach aufsteigenden Ereigniszeitpunkten geordnet. Ein Beispiel ist in Abb. 1 dargestellt.

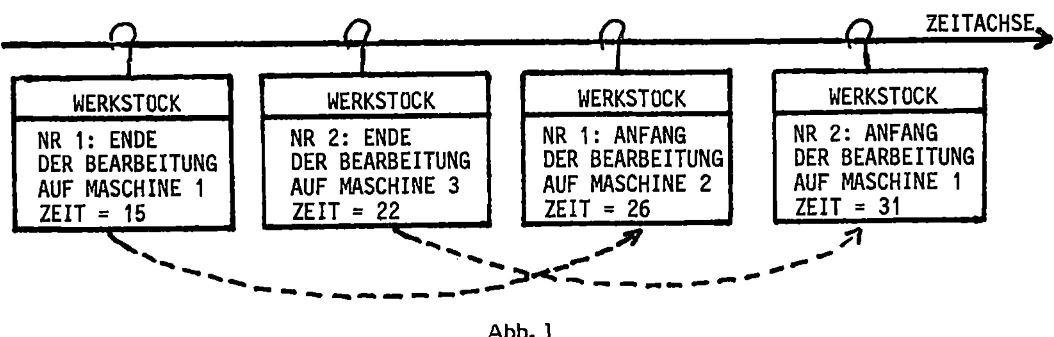

Abb. 1

Meist faßt man jene Ereignisse, die zu einer bestimmten Systemkomponente (Entity) gehören, zu einem **Prozeß** zusammen. Das gesamte Simulationsprogramm zerfällt damit in eine variable Anzahl kooperierender Prozesse. In der Abb. 1 sind Ereignisse, die zum gleichen Prozeß gehören, mit einer gestrichelten Linie unter einander verbunden (**Prozeßorientierte Betrachtungsweise.**

Der Prozeß eines konkreten **Entity - Objektes** ist die Realisation eines abstrakten Prozeßtyps, des **Entity - Typs.** Beispiele für Entity-Typen sind: "Maschine", "Werkstücke", "Transportwagen" etc.; Beispiele für Entity-Objekte wären: "Fräsmaschine", "Werkstücke 1" etc.

Wie soll man nun Ereignismodelle visualisieren?
Zunächst ist festzuhalten, daß kontinuierliche Animation und diskrete Simulation nicht direkt zusammenpassen. Würde das visualisierte Bild nur zu Ereigniszeiten springen, so wäre das optisch unschön. Deshalb wählt man meist folgenden Weg:

a)   Ein Teil der Entity-Typen wird als **displayable** definiert. Zu jedem Displayable-Entity-Typ gibt es ein oder mehrere graphische Repräsentanten, sogenannte **Ikonen.** Konkret visualisiert werden alle Objekte, die zu einem displayable Typ gehören.

b)   Die Ausprägung des graphischen Repräsentanten eines Entity-Objektes wird durch zwei Merkmale bestimmt: **Ort** und **Form.** Der Formparameter wählt aus einer vorgegebenen Menge möglicher Ikonen des entsprechenden Entity-Typs eine konkrete aus und der Ort beschreibt die Position, an der diese Ikone in das Bild gesetzt wird. Die displayable Entity-Typen werden weiter in die Moving-Entity-Typen (Ort variabel) und die Nonmoving-Entity-Typen (Ort fest) unterteilt.

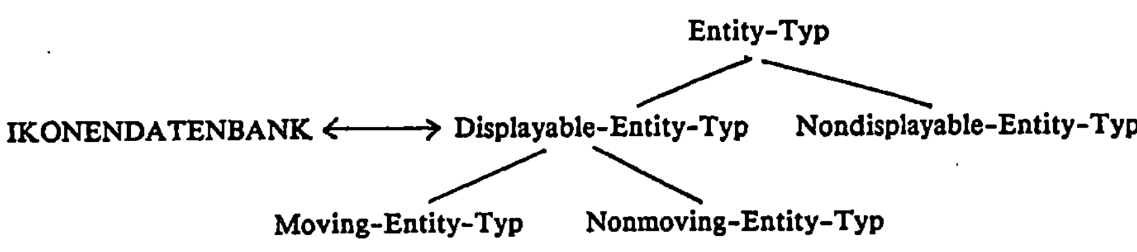

c) Diskrete Formänderungen des Entity-Objektes werden direkt angezeigt, Ortsveränderun-
gen hingegen werden "kontinuisiert". Zwischen den beiden Ereignissen "Transportwagen
verläßt Maschine 1" und "Transportwagen kommt bei Maschine 2 an", wird die tatsächliche Bewegung des Transportwagens als Kontinuum dargestellt. Man halte fest, daß diese
kontinuierliche Bewegung nur Teil des Animationssystems ist, und im logischen Modell
überhaupt nicht aufscheint.

Zur technischen Durchführung der Animation ist ein weiterer Prozeß, der Prozeß "Animator"
erforderlich, um den die Ereignisliste erweitert wird (Abb. 2). Die Aufgabe des Animators ist
es, den Bildaufbau vorzunehmen. Zu diesem Zweck werden alle aktuell vorhandenen Entity-
Objekte, die vom Typ displayable sind, in zwei Listen, der "Moving-Entity-Liste" und der
"Nonmoving-Entity-Liste" gehalten. In regelmäßigen Taktschritten (Frame Delays) wird der
Animatorprozeß aufgerufen, der diese Listen abarbeitet und dabei für jedes Entity-Objekt vom
Typ Moving aus Zeit, Geschwindigkeit und Weg (ein vom Benutzer gewählter Streckenzug) den
Ort ermittelt. Mit Hilfe des Ortes aller aktuellen Moving-Entity-Objekte und der Form aller
Displayable-Entity-Objekte wird nun das Bild aufgebaut.

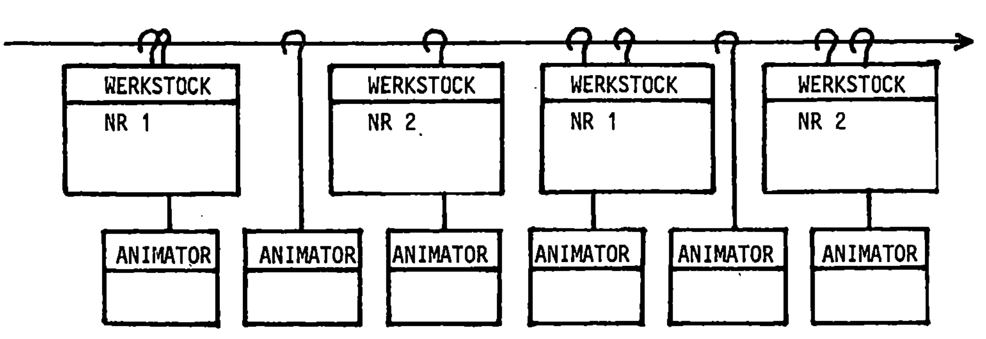

Abb. 2

3. Systembausteine zur Computeranimation

Aus der Benutzersicht sind folgende Komponenten für ein animiertes Simulationssystem nötig:

a) Ein Simulationsprogramm, das die logische Struktur des Modells beschreibt.

b) Ein Rastergraphikeditor.

c)   Ein Liniengraphikeditor (kann mit b) zusammenfallen).

d)   Ein Animationstreiber, das Benutzerinterface zur Animation.

Der Rastergraphikeditor dient zur Erstellung

  aa) des/der Hintergrundbildes/er
  bb) des/der Vordergrundbildes/er
  cc) der Ikonenbibliothek.

Die Ikonenbibliothek enthält für jede Kombination aus Displayable-Entity-Typ und Formparameter genau eine Ikone (Abb. 3).

IKONENBIBLIOTHEK		
ENTITY - TYP	FORM = 1	FORM = 2
TRANSPORT- WAGEN (MOVING)		
WERKSTÜCK (MOVING)		
MASCHINE (NON-MOVING)		

Abb. 3

Der Liniengraphikeditor wird zur Eingabe des Wegenetzes, auf welchem sich die Moving-Entity-Objekte bewegen können, benötigt. Die Wege sind entweder Polygonzüge oder Polynomapproximationen (Bezier, Spline etc.).

Da die Ikonen herkömmlicher Animationssysteme lediglich Rastersprites und somit statisch sind, muß ihre Form notwendigerweise zwischen den sich aus der Modellogik ergebenden Ereignissen unverändert bleiben. Dies beschränkt aber sowohl die Aussagekraft als auch die Realitätsnähe des Bildes. Aus diesem Grund führen wir **dynamische Ikonen** ein.

Nach jedem Taktschritt (Frame Delay), also jenem Zeitintervall, nach welchem das Bild neu gestaltet wird, kann die Form einer dynamischen Ikone unabhängig von der Modellogik verändert werden. So wird z.B. die Fahrt des Transportwagens nicht nur durch die Bewegung eines statischen Wagenabbilds auf dessen Route dargestellt, sondern die Dynamik noch durch die Abbildung der sich drehenden Räder verstärkt. In herkömmlichen animierten Simulationssystemen ist die Darstellung von kontinuierlichen Formveränderungen (z.B. Bewegung von Roboterarmen) äußerst schwierig und aufwendig, da auf der Modellebene zusätzliche Ereignisse für die Veränderung der Form der Ikone eingeführt werden müssen.

Dynamische Ikonen bestehen aus folgenden Bausteinen:

a)	einem statischen Hintergrundbild (z.B. Transportwagen und Werkstücke)

b)	alternativen Vordergrundbildern (z.B. sich drehende Räder)

c)	Fenster innerhalb der Ikone, in denen Modellvariable als Zeichenstring dargestellt werden können (z.B. Identifikationsnummer des Werkstückes)

d)	optional einem Vordergrundbild, dessen Farbe bzw. Grauwert von einer Modellvariablen abhängt. Dazu kann der Benutzer die Extremfarben aus einer Palette wählen.

e)	Programmteil für die Steuerung der Ikonenveränderung nach jedem Frame Delay

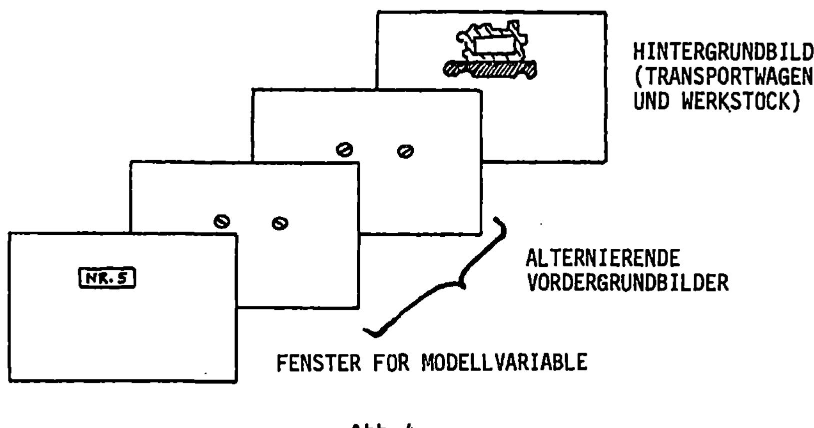

Abb. 4

Bei jedem Bildaufbau wird dieses ikonenspezifische Programmstück aktiviert und die darin spezifizierten Veränderungen vorgenommen.

Das Konzept dynamischer Ikonen wird innerhalb der von uns entwickelten Simulationsumgebung AMADEUS realisiert.

4. Animierte Sprachsysteme für die Diskrete Ereignissimulation

Eine Reihe von animierten Systemen für die Diskrete Ereignissimulation wurden in den letzten Jahren entwickelt, die zu den herkömmlichen Modellkonzepten Visualisierungskomponenten hinzufügen. Die bekanntesten Pakete sind CINEMA für SIMAN, AUTOGRAM für GPSS/H, SIMFACTORY für SIMSCRIPT, TESS für SLAM und SEE WHY. In den meisten Fällen existiert eine Trennung zwischen einem 2D Graphikmodul und der eigentlichen Simulationssprachumgebung.

Ein System anderer Art, vor allem im Bereich der Modellkonzeption, bietet die von uns konzipierte und in Entwicklung befindliche diskrete Simulationssprache AMADEUS (A Modular And Descriptive Simulation System). Neben der Verwirklichung des Entity-Connection Ansatzes für die Modellbildung, welcher eine modulare Gestaltung ermöglicht, bietet AMADEUS eine leistungsfähige Animationsschnittstelle, welche dynamische Ikonen vorsieht, wie sie im Abschnitt 3 vorgestellt wurden.

Die oben beschriebenen Pakete sind so entstanden, daß zu der Simulationssprache später eine Animationsumgebung geschaffen wurde. Dies hat den Nachteil, daß die Konzeption für die logische Modellierung und jene für die Animation manchmal erheblich auseinanderklaffen.
So z.B. müssen in SIMAN "Stations" modelliert werden, um für die Animation in CINEMA die Bewegung von Entities zu erreichen.

Beim Entwurf von AMADEUS wurde gleich von Beginn an die Animationsschnittstelle mitberücksichtigt. AMADEUS baut auf einem neuartigen Modularisierungskonzept, dem Entity-Connection Konzept auf: Jedes Simulationsprogramm ist aus modularen Bausteinen aufgebaut, wobei es zwei Grundtypen gibt:

- Entity Moduln. Sie entsprechen den selbständigen Einheiten - gewissermaßen den handelnden Personen. In unserem Beispiel wären Entity-Typen etwa: "Transportwagen", "Maschine 1", "Maschine 2", "Werkstück".

- Connection Moduln beschreiben die Kooperation mehrerer Entity-Objekte. Wenn immer im Modell mehrere Systemkomponenten eine gemeinsame Aktivität durchführen, so geschieht dies auf der Programmebene dadurch, daß die beteiligten Entity-Objekte ihre autonome Verarbeitung unterbrechen und der Connection Modul als Verbindungselement die weitere Kontrolle übernimmt. Während der Abarbeitung einer Connection bleiben die beteiligten Entity-Objekte dieser Connection untergeordnet, um nach deren Beendigung mit der Abarbeitung ihres autonomen Teils fortzufahren. Beispiele für Connections wären "Transport" (beteiligte Entity-Typen: "Transportwagen" und "Werkstück") oder "Bearbeitung" (beteiligte Entity-Typen: "Maschine" und "Werkstück").

Diese Strukturierung ist neu und kommt der Animation entgegen. Grundsätzlich können Entity-Objekte und Connections dargestellt werden. Entity-Objekte, falls sie _displayable_ sind (siehe oben), sind dann entweder _moving_ (beweglich) oder _non-moving_ (ortsfest). AMADEUS erlaubt auch die Darstellung von Connections (z.B. Kombination von Werkstück und Transportwagen als eigene Ikone). Dies verdeutlicht den modularen, in kooperative und autonome Teile gegliederten Aufbau. In herkömmlichen Systemen können Connections nicht dargestellt werden. Es wird deshalb meist zur Visualisierung der Verbindung zweier Systemkomponenten die eine weggelassen und die andere in ihrer Form verändert. Eine andere Möglichkeit wäre die gleichzeitige Darstellung beider Systemkomponenten nebeneinander. Bei gemeinsamer Bewegung müssen dann beide auf getrennten Wegen synchron geführt werden, was einen erheblichen Aufwand bedeutet.

Betrachtet man innerhalb einer Simulationsstudie den Zeitbedarf für die Erstellung der graphischen Elemente, so liegt dieser nach unserer Erfahrung aus fünf größeren Projekten bei ca. 5% - 10% des Gesamtaufwands. Im Hinblick auf die in der Einleitung geschilderten Vorteile ist dieser Aufwand absolut vertretbar. Die Verbindung der graphischen Layoutgestaltung mit CAD Systemen bringt, wo dies möglich ist, einen weiteren Vorteil an Zeitreduktion und Integration.

5. Literatur

MAGNENAT-THALMANN, N.,D. THALMANN. Computer Animation. Springer-Verlag 19851.

PFLUG, G., M. PROHASKA, P. ZUGMANN. AMADEUS - A Modular And Descriptive Simulation System. Bericht aus Informatikforschungsinstituten. Oldenbourg 1987.

PFLUG, G., M. PROHASKA. The Entity-Connection Approach To Modelling An Simulation. Eingereicht bei Simulation.

SEE WHY Visual Interactive Simulation Reference Manual Ver. 7.1. Istel Limited 1984.

SIMAN/CINEMA Reference Manual Ver. 3.5. Systems Modeling Corp. 1987.

SIMSCRIPT II.5/SIMFACTORY Reference Manual. CACI 1987.

SLAM II/PC Animation System Reference Manual. Pritsker & Ass. 1987.

WEINSTOCK,N. Computer Animation. Addison Wesley 1986.

Beschleunigung des Ray-Tracing Algorithmus: Drei Vorschläge zum verbesserten Einsatz der Octree-Raumteilung

Bernd Fröhlich, Andreas Johannsen
Universität Kaiserslautern

Zusammenfassung: Der Ray-Tracing Algorithmus bietet die Möglichkeit, fotorealistische Ansichten dreidimensionaler Szenen zu berechnen. Allerdings können bei komplizierteren Szenen sehr lange Rechenzeiten auftreten. Deshalb werden verschiedene Techniken zur Beschleunigung eingesetzt, u.a. die hierarchische Zerlegung des Objektraums durch einen Octree. Der folgende Beitrag beschreibt drei Verfahren zum verbesserten Einsatz dieser Raumteilung: (1) Aufbau des Octree mit direkter Bearbeitung von CSG-Objektbäumen, (2) schnelle Strahlverfolgung im Octree durch ein spezielles Koordinatensystem und die Speicherung in einer Hash-Tabelle sowie (3) Nutzung der Octree-Raumteilung für Strahlen von bzw. zu Lichtquellen.

Einleitung

Ziel der 'fotorealistischen Computergrafik' ist die Berechnung möglichst naturgetreuer Bilder von dreidimensionalen Szenen. Ein menschlicher Betrachter soll nicht in der Lage sein, zwischen dem berechneten Bild und einer natürlichen (oder fotografierten) Ansicht zu unterscheiden. Grundsätzlich können die Phasen (1) Bilddefinition durch den Benutzer und (2) Bildgenerierung durch ein Grafiksystem unterschieden werden.

Bilddefinition: Der Benutzer modelliert eine dreidimensionale Szene und legt eine Sicht darauf fest. Die Szene wird im 'globalen Koordinatensystem' aufgebaut, sie umfaßt (a) eine Menge von Objekten, (b) Lichtdefinitionen und (c) Festlegungen bzgl. des Bildhintergrundes.

Zu (a): Für die Beschreibung dreidimensionaler Objekte kann u.a. die 'constructive solid geometry' (CSG, /ROT82/) eingesetzt werden. Sie umfaßt eine Menge von Grundkörper-Typen, z.B. Würfel, Kugel, Kegel und Zylinder. Für jeden Typ ist die Größe und Lage eines 'Einheitsobjekts' fest vorgegeben. Beispiel: Die Einheitskugel hat den Radius 1 und liegt mit ihrem Mittelpunkt im Ursprung. Einzelne Grundkörper, d.h. Exemplare dieser Typen heißen 'primitive Objekte', kurz 'Primitive'. Sie können mit einem CREATE-Kommando generiert werden. Um kompliziertere Objekte zu beschreiben, stehen die drei Operatoren UNION (+), INTERSECTION (&) und DIFFERENCE (-) zur Verfügung. Das Ergebnis dieser Operationen wird jeweils 'zusammengesetztes Objekt' genannt. Ein Objekt (zusammengesetzt oder primitiv) kann bewegt und skaliert werden. Typische Kommandos sind:

```
MOVE      : Verschiebung in X-, Y- und Z-Richtung
ROTATE    : Drehung um eine beliebige Achse
SCALE     : Skalierung in X-, Y- und Z-Richtung
```

Als rechnerinterne Repräsentation für CSG-Objekte bieten sich binäre Bäume an. Jedes Blatt stellt ein Primitiv dar. Innere Knoten repräsentieren zusammengesetzte Objekte. Sie verknüpfen durch einen Operator zwei Teilobjekte, die vom linken bzw. rechten Unterbaum dargestellt werden. Für Bewegungen und Skalierungen existieren homogene Transformationsmatrizen. Der Benutzer arbeitet im globalen Koordinatensystem. Jedem Primitiv ist ein lokales Koordinatensystem zugeordnet, in dem Lage und Größe entsprechend des Primitiv-Typs fest vorgegeben sind. Die Verbindung zwischen lokalem und globalem Koordinatensystem stellt eine homogene Transformationsmatrix ('local to scene transform matrix') her. Jedem Primitiv ist eine solche Matrix zugeordnet, d.h. sie muß in dem entsprechenden Blatt des Binärbaums abgelegt werden. Bewegungen und Skalierungen zusammengesetzter Objekte können auf die der Primitiven zurückgeführt werden, d.h. innere Knoten des Baums tragen nur einen Operator, keine Transformationsmatrix. Ein solcher Binärbaum heißt CSG-Objektbaum. Um auf die Art der Repräsentation hinzuweisen, wird das entsprechende Objekt auch CSG-Objekt genannt. Angaben zur Farbe bzw. Oberflächenbeschaffenheit eines CSG-Objekts werden nur bei den Primitiven, d.h. in den Blättern des CSG-Objektbaums abgelegt.

Zu (b), (c): Der Objekt- bzw. Szenenraum wird z.B. mit punktförmigen Lichtquellen ausgeleuchtet. In der Regel kann zusätzlich die Stärke eines diffusen Umgebungslichts ('ambient light') angegeben werden. Die Hintergrundfarbe ist unabhängig von der Beleuchtung und wird global gesetzt.

Durch die Sichtdefinition legt der Benutzer ein zweidimensionales Bild der dreidimensionalen Szene fest. Im folgenden wird das einfache Kameramodell aus Beobachtungspunkt und virtuellem Schirm verwendet. Analog zum realen Bildschirm ist der virtuelle durch ein Raster in 'picture elements', kurz 'pixel' unterteilt. Die Projektion der Szene auf den virtuellen Schirm ergibt das gewünschte Bild.

Bildgenerierung: Bei der Berechnung des Bildes auf dem virtuellen Schirm entstehen zwei Teilaufgaben: (1) Identifikation der sichtbaren Szenenpunkte und (2) Auswertung eines Beleuchtungsmodells für jeden dieser Punkte. Das Beleuchtungsmodell ('illumination model') gibt an, wieviel Licht von einem sichtbaren Punkt in Richtung Beobachter ausgeht.

Das Ray-Tracing Verfahren basiert auf den Gesetzen der Strahlenoptik, es führt die Berechnungen zur Sichtbarkeit und Beleuchtung gleichzeitig durch. In der einfachsten Version wird vom Beobachtungspunkt aus durch jedes Pixel des virtuellen Schirms eine Gerade gelegt. Sie symbolisiert einen Lichtstrahl ('ray'), der aus dem Szenenraum in den Beobachtungspunkt fällt. Bei 'naivem' Ray-Tracing wird diese Gerade mit allen Objekten der Szene geschnitten, um das am nächsten zum Beobachtungspunkt gelegene herauszufinden. Man spricht von der 'Verfolgung eines Strahls' in die Szene hinein. Dieses Verfahren löst das Sichtbarkeitsproblem.

Die meisten Beleuchtungsmodelle für Ray-Tracing arbeiten nach dem Verfahren aus /WHI80/: Durch rekursive Verfolgung von Lichtstrahlen können Spiegelungen, Reflexionen und Schatten berechnet werden. Ray-Tracing wertet das Beleuchtungsmodell direkt im dreidimensionalen Szenenraum aus, d.h. die echte Geometrie der Objekte wird berücksichtigt.

Bei naivem Ray-Tracing können sehr lange Rechenzeiten auftreten, denn jeder betrachtete Strahl wird mit allen Objekten der Szene geschnitten. Es gibt mehrere Vorschläge zur Beschleunigung des Verfahrens, u.a. die 'Octree'-Technik nach /GLA84/. Der dreidimensionale Szenenraum wird rekursiv in achsenparallele Quader, die 'Voxel' zerlegt. Jeder Voxel verwaltet eine Liste der Objekte, mit deren Oberflächen er einen nicht leeren Schnitt hat. Für einen Strahl werden nacheinander alle durchlaufenen Voxel bestimmt und in jedem die zugeordneten Objekte auf einen Schnitt untersucht. Die Verfolgung des Strahls bricht ab, sobald im aktuellen Voxel alle Objekte getestet wurden und ein Schnitt aufgetreten ist. Auf diese Art werden für jeden Strahl nur wenige Objektschnitte durchgeführt.

Aufbau des Octree für CSG-Objekte

Abb. 1 beschreibt das grundsätzliche Vorgehen beim Aufbau einer Octree-Raumteilung. Die Routine AUFBAU_OCTREE hat als Parameter einen Voxel V und den Anfangszeiger der zugeordneten OBJEKTLISTE. Als Ergebnis wird eine Octree-Zerlegung von V geliefert. Um die Erklärungen einfach zu halten, werden als naheliegende Datenstruktur für den Octree Zeigerbäume verwendet. Jeder innere Knoten repräsentiert einen unterteilten Voxel, er enthält 8 Zeiger auf Nachfolger. Die Blätter des Baums stellen Voxel dar, die nicht weiter unterteilt sind. Sie verwalten je einen Verweis auf die zugeordnete Objektliste. AUFBAU_OCTREE liefert einen Zeiger auf die Wurzel des für V angelegten Baums. Sei UR_VOXEL ein Würfel, der die ganze Szene umschließt. Dann wird mit

```
OCTREE := AUFBAU_OCTREE ( UR_VOXEL, LISTE_ALLER_OBJEKTE )
```
eine Octree-Zerlegung für die gesamte Szene generiert und ein Verweis auf die Wurzel des entsprechenden Zeigerbaums in OCTREE abgelegt.

Als erstes entscheidet AUFBAU_OCTREE, ob eine weitere Unterteilung des Voxel V (a) sinnvoll und (b) erlaubt ist. Zu (a): Die Routine UNTERTEILUNG untersucht den Voxel V und seine OBJEKTLISTE. Falls eine Unterteilung sinnvoll erscheint, liefert sie TRUE, sonst FALSE. Als Kriterium wird z.B. eine maximale Anzahl von Objekten pro Voxel festgelegt. Wenn die OBJEKTLISTE mehr Elemente enthält, sollte weiter unterteilt werden. Andere Kriterien sind denkbar, sie berücksichtigen z.B. die Größe des Voxel V oder für jedes zugeordnete Objekt die Komplexität eines Strahlschnitts. Zu (b): Die kleinste erlaubte Voxel-Größe wird im voraus festgelegt und als MINSIZE bezeichnet. Eine Zerlegung von V ist nur dann erlaubt, wenn die entstehenden Voxel MINSIZE nicht unterschreiten.

Für unterteilte Voxel wird ein innerer Knoten im Octree-Zeigerbaum angelegt (A1). Er verweist auf 8 Unterbäume, die für je einen Unter-Voxel die Octree-Zerlegung repräsentieren. Um diese Unterbäume zu generieren, wird für jeden Unter-Voxel (A2) eine Liste der zugeordneten Objekte berechnet und (A3) AUFBAU_OCTREE rekursiv eingesetzt.

Für nicht weiter unterteilte Voxel wird ein Blatt im Octree-Zeigerbaum angelegt (B1). Diese Knoten enthalten nur einen Zeiger OBJEKTE, der auf die Objektliste des entsprechenden Voxel verweist (B2).

Angenommen, der Voxel V wird unterteilt. Dann muß in einer Schleife über alle Untervoxel je eine Objektliste berechnet werden. Es ist klar, daß einem Untervoxel nur Objekte zugeordnet sein können, die auch V zugeordnet sind. Deshalb wird in einer weiteren Schleife die OBJEKTLISTE durchlaufen und für jedes Element überprüft, ob es dem gerade betrachteten UNTERVOXEL_I

```pascal
function AUFBAU_OCTREE
          ( V            : voxel;
            OBJEKTLISTE : zeiger_objekt ) : zeiger_octreeknoten;

var EINFACHBAUM   : csgbaum;
    K             : klassifikation;
    KNOTEN        : zeiger_octreeknoten;
    LISTE         : array [ untervoxel0...untervoxel7 ] of zeiger_objekt;
    OBJEKT_J      : zeiger_objekt;
    UNTERVOXEL_I : untervoxel;

begin (* AUFBAU_OCTREE *)

if ( UNTERTEILUNG ( V, OBJEKTLISTE ) ) and
   ( SIZE( V ) > 2 * MINSIZE          )
then
  begin (* V wird unterteilt *)
  (* A1: Anlegen eines inneren Knotens im Octree-Zeigerbaum *)
  new ( KNOTEN, innerer_knoten );
  for UNTERVOXEL_I := untervoxel0 to untervoxel7 do
  begin
    (* A2: Berechnung einer Objektliste für UNTERVOXEL_I *)
    for OBJEKT_J := jedes Objekt der OBJEKTLISTE do
    begin
      K := KLASSIFIZIERE ( UNTERVOXEL_I, OBJEKT_J↑.BAUM );
      if ( K = border ) or ( K = ? ) then
      begin
        EINFACHBAUM := VEREINFACHE ( OBJEKT_J↑.BAUM );
        ANHAENGEN ( LISTE [ UNTERVOXEL_I ], EINFACHBAUM )
      end
    end; (* for OBJEKT_J *)
    (* A3: Rekursiver Aufruf *)
    KNOTEN↑.VERWEIS [ UNTERVOXEL_I ] :=
      AUFBAU_OCTREE ( UNTERVOXEL_I, LISTE [ UNTERVOXEL_I ] )
  end (* for UNTERVOXEL_I *)
  end (* V wird unterteilt *)
else
  begin (* V wird nicht unterteilt *)
  (* B1: Anlegen eines Blatts im Octree-Zeigerbaum *)
  new ( KNOTEN, blatt );
  (* B2: Zuweisen der Objektliste *)
  KNOTEN↑.OBJEKTE := OBJEKTLISTE
  end; (* V wird nicht unterteilt *)
```

```
AUFBAU_OCTREE := KNOTEN

end (* AUFBAU_OCTREE *)
```

Abb. 1:   Routine zum Aufbau einer Octree-Raumteilung

---

zuzuordnen ist. Dafür muß untersucht werden, wie Objekt und Voxel räumlich zueinander liegen. Diese Untersuchung ist das eigentliche Problem der gesamten Routine AUFBAU_OCTREE.

Das Zuordnungsproblem kann wie folgt definiert werden: 'Gegeben ist ein Voxel und ein Objekt. Untersuche die räumliche Lage der beiden zueinander und entscheide, ob das Objekt dem Voxel zugeordnet wird oder nicht'. Dabei muß offensichtlich das Repräsentationsschema des Objekts berücksichtigt werden. Ein häufig verwendetes Schema ist die constructive solid geometry, d.h. es liegen CSG-Objektbäume vor, wie sie in "Einleitung" beschrieben sind. In diesem Fall werden zur Lösung des Zuordnungsproblems oft Minimalquader eingesetzt, d.h. achsenparallele Quader, die das CSG-Objekt ganz umschließen. Auch die Voxel sind achsenparallele Quader, also ist es einfach, ihre Lage bzgl. eines Minimalquaders zu bestimmen. Grundsätzlich gibt es vier Möglichkeiten: Ein Voxel kann (1) innerhalb, (2) außerhalb und (3) teils innerhalb und teils außerhalb eines Minimalquaders liegen. Schließlich kann (4) der Minimalquader ganz vom Voxel umschlossen werden. In den Fällen (1), (3) und (4) wird das entsprechende Objekt dem Voxel zugeordnet. Die Zuordnung über Minimalquader ist sehr einfach und benötigt wenig Rechenzeit. Wesentliche Nachteile sind:

1.   Es ist möglich, daß ein Voxel den Minimalquader eines Objekts schneidet, das Objekt selbst jedoch nicht. In diesem Fall wird es 'irrtümlich' dem Voxel zugeordnet. Das kann zu unnötigem Aufwand während des eigentlichen Ray-Tracing führen: Strahlen testen beim Durchlaufen eines Voxel auch irrtümlich zugeordnete Objekte, obwohl ein tatsächlicher Schnitt (in diesem Voxel) gar nicht möglich ist.

2.   Häufig werden große Raumteile des Minimalquaders vom eigentlichen Objekt nicht eingenommen. Wenn sich diese Teile mehrerer Minimalquader überschneiden, wird der 'leere Raum' unnötig in kleine Voxel zerlegt. Das führt zu einem erhöhten Aufwand beim Verfolgen von Strahlen im Octree.

Diese Nachteile machen deutlich, daß für CSG-Objekte andere Wege zur Lösung des Zuordnungsproblems gesucht werden müssen. Im folgenden wird überblicksartig am Beispiel der Octree-Raumteilung ein Verfahren beschrieben, das

1.   die Zuordnung von Objekten zu Voxel direkt über CSG-Objektbäume vornimmt und

2.   'lokale' CSG-Objektbäume für jeden Voxel berechnet.

Eine Übertragung des Verfahrens auf Raumteilungen durch allgemeine Gitterbäume (/MUE86/) ist möglich.

Direkte Zuordnung über CSG-Objektbäume: In Abb. 1 wird die relative Lage der einzelnen Voxel zu CSG-Objekten von einer Routine KLASSIFIZIERE untersucht. Sie liefert als Ergebnis:

```
in      => Der Voxel liegt ganz innerhalb des Objekts.
border  => Die Objektoberfläche liegt ( zumindest teilweise )
           innerhalb des Voxel. Das entspricht anschaulich den
           Fällen:
           ( a ) Der Voxel liegt teils innerhalb und teils
           außerhalb des Objekts, d.h. die Oberfläche des
           Objekts verläuft durch ihn hindurch.
           ( b ) Das Objekt liegt ganz innerhalb des Voxel.
out     => Der Voxel liegt ganz außerhalb des Objekts.
?       => Es ist keine der drei 'echten' Klassifikationen möglich.
```

KLASSIFIZIERE gibt also zu, wenn ein Voxel nicht eindeutig als in, border oder out eingeordnet werden kann. In diesem Fall wird die ?-Klassifikation geliefert. Diese Technik entstand nach einer Anregung aus /LEE82b/. Jeder Voxel verwaltet eine Liste der zugeordneten Objekte. Sie wird aus der OBJEKTLISTE des jeweiligen Vater-Voxel berechnet (Abb. 1: A2) und enthält alle Objekte für die der Voxel als border oder ? klassifiziert werden kann.

Abb. 2 zeigt das Vorgehen der Routine KLASSIFIZIERE. Gegeben ist ein Voxel V und die Wurzel KNOTEN eines CSG-Objektbaums. In jedem inneren Knoten werden rekursiv die Klassifikationen bzgl. der beiden Unterbäume berechnet und durch KOMBINIERE zur Gesamt-Klassifikation verknüpft. Diese Routine arbeitet nach Abb. 3. In Abb. 4 wird am Beispiel 'links in / rechts border' die Kombination zweier Klassifikationen gezeigt. Alle anderen Fälle von Abb. 3 ergeben sich genauso anschaulich. Die ?-Klassifikation steht für in, out oder border. Beispiele:

$$
\left. \begin{array}{ll}
in \cup in & = in \\
in \cup border & = in \\
in \cup out & = in
\end{array} \right\} \quad in \cup\, ? = in
\qquad
\left. \begin{array}{ll}
in \cap in & = in \\
in \cap border & = border \\
in \cap out & = out
\end{array} \right\} \quad in \cap\, ? = ?
$$

Damit ist die Klassifikation eines Voxel V bzgl. eines CSG-Objektbaums zurückgeführt auf die Klassifikation von V bzgl. primitiver Objekte. Das wird in Abb. 2 durch KLASSIFIZIERE_PRIM ausgedrückt. Diese Routine soll die Klassifikation eines Voxel V bzgl. eines Blatts im CSG-Objektbaum finden. Dabei können unterschiedliche Arten von Tests eingesetzt werden. Für einfache Primitiv-Typen gibt es exakte Tests, die genau eine der Klassifikationen in, out oder border liefern. Beispiel: Gegeben sei ein Primitiv vom Typ 'Kugel'. Dann wird V über die Transformationsmatrix des Primitivs in dessen lokales Koordinatensystem überführt. Dort können analytisch Schnitte zwischen Voxel-Seitenflächen und der Einheitskugel durchgeführt werden.

Für Primitive komplizierteren Typs ist häufig eine direkte Berechnung der Schnitte zu aufwendig oder überhaupt nicht möglich. In diesem Fall werden hinreichende Tests eingesetzt, die entweder in, out, border oder ? liefern. Beispiel: Für jeden Primitiv-Typ wird ein inneres und äußeres Polyeder im lokalen Koordinatensystem festgelegt. Der entsprechende Einheitskörper umschließt das innere Polyeder, er selbst ist ganz im äußeren enthalten. Ein Voxel V wird auf seine Lage bzgl. dieses Polyeder-Paars getestet. Möglich ist z.B.:

```
function KLASSIFIZIERE
        ( V        : voxel,
          KNOTEN : zeiger_csgbaum ) : klassifikation;

var  LKLASSIFIKATION : klassifikation;
     RKLASSIFIKATION : klassifikation;

begin (* KLASSIFIZIERE *)

if  KNOTEN↑.TYP = innerer_knoten
then
   begin
   LKLASSIFIKATION := KLASSIFIZIERE ( V, KNOTEN↑.LINKS  );
   RKLASSIFIKATION := KLASSIFIZIERE ( V, KNOTEN↑.RECHTS );
   KLASSIFIZIERE   := KOMBINIERE    ( LKLASSIFIKATION,
                                      RKLASSIFIKATION,
                                      KNOTEN↑.OPERATOR )
   end
else
   begin
   KLASSIFIZIERE := KLASSIFIZIERE_PRIM ( V, KNOTEN )
   end

end (* KLASSIFIZIERE *)
```

Abb. 2:   Routine zur Klassifikation eines Voxel bzgl. eines CSG-Objekts

```
V liegt außerhalb des äußeren Polyeder => Klassifikation out
V liegt innerhalb des inneren Polyeder => Klassifikation in
V liegt teils innerhalb des inneren
Polyeders  und teils  außerhalb des
äußeren                                 => Klassifikation border
Sonst                                   => Klassifikation ?
```

/LEE82b/ beschreibt ein ähnliches Verfahren, das allerdings nur in, out oder ? liefert. Es werden Voxel V einer festen Größe betrachtet. Für das Einheitsobjekt jedes Primitiv-Typs existieren zwei 'Offset-Objekte' des gleichen Typs, ein inneres (I) und ein äußeres (O). Der Oberflächenabstand von I bzw. O zum Einheitsobjekt ist so berechnet, daß gilt:

```
Der Mittelpunkt von V liegt innerhalb von I => Klassifikation in
Der Mittelpunkt von V liegt außerhalb von O => Klassifikation out
Sonst                                        => Klassifikation ?
```

Klassifikation		Kombination		
Links	Rechts	∪	∩	−
in	in	in	in	out
in	border	in	border	border
in	out	in	out	in
in	?	in	?	?
border	in	in	border	out
border	border	?	?	?
border	out	border	out	border
border	?	?	?	?
out	in	in	out	out
out	border	border	out	out
out	out	out	out	out
out	?	?	out	out
?	in	in	?	out
?	border	?	?	?
?	out	?	out	?
?	?	?	?	?

Abb. 3:   Verknüpfung von Klassifikationen

Alle Voxel-Größen ergeben sich als Zweierpotenz der kleinsten vorkommenden Größe. Deshalb werden I und O für jeden Primitiv-Typ nur 1 Mal festgelegt. Bei einem Test ergeben sich die aktuellen Offset-Objekte durch Skalierung mit der Größe des untersuchten Voxel V.

Ein 'guter' Test sollte (a) möglichst schnell sein und (b) möglich selten eine ?-Klassifikation liefern. Zur Beschleunigung können Vor-Tests eingesetzt werden. Beispiel: Wähle einen beliebigen Testpunkt P des Voxel. Wenn P innerhalb des Einheitsprimitivs liegt, kann die Klassifikation out nicht mehr auftreten. Es muß z.B. nicht mehr getestet werden, ob der Voxel ganz außerhalb eines äußeren Polyeders liegt. Analog kann die Klassifikation in ausgeschloßen werden, wenn P außerhalb des Primitivs liegt.

Die Routine UNTERTEILUNG aus Abb. 1 entscheidet, ob der aktuelle Voxel V unterteilt werden soll oder nicht. Die OBJEKTLISTE enthält alle Objekte, für die V als border oder ? klassifiziert wurde. Es ist sinnvoll, wenn UNTERTEILUNG für jedes Objekt die genaue Klassifikation berücksichtigt.

Lokale CSG-Objektbäume für Vozel: Die Octree-Technik wird eingesetzt, um während des eigentlichen Ray-Tracing Prozeßes die Bearbeitungszeit pro Strahl zu verkürzen. Ein Strahl durchläuft auf seinem Weg durch die Szene in der Octree-Raumteilung eine Folge von Voxel. In jedem testet er die zugeordneten Objekte auf einen Schnitt. Die Verfolgung eines Strahls bricht ab, sobald

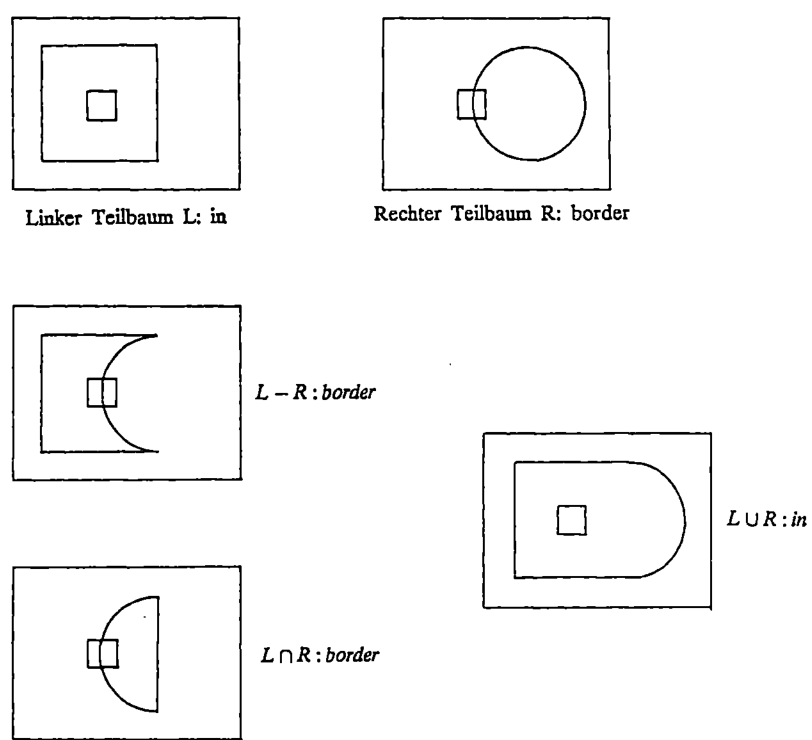

Abb. 4:   Beispiel für die Verknüpfung zweier Klassifikationen

im aktuellen Voxel (1) alle Objekte bearbeitet wurden und (2) mindestens 1 Schnitt aufgetreten ist, der innerhalb des Voxel liegt.

Auf dem Weg eines Strahls können mehrere Voxel liegen, denen dasselbe Objekt zugeordnet ist. Das gerade beschriebene Verfahren zur Strahlverfolgung berechnet in jedem der Voxel den entsprechenden Schnitt Strahl-Objekt. Diese Wiederholung kann durch einfache Numerierung der Strahlen vermieden werden. Bei einer Schnittberechnung trägt der Strahl seine Nummer im getesteten Objekt ein. In jedem Voxel werden nur Objekte untersucht, die noch nicht die Nummer des aktuellen Strahls tragen. Eine Strahlverfolgung bricht ab, sobald der am nächsten zum Ursprung des Strahls gelegene Schnittpunkt im aktuellen Voxel liegt.

Die Markierung durch Strahlnummern vermeidet wiederholte Schnitte eines Strahls mit demselben Objekt. Bei CSG-Objekten arbeitet die Schnittberechnung mit rekursiver Strahl-Klassifikation im entsprechenden Objektbaum. Zunächst wird der Strahl mit allen primitiven Objekten geschnitten. Jeder innere Knoten trägt einen Operator, die Ergebnisse des rechten und linken Unterbaums werden entsprechend verknüpft.

Diese Schnittberechnung kann vereinfacht werden, wenn man die Strahlklassifikation nur innerhalb des jeweils aktuellen Voxel betrachtet. Der Voxel selbst wurde während des Octree-Aufbaus
auf seine Lage bzgl. der Objekte untersucht. Dabei gefundene Klassifikationen lassen Rückschlüsse
auf die möglichen Strahl-Klassifikationen innerhalb des Voxel zu. Beispiel: Wenn der Voxel bzgl.
eines CSG-Unterbaums als out klassifiziert wurde, dann kann auch kein Strahl innerhalb des Voxel
diesen Unterbaum treffen.

Also kann jeder Voxel seine eigene Klassifikation berücksichtigen und lokale CSG-Objektbäume
für Strahlschnitte anlegen. Das wird in Abb. 1 durch die Routine VEREINFACHE angedeutet.
Nachdem UNTERVOXEL_I bzgl. OBJEKT_J klassifiziert wurde, ist in jedem Knoten des CSG-
Objektbaums von OBJEKT_J die entsprechende Klassifikation abgelegt. Der markierte Baum wird
von VEREINFACHE durchlaufen und dabei ein vereinfachter CSG-Objektbaum angelegt. Dieser
EINFACHBAUM repräsentiert das OBJEKT_J für Strahlschnitte im Voxel V.

VEREINFACHE betrachtet im markierten CSG-Objektbaum jeweils einen inneren Knoten N.
Es wird versucht, den Unterbaum mit Wurzel N durch einen 'äquivalenten' zu ersetzen, d.h. an den
Ergebnissen von Schnitten Strahl-Objekt in V darf sich nichts ändern. Bei dieser Ersetzung werden
die Klassifikationen des Voxel V bzgl. der beiden Teilbäume von N berücksichtigt. Beispiel: Für
einen Knoten N mit Operator UNION gilt:

- V-Klassifikationen: links border, rechts out. Innerhalb V werden alle Strahlen bzg. des rechten
  Teilbaums von N als out klassifiziert. In N liegt der Operator UNION vor, also wird bei jedem
  Strahl die Klassifikation des linken Teilbaums übernommen. Demnach genügt es, anstelle des
  Unterbaums mit Wurzel N den linken Teilbaum von N zu betrachten.

- V-Klassifikationen: links out, rechts border. Analog. Es genügt, den rechten Teilbaum von N
  zu betrachten.

- V-Klassifikationen: links border, rechts border. In diesem Fall ist keine Vereinfachung möglich, d.h. im EINFACHBAUM wird ein innerer Knoten angelegt, der den gleichen Operator
  wie N (hier: UNION) trägt.

Als Blätter eines vereinfachten CSG-Objektbaums werden die des ursprünglichen Baums verwendet. VEREINFACHE legt nur innere Knoten an. Diese Technik hat zwei Vorteile: (1)
Speicherplatz-Ersparnis: Die Blätter von CSG-Objektbäumen enthalten Transformationsmatrizen
für primitive Objekte, d.h. sie sind relativ speicherplatzaufwendig. (2) Zeit-Ersparnis: Ein Strahl
muß in jedem durchlaufenen Voxel alle Objekte untersuchen. Es ist wahrscheinlich, daß in zwei auf-
einanderfolgenden Voxel die vereinfachten CSG-Objektbäume ähnlich sind. In diesem Fall werden
Schnitte Strahl-Primitiv wiederholt. Abhilfe: Bei jedem Schnitt werden die Ergebnisse zusammen
mit der Strahlnummer im entsprechenden Blatt des CSG-Objektbaums abgelegt. Echte Schnittberechnungen müssen nur für Primitive ausgeführt werden, die noch nicht die Nummer des aktuellen
Strahls tragen.

VEREINFACHE generiert nur dann innere Knoten, wenn eine echte Vereinfachung möglich ist.
Nicht zu vereinfachende Unterbäume des Original-Baums werden im EINFACHBAUM mitbenutzt.
Bei der Unterteilung eines Voxel entstehen 8 benachbarte Unter-Voxel, für die je eine Objektliste

mit vereinfachten CSG-Objektbäumen berechnet wird (Abb. 1: A2). Häufig tritt der gleiche CSG-Objektbaum bei mehreren Unter-Voxel gleichzeitig auf. Dann muß nur 1 Exemplar tatsächlich generiert werden.

Mit diesen Techniken kann der zusätzliche Speicherplatzbedarf für lokale CSG-Objektbäume niedrig gehalten werden. Falls einem Voxel nur Primitive zugeordnet sind, wird überhaupt kein zusätzlicher Speicher benötigt.

Schnelle Strahlverfolgung im Octree

Ein Unterteilungsschritt beim Aufbau des Octree zerlegt einen Voxel in 8 Unter-Voxel. Ihre Numerierung von 0 bis 7 hat eine gewisse Systematik, die bei der dualen Darstellung zum Vorschein kommt (Abb. 5).

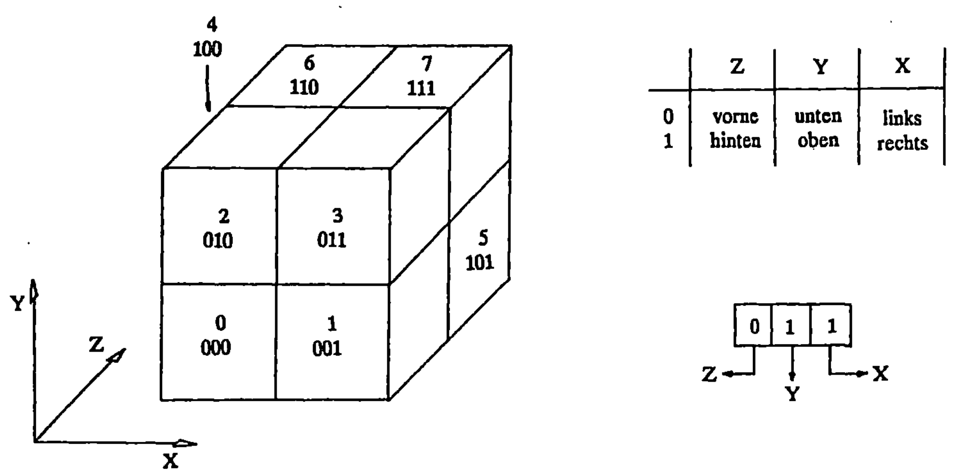

Abb. 5:   Numerierung der Unter-Voxel

Jeder Voxel kann durch genau einen Pfad von der Wurzel aus im Octree erreicht werden. Dieser Pfad wählt auf jeder Stufe des Octree einen Unter-Voxel aus. Es entsteht eine Folge von Ziffern zwischen 0 und 7 (vgl. Abb. 5), die den Pfad eindeutig beschreibt. Diese Ziffernfolge kann als Zahl aufgefasst werden, die den entsprechenden Voxel identifiziert. Nachteil: In Dualdarstellung beziehen sich aufeinanderfolgende Stellen dieser Zahl zyklisch auf die X-, Y- und Z-Koordinatenrichtung. Betrachtet man dagegen alle zu einer Richtung gehörenden Dualziffern hintereinander, so erhält man ein Tripel (XNO, YNO, ZNO), das im Zusammenhang mit der Tiefe des Voxel diesen eindeutig identifiziert. Damit Voxel-Nummern vergleichbar werden, erhalten sie für jede mögliche Stufe im Octree eine Dualstelle. Für Voxel, die nicht auf der tiefsten Stufe liegen, werden die nicht definierten Stellen auf 0 gesetzt. Damit ergibt sich die Nummer des Vaters eines Voxel durch Einsetzen einer 0 an die zugehörige Dualstelle der X-, Y- und Z-Komponente seiner Voxel-Nummer und der Verminderung der Tiefe um 1.

Beispiel: Die größte Tiefe sei 8 => 8 Dualstellen. Die Tiefe des betrachteten Voxel sei 6.

	ZNO	YNO	XNO
Tiefe 4	10110000	11100000	01010000	) Vater) Kind1
Tiefe 5	10110000	11100000	01011000	) Vater) Kind6
Tiefe 6	10110100	11100100	01011000	

Abb. 6:   Beispiel zur Voxel-Nummer

Führt man ein Octree-Koordinatensystem ein, in dem der Ur-Voxel mit einer Ecke im Ursprung im positiven Oktanten liegt und die Kantenlänge $2^{Größte\,Tiefe}$ hat, so ergeben sich weitere günstige Eigenschaften der Numerierung. In diesem System stimmen die drei Elemente der Voxel-Nummer und die Koordinaten des Voxel-Minimalpunktes überein, d.h. man kann von der Nummer eines Voxel auf dessen Lage schließen und umgekehrt. Dies kann bei der Strahlverfolgung im Octree ausgenutzt werden. Es muß allerdings jeder Strahl einzeln oder die ganze Szene in das Octree-Koordinatensystem transformiert werden. Das Octree-Koordinatensystem geht durch Verschieben und Skalieren aus dem System hervor, in dem der Octree aufgebaut wurde.

Die Strahlverfolgung im Octree läßt sich einfach in prozeduraler Form beschreiben (Abb. 8). Der VOXEL_ZU_VOXEL_ALGORITHMUS bestimmt den jeweils nächsten Voxel auf dem Strahlweg. Als erstes wird der Strahlparameter des Austritts aus dem aktuellen Voxel und die dazugehörige Fläche bestimmt. Dazu kann z.B. der Strahl mit den drei für ihn in Frage kommenden Voxel-Flächen geschnitten und der kleinste Schnittparameter ermittelt werden. Die Nummer des an die Austrittsfläche grenzenden Nachbarn auf gleicher Tiefe ergibt sich einfach durch die Addition bzw. Subtraktion der Kantenlänge des aktuellen Voxel auf die entsprechende Komponente (Abb. 9).

Der gesuchte nächste Voxel auf dem Strahlweg ist entweder der Nachbar selbst, ein ihn umschließender oder ein enthaltener Voxel. Speichert man den Octree tatsächlich als einfachen Zeigerbaum, so hat man keinen direkten Zugriff von einem Voxel auf dessen Nachbarn. Deshalb wird z.B. nach /GLA84/ ein Punkt im nächsten Voxel berechnet. Mit diesem Punkt kann der entsprechende Knoten im Octree von der Wurzel aus gesucht werden. Eine Verbesserung ergibt sich, wenn man den kleinsten Teilbaum betrachtet, der den aktuellen Voxel und dessen Nachbarn enthält. Bei diesem Verfahren muß vom aktuellen Voxel bis zur Wurzel des Teilbaums aufgestiegen und von dort zum nächsten Voxel wieder abgestiegen werden (/FUJ86/, /FRO88/).

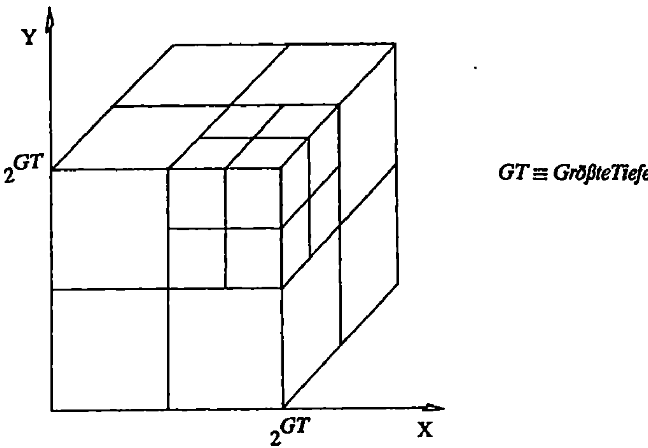

Abb. 7:   Das Octree-Koordinatensystem

```
procedure STRAHLVERFOLGUNG ( R : strahl );

begin (* STRAHLVERFOLGUNG *)

Bestimme den ersten Voxel auf dem
Strahlweg und dessen Objektliste;
repeat
  STRAHL_OBJEKT_SCHNITTE;
  if  ( Kein Treffer im aktuellen Voxel )
  then
    VOXEL_ZU_VOXEL_ALGORITHMUS
until ( Treffer im aktuellen Voxel ) or
      ( Ur-Voxel wird verlassen    )

end (* STRAHLVERFOLGUNG *)
```

Abb. 8:   Routine zur Strahlverfolgung im Octree

Die direkte Verkettung eines Voxel mit seinem Nachbarn durch Zeiger erlaubt zwar den
schnellsten Zugriff, ist aber sehr speicher- und initialisierungsaufwendig. Legt man den Octree dage-

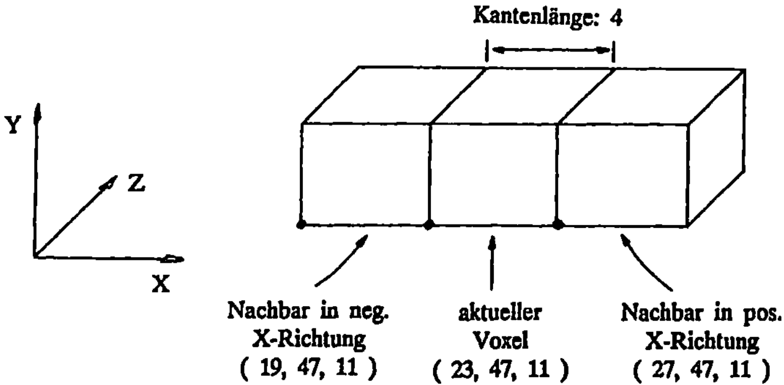

Abb. 9:   Berechnung der Nummer eines Nachbar-Voxel

gen in einer Hash-Tabelle an, so hat man mit einer geeigneten Hash-Funktion und guter Kollisions-behandlung einen fast ebenso schnellen Zugriff.

Für den Nachbarn des aktuellen Voxel sind die Nummer und Tiefe bekannt, so daß nach ihm in der Hash-Tabelle gesucht werden kann. Dabei können verschiedene Fälle auftreten:

1.   Es existiert kein Eintrag mit der gesuchten Voxel-Nummer und Tiefe. Dann ist der nächste Voxel auf dem Strahlweg größer als der aktuelle. Aus der Nummer des Nachbarn wird die seines Vaters generiert und dieser gesucht. Dieses Verfahren wird so lange wiederholt, bis ein passender Eintrag gefunden ist.

2.   Der gesuchte Voxel hat einen Eintrag in der Hash-Tabelle.

   a.   Er ist ein Blatt im Octree. Damit steht seine Objektliste für Schnitte Strahl-Objekt zur Verfügung.

   b.   Der gefundene Voxel ist weiter unterteilt, d.h. ein in ihm enthaltener Voxel ist der nächste auf dem Strahlweg. Mit Hilfe des Austrittsparameters werden die beiden noch nicht bekannten Koordinaten des Strahldurchstoßpunktes in der Austrittsflä-che berechnet. Die dritte Koordinate wird durch die Austrittsfläche selbst bestimmt. Aus der Lage des Durchstoßpunktes läßt sich einfach der Minimalpunkt des dazugehörigen Voxel auf größter Octree-Tiefe bestimmen (Abb. 10). Damit ist auch dessen Nummer bekannt. Aus dieser lassen sich die Nummern aller Voxel ableiten, auf deren Außenfläche der Durchstoßpunkt liegt. Die Suche nach einem tatsächlich existierenden Voxel kann entweder von der aktuellen Tiefe abwärts, von der größten Tiefe aufwärts oder irgendwo dazwischen beginnen. Auf jeden Fall wird nach wenigen Schritten der gesuchte Voxel gefunden und seine Objektliste zur Verfügung gestellt.

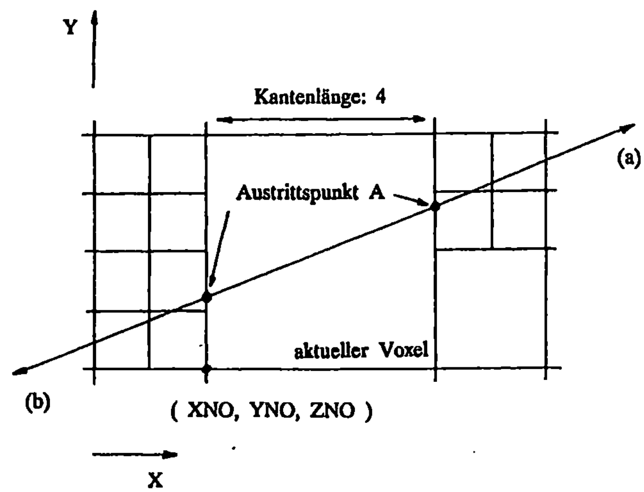

$$\mathit{Strahl}\ \begin{bmatrix} S_X \\ S_Y \\ S_Z \end{bmatrix} = \begin{bmatrix} P_X \\ P_Y \\ P_Z \end{bmatrix} + t \begin{bmatrix} D_X \\ D_Y \\ D_Z \end{bmatrix}$$

(a) $D_X > 0$: Neue Voxelnummer

$$(\ \text{XNO}+4,\ \lfloor A_Y \rfloor,\ \lfloor A_Z \rfloor\ )$$

(b) $D_X < 0$: Neue Voxelnummer

$$(\ \text{XNO-1},\ \lfloor A_Y \rfloor,\ \lfloor A_Z \rfloor\ )$$

$$A_Y = P_Y + t D_Y$$

$$A_Z = P_Z + t D_Z$$

Abb. 10: Berechnung der nächsten Voxel-Nummer über den Austrittspunkt

Der erste Voxel auf dem Strahlweg: Es müssen folgende Fälle unterschieden werden:

1. Strahlen vom Beobachtungspunkt oder einer Lichtquelle

   a. außerhalb des Ur-Voxel: Der Strahl wird mit dem Ur-Voxel geschnitten und aus dem Eintrittspunkt der dazugehörige Voxel bestimmt.

   b. innerhalb des Ur-Voxel: In einem Vorlauf wird einmal der Voxel bestimmt, in dem die Lichtquelle bzw. der Beobachtungspunkt liegt.

2. Reflektierte und gebrochene Strahlen: Sie beginnen immer in dem Voxel, in dem ihr erzeugender Strahl endete.

Verlassen des Ur-Voxel: Beim Austritt eines Strahls aus einem Voxel wird die Nummer seines Nachbarn bestimmt. Dazu wird nur eine Komponente der Nummer des aktuellen Voxel verändert. Ist der neue Wert größer oder gleich 0 und kleiner $2^{Größte\,Tiefe}$, so liegt der gesuchte Voxel innerhalb des Ur-Voxel, sonst außerhalb.

Beschleunigung der Schattentests

Das primäre Ziel der Octree-Raumteilung ist die Minimierung der Gesamtrechenzeit für die Bildgenerierung. Diese wird im wesentlichen durch den Aufbau der Octree-Datenstruktur und die Strahlverfolgung bestimmt. Mit besserer Octree-Auflösung nimmt der Preprocessing-Aufwand unvermeid-
bar zu, während die Anzahl der Objektschnitte pro Strahl i.a. abnimmt. Ungünstigerweise steigt
außerdem die Anzahl der zu durchlaufenden Voxel pro Strahl an, so daß die Strahlverfolgung im
Octree einen großen oder sogar den größten Anteil am Gesamtaufwand einnehmen kann. Für Strahlen von der Lichtquelle läßt sich zumindest die Anzahl der zu durchlaufenden leeren Voxel drastisch
reduzieren, allerdings auf Kosten zusätzlichen Speicherbedarfs und Preprocessing-Aufwandes. Dazu
werden ein oder mehrere Tiefenpuffer pro Lichtquelle angelegt. Sie enthalten Informationen darüber, ab welcher Entfernung von der Lichtquelle ein Strahl frühestens auf Voxel treffen kann, dem
Objekte zugeordnet sind. Die Anzahl und Lage der Puffer wird durch den Ur-Voxel und die Lichtquelle festgelegt. Es werden zwei Fälle unterschieden:

1. Die Lichtquelle liegt außerhalb des Ur-Voxel und ihre Entfernung zu diesem ist größer als
    ein vorgegbener Wert, der von der Kantenlänge des Ur-Voxel abhängt. Es wird eine Projek-
    tionsebene zwischen die Lichtquelle und den Ur-Voxel geschoben. Sie liegt parallel zur am
    weitesten entfernten Außenfläche des Ur-Voxel, die der Lichtquelle zugewandt ist (Abb.
    11).

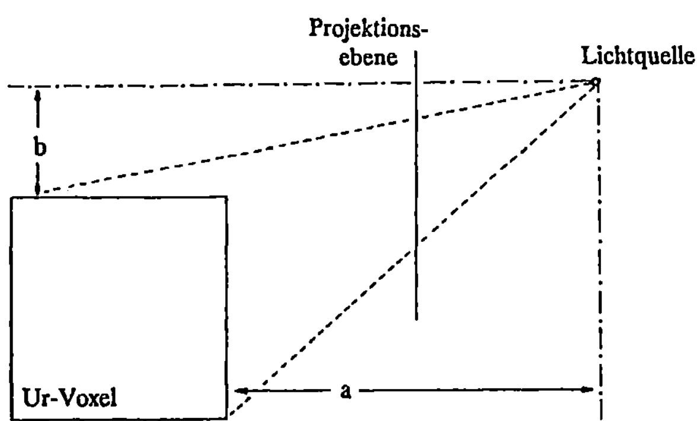

Abb. 11:   Projektionsebene zwischen Lichtquelle und Ur-Voxel

2. Im oder in der Nähe des Ur-Voxel liegende Lichtquellen werden mit einem achsenparallelen
    Quader umgeben. Seine Außenflächen bilden die Tiefenpufferebenen (Abb. 12). Außenflä-
    chen, auf die kein Teil der Projektion des Ur-Voxel fällt, müssen nicht weiter betrachtet
    werden.

Ein ähnliches Verfahren wurde in /HAI86/ vorgeschlagen. Dort werden Lichtquellen immer mit
Quadern umgeben, deren Außenflächen gitterartig unterteilt sind. Die gesamte Szene wird auf diese
Quaderumgebung projiziert und für jedes Pixel eine tiefensortierte Liste aller darin sichtbaren
Objekte erstellt. Wird ein Pixel ganz von der Projektion eines Objektes verdeckt, so befinden sich

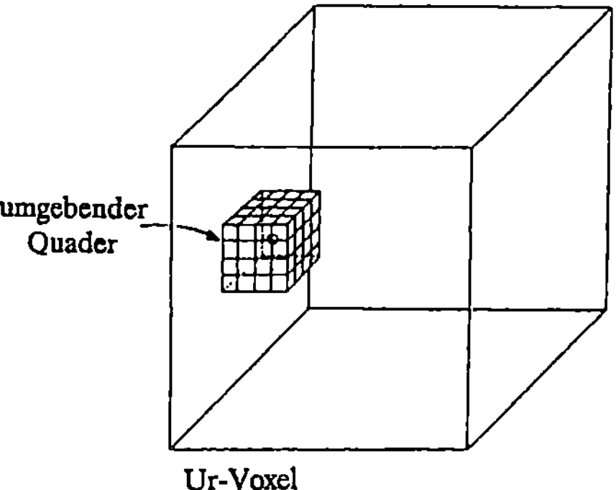

Abb. 12: Quaderumgebung für Lichtquellen

alle dahinterliegenden Objekte bzgl. der betrachteten Lichtquelle im Schatten und müssen nicht abgespeichert werden. Bei einem Schattentest wird zuerst geprüft, ob der zu untersuchende Punkt hinter einem solchen schattenspendenden Objekt liegt und ggf. überhaupt kein Strahl verfolgt. Sonst wird der Schattenfühler mit den Objekten in der Liste des Pixel geschnitten, bis ein Hindernis auftritt oder der zu untersuchende Punkt erreicht ist. Dieses Verfahren führt zu einer guten Beschleunigung gegenüber dem naiven, das alle Objekte der Szene untersucht, ob sie die Lichtquelle verdecken. Allerdings sind Preprocessing-Aufwand und Speicherbedarf für komplexe Szenen relativ hoch.

Verwendet man dagegen die Octree-Technik, so erhält man auf natürliche Weise die Objekte in Strahlrichtung nach zunehmender Tiefe sortiert. Der Overhead, der durch die Strahlverfolgung im Octree hinzukommt, wird durch die Verwendung der Tiefenpuffer stark reduziert. Jede Tiefenpufferebene wird im Bereich der Projektion des Ur-Voxel gitterförmig unterteilt. Dieser Bereich kann zusätzlich duch den Lichtkegel eingeschränkt werden. Der Octree wird rekursiv durchlaufen und alle mit ? oder border klassifizierten Voxel auf die Tiefenpuffer projiziert. Für jedes Pixel wird die Entfernung des am nächsten zur Lichtquelle, in der Pixel-Pyramide liegenden Voxel eingetragen. Statt der Entfernung können auch andere Angaben benutzt werden, wie der Abstand zur Projektionsebene oder genauere Informationen über die am nächsten zur Lichtquelle gelegenen Voxel. Wird ein Pixel von der Projektion eines vollen, undurchsichtigen Voxel ganz verdeckt, so kann im einfachsten Fall dessen maximale Entfernung von der Lichtquelle gemerkt werden. Alle Punkte der Szene, die in der Pixel-Pyramide hinter diesem Voxel liegen, sind bzgl. der betrachteten Lichtquelle im Schatten.

Bei der Schattenuntersuchung für einen Punkt in der Szene wird zuerst festgestellt, durch welches Pixel der entsprechende Schattenfühler verläuft. Danach wird untersucht, ob der Punkt hinter einem vollen Voxel liegt, der das Pixel ganz verdeckt. Wenn ja, liegt der Punkt im Schatten. Andernfalls wird die Information über den ersten Voxel in der Pixel-Pyramide ausgewertet. Wird für das Pixel z.B. die Entfernung des nächsten Voxel abgespeichert, so läßt sich damit der zugehörige Punkt auf dem Strahl bestimmen. Betrachtet man den ganzzahligen Anteil seiner einzelnen Koordinaten, so erhält man die Nummer des Voxel auf größter Octree-Tiefe, in dem der Punkt liegt.

Dieser oder ein ihn umgebender Voxel ist der erste zu durchlaufende Voxel auf dem Strahlweg. Merkt man sich tatsächlich nur die minimale Entfernung des ersten Voxel für jedes Pixel, so liegt der gefundene Voxel meist etwas vor dem ersten, der tatsächlich Objekte enthält. Dies läßt sich vermeiden, indem man die in einem Pixel sichtbaren vordersten Außenflächen der projizierten Voxel abspeichert und den Strahl damit schneidet. Dies kann zwar immer noch zu einem leeren Start-Voxel führen, falls projizierte Voxel das betrachtete Pixel nicht ganz abdecken und deren Nachbarn keine Objekte enthalten, aber dieser Fall tritt i.a. selten auf.

Zum Aufbau der Tiefe ̦ufferinformation müssen nicht unbedingt die Blätter des Octree projiziert werden. Es ist auch möglich, innere Knoten bis zu einer gewissen Tiefe zu benutzen, um den Preprocessing-Aufwand zu begrenzen oder die Größe der projizierten Voxel an die Tiefenpufferauflösung anzupassen. Die Zeit für das Preprocessing wird i.a. relativ gering sein, da nur achsenparallele Quader auf achsenparallele Ebenen projiziert werden. Die von der Projektion eines Voxel betroffenen Pixel können mit einem speziell angepaßten Polygon-Füll-Algorithmus herausgefunden werden. Die Verfolgung von Schattenfühlern durch Voxel entfällt fast ganz, wenn die Octree- und Tiefenpufferauflösung gut sind. Der Strahl startet dann i.a. direkt in dem Voxel, der das schattenspendende Objekt oder den zu untersuchenden Punkt enthält.

Falls man Ray-Tracing zur Lösung des Sichtbarkeitsproblems einsetzt, kann zur Beschleunigung das Tiefenpufferverfahren für den Beobachtungspunkt eingesetzt werden. Der 'Rand' und 'Löcher' in der Szene werden erkannt und somit kaum Strahlen verfolgt, die kein Objekt treffen.

Das vorgestellte Verfahren kann auch bei homogenen Gitterstrukturen oder Gitterbäumen zur Beschleunigung des Ray-Tracing-Algorithmus verwendet werden. Allerdings ist nicht in jedem Fall eine wesentliche Reduzierung der Rechenzeit zu erwarten, da Strahlen in homogenen Strukturen wesentlich schneller verfolgt werden können.

Literaturverzeichnis

FRO88   Bernd Fröhlich:
Zwei schnelle Verfahren zur Strahlverfolgung im Octree
Diplomarbeit, TU Braunschweig, Jan. 1988

FUJ86   Akira Fujimoto, Takayuki Tanaka, Kansei Iwata:
ARTS: Accelerated Ray - Tracing System
IEEE CGaA, April 1986, pp 16-26

GER86   Michael Gervautz:
Three Improvements Of The Ray Tracing Algorithm For CSG Trees
Comput. & Graphics, Vol 10 (1986), No 4, pp 333-339

GLA84   Andrew S. Glassner:
Space Subdivision for Fast Ray Tracing
IEEE CGaA, October 1984, pp 15-22

69

HAI86   Eric A. Haines, Donald P. Greenberg:
The Light Buffer: A Shadow-Testing Accelerator
IEEE CGaA, September 1986, pp 6-16

LEE82a   Yong Tsui Lee, Aristides A. Requicha:
Algorithms for Computing the Volume and Other Integral Properties of Solids.
I: Known Methods and Open Issues
CACM, Vol 25 (1982), No 9 (Sept.), pp 635-641

LEE82b   Yong Tsui Lee, Aristides A. Requicha:
Algorithms for Computing the Volume and Other Integral Properties of Solids.
II: A Family of Algorithms Based on Representation Conversion
and Cellular Approximation
CACM, Vol 25 (1982), No 9 (Sept.), pp 642-650

MUE86   Heinrich Müller:
Erzeugung realistisch wirkender Computergrafik aus komplexen Szenen
mit Strahlverfolgung
Angewandte Informatik 4/86

ROT82   Scott D. Roth:
Ray Tracing for Modelling Solids
Computer Graphics and Image Processing 18 (1982), pp 109-144

WHI80   Turner Whitted:
An Improved Illumination Model for Shaded Display
CACM, Vol 23 (1980), No 6 (June), pp 343-349

Graphische Benutzerschnittstellen

Eine Verbindung zwischen graphischen und textorientierten Benutzerschnittstellen

A. Horejs
Institut für praktische Informatik, TU-Wien

Karlsplatz 13, A-1040 Wien

KURZFASSUNG

Eine Verbindung zwischen einer graphischen und einer textorientierten Benutzerschnittstelle wird vorgestellt. Ein graphikfähiger Microcomputer wird statt eines asynchronen Terminals über eine serielle Schnittstelle an einen anderen Computer angeschlossen. Ein Programm auf dem Microcomputer übersetzt Eingaben des Benutzers (z.B. Mausbewegungen) in entsprechende Kommandos (Zeichenketten) für den anderen Computer. Dessen Reaktionen (ebenfalls Zeichenketten) werden am Microcomputer analysiert und graphisch dargestellt. Das System ermöglicht die Manipulation des Dateisystems des angeschlossenen Computers.

CR Categories and Subject Descriptors: D.2.2 [Software Engineering] Tools and Techniques - *user interfaces* ; **I.3.2 [Computer Graphics]** Graphics Systems - *remote systems* ; **I.3.6 [Computer Graphics]** Methodology and Techniques - *ergnomics , interaction techniques* ;

General Terms: Human Factors, Standardization, Design

Diese Forschungsarbeit wurde von der Hochschuljubiläumsstiftung der Stadt Wien gefördert.

1. EINLEITUNG

Die Hersteller diverser Microcomputer bieten heute eine graphische bzw. objektorientierte (Fenster, Symbole, direkte Manipulation, Graphik-Bildschirm) statt der traditionellen textorientierten (Tastatur, 25 Zeilen * 80 Zeichen) Benutzerschnittstelle (BSS) an. Abgesehen von den Anwendungsprogrammen sind auch die Kommandointerpreter in graphischem Stil implementiert.

Die Vorteile einer graphischen BSS sind bekannt :

> Die Bedienung des Computers wird für unerfahrene Benutzer erleichtert. Das Expertenwissen (mit welchem Kommando löscht man in diesem System eine Datei) und Details (rm -rf $HOME/junk) stecken im Programm. Der Benutzer kann sich auf die eigentliche Aufgabe konzentrieren (nämlich eine Datei zu löschen). Dateien werden am Bildschirm als Objekte dargestellt und sind daher durch einfache graphische Aktionen (mit der Maus hindeuten) zugänglich; der Benutzer muß sich seltener Namen merken oder Namen eingeben.

Mehrere aktuelle Forschungsprojekte ([1], [2]) befassen sich mit dem Problem, graphische Kommandointerpreter statt den traditionellen zeichenorientierten Eingabesprachen auf mehrplatzfähigen Rechnern verfügbar zu machen.

Die bisher implementierten Systeme verwenden zwei verschiedene Verfahren.

Bei den oben erwähnten Forschungsarbeiten läuft ein spezielles, neu geschriebenes Programm auf dem Zielrechner (Host). Dieses Programm verwaltet sowohl die graphische BSS auf einem direkt angeschlossenen Graphikbildschirm als auch die lokalen Daten und Prozesse.

Ein anderes wissenschaftliches Projekt ([3]) und einige kommerzielle Entwicklungen ([4], [5]) verwenden einen Microcomputer (Frontend) mit graphischer BSS, der über eine serielle Schnittstelle oder ein lokales Netz an einen Host angeschlossen wird. Ein Programm auf dem Frontend, das die Benutzerschnittstelle verwaltet, und ein Programm auf dem Host, das die lokalen Daten und Prozesse verwaltet, arbeiten zusammen und kommunizieren mittels eines vereinbarten Protokolls.

In dieser Arbeit wird der Weg gegangen, eine graphische BSS ohne Änderung der alten Hostprogramme einzusetzen. Das Ziel ist, die alten Hostprogramme, deren Adaption teilweise nicht möglich oder unrationell ist, weiterzuverwenden und durch eine neue BSS aufzuwerten. Alte zeichenorientierte Programme können in der neuen graphischen Umgebung in einem Fenster mit Terminalemulation ablaufen.

Am Beispiel eines Kommandointerpreters, mit dem erste Erfahrungen gesammelt wurden, wird die Struktur und Funktion eines Prototypen erklärt. Das implementierte Programm "D'Artagnan" (Einer für Alle) erlaubt die Manipulation des Dateisystems des Hosts - egal welche Kommandosprache dort verfügbar ist. Die gleiche BSS steuert also unterschiedliche Kommandosprachen. Der Benutzer kann sich an eine einheitliche graphische Darstellung und Kommandosprache gewöhnen - im Idealfall wird er mit keinem Detail der darunterliegenden Betriebssystemumgebung konfrontiert.

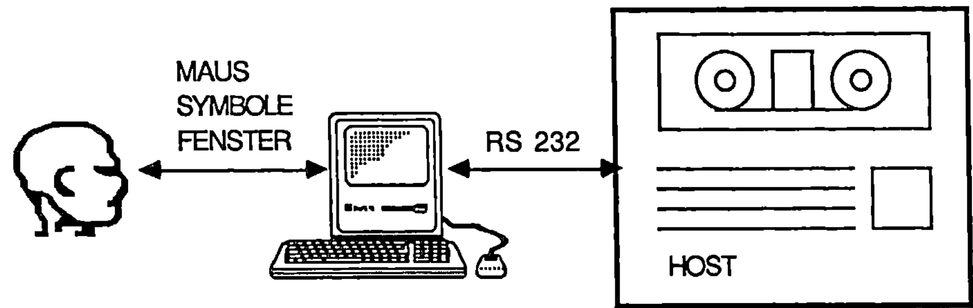

Bild 1: D´Artagnan hat Verbindung zum Benutzer und zu einem angeschlossenen Computer

Der weitere Aufbau der Arbeit besteht aus fünf Teilen. In Kapitel 2 wird die Struktur des Programms entwickelt. Kapitel 3, 4 und 5 beschreiben die drei Schichten des Programms. Ein Beispiel wird in Kapitel 6 durchbesprochen. In Kapitel 7 werden die vorgestellten Ideen diskutiert.

2. STRUKTUR UND FUNKTION DES PROGRAMMS

Schichtaufbau und Schnittstellen

D´Artagnan kommuniziert mit dem Benutzer durch Graphikbildschirm, Tastatur und Maus. Der Informationsfluß zwischen Host und D´Artagnan besteht aus Zeichenketten. In der jetzigen Implementierung läuft das Programm D´Artagnan auf einem Microcomputer, der wie in Bild 2 angedeutet über eine serielle Schnittstelle mit dem Host verbunden ist.

Das Programm D´Artagnan besteht aus drei Schichten, nämlich dem Benutzerschnittstelleninterpreter (BSI), dem Modell des Betriebssystems (MOD) und dem Hostschnittstelleninterpreter (HSI). Diese Gliederung des Programms entspricht genau der in der Literatur (6) vorgeschlagenen Gliederung in die Präsentations-Komponente, die Dialog-Kontroll-Kompnente und die Anwendungs-Schnittstellen-Komponente.

Nur aneinander angrenzende Schichten sind im Programm durch eine Schnittstelle verbunden. Der HSI kann also nicht direkt mit dem BSI in Verbindung treten, es besteht aber eine Kommunikationsmöglichkeit zwischen BSI und MOD, bzw. zwischen MOD und HSI. Die einzelnen Schichten werden in den nächsten Kapiteln genau beschrieben.

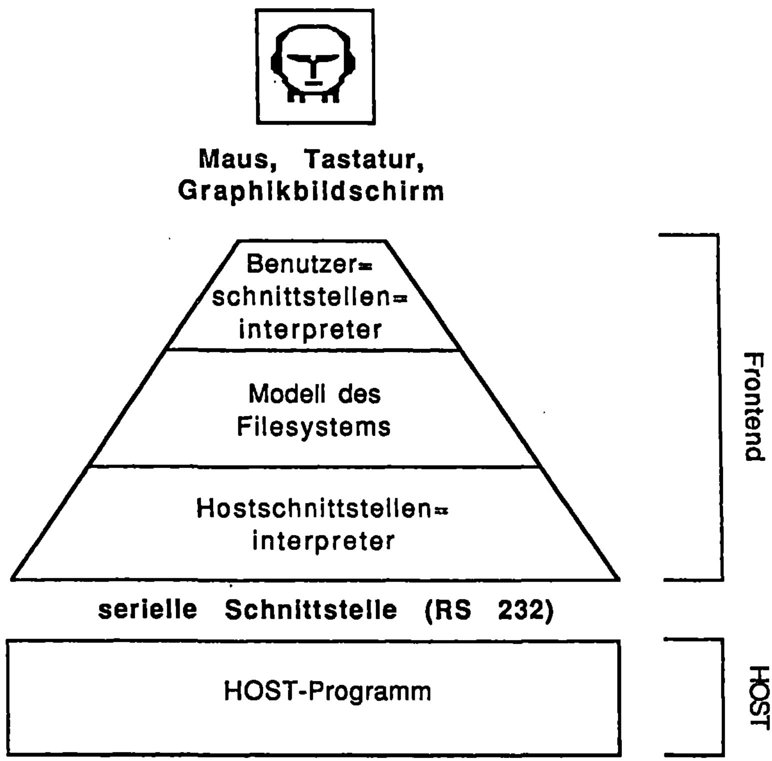

Bild 2 : D´Artagnan besteht aus den 3 Schichten BSI, MOD und HSI

Die Struktur der Objekte und die Wirkung der Operationen (also die Semantik) ist für alle Schichten fast gleich, die Darstellungen unterscheiden sich allerdings beträchtlich. Daher werden zunächst Objekte und Operationen allgemein beschrieben und in den nächsten Kapiteln die jeweiligen Darstellungsarten und Interaktionsmethoden erklärt.

D´Artagnan dient wie schon erwähnt zur Manipulation eines hierarchischen Dateisystems. Aus der Analyse einiger gängiger Betriebssysteme (UNIX[7], VMS[8], MS-DOS[9]) wurden Objekte und Operationen zur Manipulation der Objekte abstrahiert.

<u>Objekte</u>

Es gibt zwei Arten von Objekten, nämlich **Verzeichnisse** und **Dateien**. Dateien enthalten Daten. Je nach Art der Daten gibt es verschiedene Dateitypen, z.B.: *Text*, *Programm* oder *Sonstiges*. Verzeichnisse enthalten Verweise auf Dateien und Unterverzeichnisse. Die Objekte sind in Form von Bäumen organisiert, wobei jeder Baum einem logischen Dateisystem, also einem Haupt-Dateiverzeichnis mit all seinen

Unterverzeichnissen und darin verankerten Daten entspricht. Ein Verzeichnis ist ein Knoten des Baums, der möglicherweise Nachfolgerknoten besitzt; ein Verzeichnis kann also leer sein. Eine Datei ist immer ein Blatt des Baums.

<u>Operationen</u>

Tabelle 1 zeigt eine Zusammenstellung der Operationen :

Operation	für Verzeichnis	für Datei
Objekt_kopieren	ja	ja
Objekt_herstellen	ja	nein
Objekt_bewegen	ja	ja
Objekt_umbenennen	ja	ja
Objekt_anzeigen	ja	ja

Tabelle 1

<u>Bemerkungen</u>

Fast alle Operationen können auf beide Arten von Objekten angewendet werden, eine Ausnahme bildet die Kombination von "Objekt_herstellen" und "Datei", die aus zwei Gründen nicht vertreten ist. Erstens hätte die Vielzahl unterschiedlicher Dateiformate diesen Fall unnötig kompliziert, und zweitens wird das Erzeugen von neuen Dateien auch in allen studierten Betriebssystemen den Anwendungsprogrammen überlassen.

Die Wirkung der Operation "Objekt_anzeigen" hängt von Art und Typ des Objekts ab :

Objekt	Wirkung
Verzeichnis	anzeigen des Inhalts des Verzeichnisses
Programm-Datei	starten des Programms
Text-Datei	anzeigen des Dateiinhalts
sonstige Datei	keine

Tabelle 2

Es gibt absichtlich keine Operation "Objekt_löschen". Während alle anderen Operationen (mit Ausnahme des Ausführens eines Anwendungs-Programms des Hosts) entweder die Datenstrukturen nicht verändern oder rückgängig gemacht werden können, ist das Löschen einer Datei oder eines Verzeichnis mit allen in ihr (ihm) enthaltenen Daten auf einem Host eine unwiderrufbare Operation.

In dem entworfenen BSI sollte aber jede Operation widerrufbar sein oder durch eine inverse Operation zurückgenommen werden können. Andererseits müssen unerwünschte Daten irgendwann gelöscht werden. Zur Lösung dieses Konflikts wurde ein Mittelweg eingeschlagen und ein zweistufiges Verfahren (siehe auch [10]) gewählt.

Wie schon erwähnt sind die Daten in mehreren Bäumen organisiert. Ein Baum ist als "Papierkorb" vorgesehen und Daten werden gelöscht, indem sie zum Papierkorb bewegt werden. Einerseits sind damit der physische Speicherplatz und auch die Namen der weg-"bewegten" Objekte wieder frei verfügbar, andererseits können die Daten bei Bedarf wieder zurück-"bewegt" weren. Man muß jetzt nur noch auf dem Host-Computer einen Platz finden, der genügend groß ist und an dem Daten temporär gespeichert werden können.

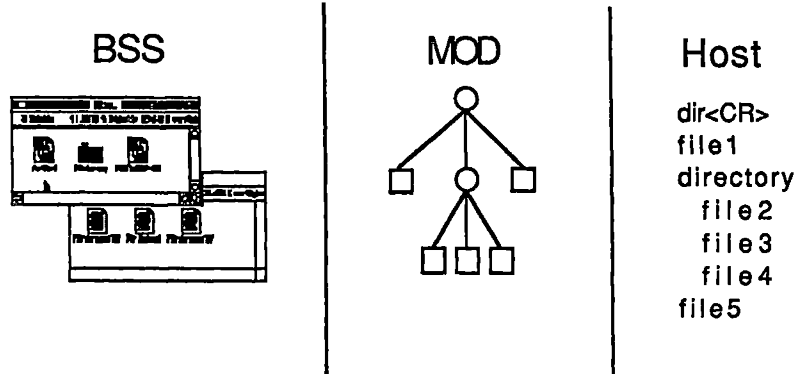

Bild 3 : die gleiche Information hat im MOD und den beiden Schnittstellen drei unterschiedliche Darstellungen

Bild 3 zeigt drei verschiedene Darstellungen eines Teilbaums : aus der Sicht des Benutzerrs (BSS), eine Vereinfachung der internen Darstellung (MOD) und als Zeichenketten (Host).

3. BENUTZERSCHNITTSTELLENINTERPRETER

Der BSI ähnelt sehr dem "Finder" des Apple Macintosh, der bei der Entwicklung als Vorbild genommen wurde.

Darstellung der Objekte

Die Wurzel jedes Baums (sie ist ein spezielles Verzeichnis) wird durch ein Symbol (Papierkorb -> Papierkorbsymbol; anderer Baum -> Diskettensymbol) am Bildschirm repräsentiert. Der Inhalt eines Verzeichnisses (zum Beispiel der Wurzel eines Baums) wird durch Symbole in einem Fenster dargestellt. Ein Unterverzeichnis hat ein Ordnersymbol, eine Datei ein Symbol, in dem das Dateiformat zum Ausdruck kommt.

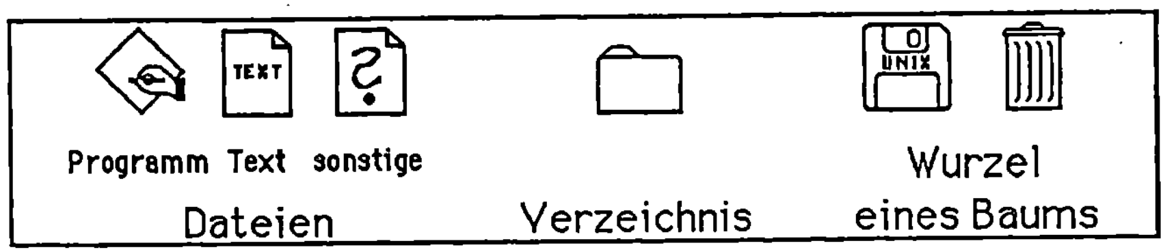

Bild 4 : Symbole

Einzelne Objekte, die sich im selben Verzeichnis im Host-Dateisystem befinden, werden im selben Fenster dargestellt. Eine Ausnahme bilden dabei die Wurzeln, die direkt am Bildschirm außerhalb von Fenstern (auf der "Schreibtischoberfläche") permanent angezeigt werden. Fenster können einander am Bildschirm verdecken. Die Reihenfolge (vorderstes, zweites von vorne, ...) und Anordnung der Fenster kann vom Benutzer jederzeit verändert werden und entspricht daher nicht der Struktur des Host-Dateisystems. Als Folge davon kann es geschehen, daß der Benutzer zwar ein Symbol am Bildschirm sieht, aber nicht mehr rekonstruieren kann, an welcher Stelle im Baum das Objekt steht. Im Programm wird jedem Symbol eine eindeutige Nummer zugeordnet.

Ein Objekt am Bildschirm entspricht also einer Datei, einem Verzeichnis oder einem logischen Dateisystem am Host, wobei semantische Information durch das Aussehen des Objekts (die Gestalt des Symbols) zum Ausdruck gebracht wird.

<u>Implementierung der Operationen</u>

Operationen werden durch zwei Benutzeraktionen ausgelöst :

1. Objekt selektieren;

2. Kommando geben;

Das Kommando bezieht sich auf das zuvor selektierte Objekt. Es besteht auch die Möglichkeit, mehrere Objekte innerhalb eines Verzeichnisses auszuwählen und das Kommando anschließend für alle gemeinsam auszuführen.

Ein Objekt wird selektiert, indem es mit der Maus angeklickt wird; eine Gruppe von Objekten wird selektiert, indem sie mit einem Gummiband umschlossen werden.

Der Benutzer kann ein Kommando auf verschiedene Arten geben, nämlich durch Menüauswahl, mittels einer Kommandotaste oder durch eine graphische Aktion mit der Maus, zum Beispiel kann ein Objekt am Bildschirm verschoben werden, wobei unterschiedliche Aktionen ausgelöst werden. Wird es auf einen Ordner oder ein Volume geschoben, so bedeutet dies eine "Bewege"-Funktion in das entsprechende Verzeichnis. Ansonsten wird nur die lokale Position des Objekts im Fenster verändert.

Nachdem der Benutzer eine Menge von Objekten ausgewählt und ein Kommando gegeben hat, wird diese Operation in mehrere Transaktionen aufgelöst, indem der Reihe nach einzelne Objekte und das Kommando an das MOD übergeben werden. Die

Reihenfolge wird von der Anordnung der Objekte am Bildschirm bestimmt. Wenn das MOD und der darunterliegende HSI die Transaktion positiv abschließen können, wird der Benutzer in graphischer Form vom positiven Ausgang der Transaktion unterrichtet (z.B.: ein Symbol wird in einem Fenster gelöscht und an anderer Stelle gezeichnet). Wenn das MOD oder der HSI die Tranaktion nicht durchführen können, wird eine Fehlermeldung (entweder vom MOD formuliert oder der Text stammt direkt vom Host) in ein Textfenster geschrieben.

4. MODELL

Der Zweck des Dateisystem-Modells liegt einerseits in der Verringerung der Wartezeit des Benutzers; wenn ein Verzeichnis wiederholt verwendet wird, muß nur beim ersten Mal die Information vom Host über die serielle Leitung angefordert werden. Ab dann erfolgt ein Zugriff auf die gleiche Information im viel schnelleren Hauptspeicher des Frontends. Natürlich bedarf es eines exakten Mechanismus, damit die im Modell gespeicherten Daten der "Realität" entsprechen.

Außerdem dient das Modell dazu, eine gemeinsame Basis für die verschiedenen Datenstrukturen, Kommandos und Wirkungsweisen der Kommandos zu schaffen; dadurch wird eine größtmögliche Kontinuität der Reaktionen des "Computers" auf die Aktionen des Benutzers erreicht.

<u>Darstellung der Objekte</u>

Es gibt mehrere Datenstrukturen im Hauptspeicher, die jeweils einem Haupt-Dateiverzeichnis am Host entsprechen. Jede einzelne der Datenstrukturen enthält nur die Inhalte jener Unterverzeichnisse, die der Benutzer bereits durchforscht hat, bzw. die das MOD sonst schon einmal benötigt hat. Zu jeder Datei bzw. Verzeichnis werden Informationen wie Name, Grösse und Art des Objekts gespeichert, bei Verzeichnissen zusätzlich, ob der Inhalt schon bekannt ist. Jeder Knoten enthält in Anlehnung an die "linkes Kind, rechter Bruder" Darstellung eines Baums[11] einen Verweis auf sein linkes Kind, den rechten Bruder, den Vater und die Wurzel des Baums. Die Adresse eines Knotens (eigentlich sein "handle"[12]) wird als eindeutige Identifikation in MOD und BSI verwendet

<u>Implementierung der Operationen</u>

Eine Transaktionsaufforderung des BSI an das MOD kann z.B. so aussehen:

bewege 12435 7821

Die beiden Parameter entsprechen den Adressen zweier Objekte im Hauptspeicher. Der BSI überprüft zunächst die Parameter der Transaktion (ist der zweite Parameter ein Verzeichnis ?) und danach die Durchführbarkeit (gibt es in dem Verzeichnis ein Objekt mit dem Namen des ersten Parameters ?). Dazu kann das MOD von sich aus neue Transaktionen starten, wenn zum Beispiel der Inhalt des Verzeichnisses nicht bekannt ist.

Wenn die Transaktion nicht durchführbar ist, wird sie abgebrochen und eine entsprechende Fehlermeldung formuliert. Im anderen Fall bildet das MOD komplette Pfadnamen für alle Parameter und übergibt sie als Zeichenketten mit dem Kommando an den HSI.

Wenn die Transaktion auch im HSI positiv erledigt werden kann, modifiziert das MOD die eigenen Datenstrukturen und übergibt die Kontrolle an den BSI. Im anderen Fall wird die vom HSI kommende Fehlermeldung an den BSI weitergegeben.

5. HOSTSCHNITTSTELLENINTERPRETER

Die Aufgabe des HSI besteht aus der Kommunikation mit dem Host. Sie paßt die Kommandos des Modells dem Betriebsystem des Hostrechners an und gibt sie über die serielle Schnittstelle aus. Anschließend analysiert sie die Reaktionen des Hosts. Für die Implementierung dieses Teils wurde die Programmiersprache "awk"[13] verwendet.

Darstellung der Objekte

Es gibt im BSI keine permanente Darstellung. Natürlich existieren die Datenstrukturen am Massenspeicher des Hosts für längere Zeit; es wurde aber für diese Arbeit die Existenz eines Host-Programms, das eine dauernde interaktive Anzeige der Datenstrukturen und deren Veränderungen liefert, nicht vorausgesetzt.

Statt dessen wird bei Bedarf der momentane Zustand der Datenstrukturen vom Host angefordert und die Information an das MOD weitergegeben.

Implementierung der Operationen

Jede Transaktion wird in zwei Phasen unterteilt. Beide Phasen werden durch awk-Programme implementiert.

In der ersten Phase wird ein Kommando an den Host geschickt. Der BSI startet das der Transaktion entsprechende awk-Programm und übergibt ihm die Parameter der Transaktion (Zeichenketten). Das awk-Programm schreibt das dem jeweiligen Betriebssystem des Hosts entsprechende Kommando und die Parameter auf die serielle Schnittstelle.

In der zweiten Phase wird die Reaktion des Hosts analysiert. Sie könnte leer sein, aus einer Meldung über Erfolg bzw. Mißerfolg des Kommandos bestehen oder wichtige Informationen enthalten. Jedenfalls müssen sämtliche zu erwartenden Reaktionen bekannt sein. Wenn die Reaktion des Host positiv ist, wird eventuell Information an das MOD übergeben und danach dem MOD die erfolgreiche Durchführung der Transaktion signalisiert. Falls ein Fehler aufgetreten ist wird die Fehlermeldung des Hosts an das MOD weitergegeben.

6. BEISPIEL

Ein Beispiel möge das Zusammenwirken der drei Schichten illustrieren :

Der Benutzer gibt mittels Doppelklicks auf ein Ordnersymbol den Befehl zum Anzeigen des Inhalts. Wenn der BSI feststellt, daß bereits ein Fenster mit dem Inhalt des Verzeichnisses existiert, wird es nach vorne geholt. Sonst wird eine Transaktionsaufforderung an das MOD formuliert, die aus der Adresse des Ordnersymbols und der Operation "Objekt_anzeigen" besteht.

Ist dem MOD der Inhalt des Verzeichnisses schon bekannt, so übergibt das MOD die benötigte Information an den BSI. Andernfalls übersetzt das MOD die Adresse des Ordnersymbols in die entsprechende Zeichenkette, z.B. "$HOME/text", speichert sie in einer awk-Variablen mit dem Namen "from" und fordert den HSI zu einer "Objekt_anzeigen"-Transaktion auf.

Der HSI startet nun das awk-Programm "Objekt_anzeigen", das aus folgendem ersten Teil besteht :

```
BEGIN      { print "ls -l", from }
           {}
```

Dieses Programm schickt die Zeichenkette "ls -l $HOME/text" an den Host. Sie entspricht in einem ganz bestimmten Betriebssystem der Aufforderung, eine ausführliche Liste vom Inhalt des Verzeichnisses "$HOME/text" zu drucken.

Die Antwort des Hosts wird vom zweiten, umfangreicheren Teil des awk-Programms analysiert :

```
BEGIN     {   COUNTER = 0; CHECK = -1        }
/total/    {   CHECK = $2            }
NR>1      {

          NAME[COUNTER] = $8;
          if (index($1, "d") == 1)
                  KIND[COUNTER] = "ordner";
          else    if (index($1, "x") != 0)
                          KIND[COUNTER] = "programm";
                  else    if (index($8, ".c") || index($8, ".h") || index($8, ".bak"))
                                  KIND[COUNTER] = "text";
                          else
                                  KIND[COUNTER] = "sonstiges";
          SIZE[COUNTER] = $4;
          CRDATE[COUNTER] = $5 "," $6 "," $7;
          MODATE[COUNTER] = "nicht verfügbar";

          COUNTER++
          }
END       {   if (CHECK == -1 || CHECK != COUNTER)
                  ERROR = "Fehler bei Verzeichnis_verwenden"
          }
```

Falls der Host das Kommando nicht ausführen kann, wird eine der Bedingungen im END-Teil des awk-Programms wahr und die Fehlermeldung an das MOD zurückgegeben. Das MOD gibt die Kontrolle an den BSI zurück, welcher dem Benutzer die Fehlermeldung und den Originaltext vom Host in einem Fenster präsentiert.

Wenn die Antwort des Hosts folgendes Aussehen hat:

```
total 2
drwxrwxrwx 2 alex   512   3 June 1987   subdir        .
-rwxrwxrwx 1 alex    33   4 June 1987   textfile.bak
```

gibt der BSI Information über zwei Objekte, nämlich ein Unterverzeichnis namens "subdir" und eine Datei vom Typ "Text" namens "textfile.bak" an das MOD zurück. Das MOD berücksichtigt nun die beiden neuen Objekte in seinen Datenstrukturen und gibt die Kontrolle an den BSI zurück. Der BSI öffnet ein Fenster und zeichnet ein Ordnersybol und ein Textsymbol mit den entsprechenden Namen hinein.

7. DISKUSSION

Der Prototyp wurde wie beschrieben implementiert. Er ermöglicht die graphische Manipulation des Host-Dateisystems mittels Frontend und die Ausführung von Hostprogrammen, die allerdings in einem Fenster mit Terminalemulation ablaufen.

Bei der Implementierung traten mehrere Probleme auf, die teilweise vorher nicht erkannt wurden, teilweise bewußt zu Gunsten einer einfacheren Implementierung in Kauf genommen wurden.

Die Antworten des Hosts sind nur Schnappschüsse des Zustands der Datenstrukturen. Das MOD speichert diesen Zustand und nimmt an, daß sich daran nur mittels explizit gegebenem Befehl etwas ändert. Wenn aber ein anderer Benutzer in einem dem MOD "bekannten" Verzeichnis eine Änderung vornimmt, stimmt die Realität nicht mehr mit dem Abbild im Frontend überein.

Es wurde der Idealfall angenommen, daß keine Übertragungsfehler auftreten und kein anderer Prozeß (Operatormeldungen, periodische Statusmeldungen etc.) zur selben Zeit eine Bildschirmausgabe tätigt. Jegliche überflüssigen Texte werden daher als Fehlermeldung interpretiert und dem Benutzer präsentiert.

Funktionen des Hostbetriebssystems, die im MOD nicht vorgesehen sind (Managment-Aufgaben, welche die Verwaltung der Betriebsmittel zum Gegenstand haben und den laufenden Betrieb überwachen), können nur in der Terminalemulation aufgerufen werden. Generell hat sich die starre Struktur des MOD (das hierarchische Dateisystem ist fix programmiert) als hinderlich erwiesen. Das Problem der Zugriffberechtigungen zu Objekten kann zum Beispiel nur durch umfangreiche Prgrammierarbeiten gelöst werden.

Aus der Summe der Erfahrungen läßt sich sagen, daß die Implementierung der Idee prinzipiell gelungen ist, allerdings eine Reihe praktischer Probleme noch ihrer Lösung harren. Viele können vermutlich gelöst werden, wenn Teile des Systems, die bisher fix programmiert waren, durch Beschreibungssprachen und Programmgeneratoren bzw. Interpreter ersetzt werden. Kandidaten dafür sind das MOD und der BSI, wenn in der Folge nicht nur Kommandointerpreter sondern auch andere Programme mit einer graphischen BSS versehen werden sollen.

LITERATUR

1 D.T. Gittins, R.L. Winder and H.E. Bez, "An icon-driven end-user interface to UNIX", Int. J. Man-Machine Studies (1984) 21, pp.451-461
2 S. Borthwick, J.R. Nicol, G.S. Blair, "An Intelligent, Window Based Interface to UNIX", EUUG Conference Proceedings, Dublin 1987, pp. 225-241
3 University of Illinois, "Cray Finder", Wheels for the Mind, Winter 1987
4 "MacWorkStation", Apple Computer Inc., Software Licensing Dept., M/S 23F, 20525 Mariani Ave., Cupertino, CA 95014
5 "MacDICS, Technical Report", List, Srl, Piazza Mazzini 6, I-56100 Pisa, Italien
6 M. Green, "Report on Dialogue Specification Tools", (in) Pfaff E. (Editor), "User Interface Management Systems", Springer-Verlag, 1985
7 S.R. Bourne, "An Introduction to the UNIX Shell", Bell Laboratories 1978
8 "VAX/VMS DCL Concepts Manual", DEC, Order No. AA-HK73A-TE
9 "Vectra MS-DOS User's Reference", Manual Part No. 45951-90003
10 "Macintosh Benutzerhandbuch", Apple Computer Inc., 20525 Mariani Ave., Cupertino, CA 95014
11 A. V. Aho, J. E. Hopcroft, J. D. Ullman, "Data Structures and Algorithms", Addison-Wesley, 1983, p. 88
12 Apple, Inside Macintosh, Addison Wesley 1986
13 A. V. Aho, B. W. Kernighan, P. J. Weinberger, "Awk - A Pattern Scanning and Processing Language", Bell Laboratories 1978

PIC - eine objektorientierte grafische Abfragesprache

von W.D. Fellner und J.K. Stögerer [*)]

Kurzfassung

Such- und Ersetzungsfunktionen in nicht-grafischen Datenbeständen gehören bereits seit geraumer Zeit in Textverarbeitungssystemen bzw. (relationalen) Datenbanksystemen zur Klasse der Standardoperationen. In grafischen Systemen hingegen beschränken sich dieselben Funktionen entweder auf das gerade aktuelle Bild (Pickfunktion) oder ermöglichen nur bescheidene Manipulationen. Meist bildet eine konventionelle relationale Datenbank die Hintergrundbasis, auf die alle grafischen Anfragen abgebildet werden.

In dieser Arbeit wird eine **verallgemeinerte Pickfunktion** vorgestellt, die auf eine beliebige Menge von zweidimensionalen Bildern angewendet werden kann. Ausgehend von einem durch CGM festgelegten Datenbestand, ermöglicht sie ein Suchen von bzw. Ersetzen in Bildern auf Objektbasis. Als Grundelemente grafischer Anfragen dienen Primitive und Attribute, sowie - da eine hierarchische Strukturierung eingeführt wird - Zusammenfassungen dieser zu 'Subbildern'. Dieser **objektorientierte Ansatz** mündet in die grafische Abfrage- bzw. Manipulationssprache PIC, die als unterstützendes Subsystem eines geräteunabhängigen Grafikeditors konzipiert ist.

Schlagwörter:

Grafische Abfragesprachen, Query Languages, CGM, Non-Prozedurale Sprachen, Grafisches Suchen, Grafische Datenbanken, Manipulationssprachen.

1. Einführung

Während es mittlerweile in jedem Textverarbeitungssystem eine Such- und Ersetzungsfunktion für Textteile gibt, ist dasselbe bei Grafikeditoren nicht bzw. nur sehr eingeschränkt der Fall. Zur Verfügung steht üblicherweise eine Pick-Funktion, deren Funktionsumfang sich jedoch auf das gerade bearbeitete Bild beschränkt.

Es gibt aber einige grafische Anwendungsbereiche, für die eine **verallgemeinerte Pick-Funktion** von großem Interesse wäre. Dazu gehören Anfragen **geometrischen Inhalts**, die sich auf viele Grafiken, die auf viele Files verteilt sind, beziehen. So möchte man z.B. in einer Vortragsbilder-

---

[*)] Institute für Informationsverarbeitung der Technischen Universität Graz und der Österreichischen Computergesellschaft, Schießstattgasse 4a, A-8010 Graz, Austria.

serie ein bestimmtes Symbol, bestehend aus mehreren grafi-schen Grundelementen, durch ein anderes ersetzen. Oder man möchte wissen, in welchen Bildern man den Bildteil x noch verwendet.

Als Basis zur Beantwortung solcher Anfragen bedienen sich derzeit Grafiksysteme meist konventioneller Datenbanken (z.B. INGRES und ähnliche [1],[2]), die eingeschränkte, geometrische Anfragen erlauben (Front-End Ansatz) [3]. Da dieser Ansatz nicht die beste Performance bietet [4], versuchen neuere Forschungsrichtungen andere Wege zu gehen [5]. Man spricht dabei von sogenannten 'nicht-kommerziellen' oder 'Non-Standard' Datenbank-Applikationen, die vor allem im Bereich Entwurf und Fertigung (CAD/CAM), Bild- und Sprachverarbeitung, Geo-Informationssysteme, etc. eingesetzt werden. Ausgangspunkt sind dabei hauptsächlich Datenbanksysteme, die auf dem relationalen Datenmodell beruhen. Die Entwicklung geeigneterer Modelle [6] beschreitet entweder den Weg der Erweiterung bestehender Modelle [7],[8],[9] oder den Entwurf allgemeinerer Modelle ('semantische' Modelle [10],[11],[12]), die auch stärker auf spezielle Anwendungen bezogen sein können (z.B. [13]). Generelles Kennzeichen dieser Systeme sind große Datenmengen, meist verteilt auf verschiedenen Rechnern, Multi-User Betrieb, sowie äußerst komplexe 3D-Grafiken, deren Erstellung mehrere Mann-Monate dauern kann.

Der Ansatz, der in dieser Arbeit vorgestellt wird, zielt **nicht** in diese Anwendungsbereiche, weshalb einige Abgrenzungen notwendig sind:

1. Beschränkung auf zwei Dimensionen: In erster Linie angesprochen sind Grafikeditoren im zweidimensionalen Bereich, wie sie etwa für computerunterstützten Unterricht, Präsentationsgraphiken etc. eingesetzt werden. Wir sprechen deshalb im folgenden auch nicht mehr von Grafiken, sondern von 'Bildern'. Ein **Bild** besteht i.A. aus n Objekten O_1 bis O_n, die sequentiell interpretiert werden und somit n, von einander unabhängige Bildebenen definieren. O_1 liegt auf der hintersten, O_n auf der vordersten Ebene. Am Schirm wird die **Projektion** aller Ebenen sichtbar gemacht, wodurch Überdeckungen zustande kommen können.

2. Verwendung von Subbildern: Als zusätzliche Forderung wollen wir die Einbindung von Teilbildern in Bildern erlauben. Dies bedeutet, daß im Bild A ein Bild B referenziert werden kann bzw. daß das Bild A in einem Bild C als ein Subbild existieren kann. Im Prinzip kann ein solches netzartiges Beziehungsgeflecht z.B. durch USES / USEDIN Listen erzielt werden, wobei **keine Zyklen** erlaubt sind.

3. CGM als Basis: Wenn man die vorhin genannten Voraussetzungen betrachtet, bietet sich beinahe zwangsläufig der ISO Standard CGM - Computer Graphics Metafile [14] als Basis an. CGM wurde 1987 ISO-Standard und deckt bis auf die Verwendung von Teilbildern den angegebenen Bereich ab [15]. Eine Erweiterung zu CGM [16], die es GKS-Applikationen [17] erlaubt, Bilder im CGM-Format abzulegen, ist in Vorbereitung. Diese Erweiterungen betreffen vor allem die Möglichkeit, mehrere Elemente zu Gruppen (globale bzw. lokale Segmente) zusammenzufassen, sowie Elemente zur dynamischen Bildgenerierung (graphical session capture).

2. Suchebene:

Die erste prinzipielle Frage, die sich bei der Realisierung eines verallgemeinerten Pickmoduls stellt, ist, auf welcher Darstellungsebene eines Bildes die Suche bzw. Manipulation ablaufen soll. Prinzipiell kann ja ein Bild in mehreren unterschiedlichen Formen L_i, $i = 0,...,n$ vorliegen:

L_0 **Basisbeschreibung auf dem externen Speicher.** Beinhaltet die Objekte im CGM-Format, wobei CGM hier drei synonyme Darstellungsformen (Binary Encoding, Character Encoding, Clear Text Encoding) erlaubt, die unterschiedliche Ziele verfolgen (Minimierung des Verarbeitungsaufwands, Minimierung der Größe des Metafiles, Lesbarkeit durch den Menschen).

. . . . . .

L_i **Zwischenformen.** Interne Formate des jeweiligen Editors unter Verwendung geeigneter Datenstrukturen, etc.

. . . .

L_n **Gerätedarstellung,** z.B. Rasterbildschirm: das Bild liegt in Form von Pixeln, die eine bestimmte Farbe und Intensität aufweisen, vor.

Demzufolge kann man zwischen zwei einander entgegengesetzten Suchmethoden unterscheiden:

Bei der <u>pixelorientierten Suche</u> (Ebene L_n) werden die spezifizierten Elemente direkt im Bildwiederholspeicher gesucht. Die <u>speicher- oder objektorientierte Suche</u> erfolgt hingegen auf den internen Datenstrukturen bzw. auf dem externen Datenformat (Ebenen L_0 bis L_i, $i < n$). Da sich Bildteile teilweise oder ganz überdecken können, kann weder die eine, noch die andere Art der Suche alle Möglichkeiten abdecken.

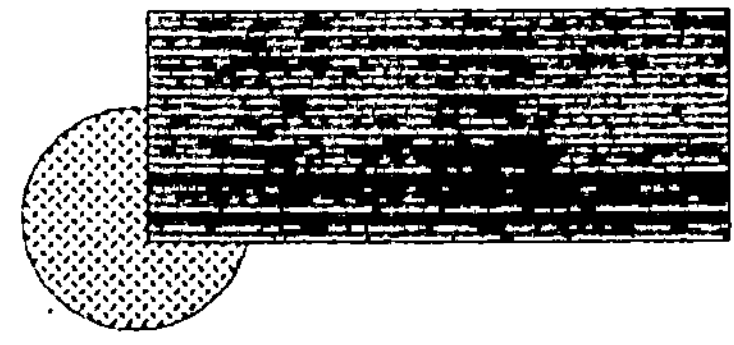

Figure 1

Zur Veranschaulichung sei folgendes Bild gegeben: Der Bildinhalt besteht nur aus einem Rechteck und einen Kreis. Das Rechteck überdeckt den Kreis so, daß nur ein Sektor bzw. ein Segment übrigbleibt *(Figur 1)*:

- Reines pixelorientiertes Suchen findet den Kreis nicht, da nur ein Sektor sichtbar ist. Nicht gefunden durch diese Suchart werden somit teilweise bzw. voll verdeckte oder unsichtbare Objekte.

- Reines speicher- oder objektorientiertes Suchen findet kein Kreissegment bzw. keinen Sektor. Ein Sektor oder Segment wurde bei der Bilderstellung nicht als konstruktives Element verwendet, ist jedoch ein sichtbarer Teil des Bildes, an das sich der Benutzer erinnert und das er finden will.

Pixelorientierte Suche fällt in den Bereich der **Mustererkennung** (Pattern Matching) und Sprachen in diesem Bereich werden als **Mustererkennungssprachen** (**IPL - image processing languages**) bezeichnet. Mit ihnen werden in bestimmten Anwendungsgebieten bereits recht gute Ergebnisse erzielt und sie bilden den Hauptstrom der Forschung [18]. Es existieren derzeit bereits hunderte von IPL's. Erst in letzter Zeit wird versucht, die vielen vereinzelten Sprachentwicklungen, die oft ganz speziell auf bestimmte Applikationen zugeschnitten sind, systematisch zu untersuchen und von einem übergeordneten Standpunkt zu betrachten, sodaß ihre Vorzüge und Nachteile (Ausdruckskraft, Anwendungsbereiche, etc.) besser erkennbar werden [19]. Auf jeden Fall sind reine Mustererkennungssprachen nicht für alle Anwendungen optimal einsetzbar. Die logische Folge ist eine Erweiterung von IPL's zu sogenannten "Logical IPL's" [20], die dem speicher- bzw. objektorientierten Ansatz bereits etwas näher kommen.

In dieser Arbeit wurde der Versuch unternommen, **keine pixelorientierte Suchsprache**, sondern eine **objektorientierte Abfragesprache** zu entwickeln. Das heißt, im folgenden konzentrieren wir uns auf die objektorientierte Suche. Interessanterweise ist in der Literatur relativ wenig über einen Ansatz in diese Richtung zu finden [21], [22].

3. Aufbau von Suchanfragen

Im folgenden entwickeln wir einen Formalismus, der uns schließlich zu der gewählten Syntax der objektorientierten Abfragesprache PIC führt. Zunächst ist es hilfreich, sich die Vielfalt objektorientierter Anfragen in Form einiger typischer Beispiele zu vergegenwärtigen:

- Gib mir die Namen jener Bilder, in denen im Rechteck (x1,y1,x2,y2) kein Spline liegt.
- Existieren Bilder, die die Objekte x und y, aber nicht z enthalten, und wenn ja, wieviele ?
- Finde all jene Bilder, die ein Teilbild enthalten, das mit dem Suchbild i eine 80% Übereinstimmung (z.B. objektmäßig) aufweist.

   . . . . .

Aus den Beispielen kann man unmittelbar einen kleinen Vorteil, jedoch auch einen schwerwiegenden Nachteil eines objektorientierten Ansatzes sehen:

1. Eine objektorientierte Abfragesprache kommt jenen Benutzern entgegen, die unmittelbar mit der Erstellung von Bildern zu tun haben. Personen, die Grafikeditoren bedienen, werden von diesen zu objektorientiertem Denken gezwungen.

2. Ein großer Nachteil liegt in der Erzeugbarkeit ein und desselben Bildes unter Verwendung unterschiedlicher grafischer Elemente. Bei der zeitlich (wesentlich) später erfolgenden Suche kann sich u.U. der Anfragesteller nicht daran erinnern, aus welchen Primitiven das Bild zusammengesetzt ist. Ein objektorientierter Ansatz muß demzufolge eine Reihe von 'Unschärfen' beherrschen, um diese Probleme automatisch abzufangen.

Die nachfolgend präsentierte Sprache PIC ist **nicht** als unmittelbares Anfragemedium auf der Applikationsebene gedacht. Vielmehr wird ein optimaler Einsatz von PIC als **Sub- bzw. Servicemodul** eines geräteunabhängigen Grafikpaketes angestrebt. Somit wird auch die Frage nach der Einbettung von PIC in eine Wirtssprache aktuell. Um einen möglichen Ablauf der Verwendung von PIC zu bringen, sei folgendes Beispiel angeführt:

Benutzer: *definiert Teilbilder des/r aktuellen Bildes/r am Schirm als Suchelemente*
Grafikpaket: *bereitet diese in PIC-gerechter Form auf*
PIC-System: *übersetzt und optimiert die Anfrage, führt die Suche auf den Files durch und stellt die Ergebnisse dem Grafikpaket zur Verfügung.*

Die zentrale Frage, die sich nun stellt, ist der **Aufbau objektorientierter Suchanfragen.** In einem objektorientierten Ansatz stehen die grafischen Objekte, also die verwendeten **Primitive und ihre Attribute** im Mittelpunkt.

Jedes Suchbild setzt sich aus einer Folge von Suchelementen (**Token**) mit einem noch zu beschreibenden syntaktischen Aufbau und einer bestimmten Semantik zusammen. Ein Token kann sich auf ein oder mehrere, gleichartige oder unterschiedliche grafische Objekte beziehen (die eckige Klammer stellt die Option dar):

$$< \text{Obj-Id}, [\text{Attribute}] > \text{ oder: } < [\text{Obj-Id}], \text{Attribute} >$$

Obj-Id steht für Objekt-Identifier und bezeichnet eines der erlaubten Primitive, wie z.B. Polygon, Text, Rectangle, Circle. *Attribute* steht nicht nur für Aspekte wie Linientyp und Brushing (**formorientiert**), sondern kann auch die Lage des Objekts definieren (**positionsorientiert**) bzw. Beziehungen von Objekten zueinander ausdrücken (**beziehungsorientiert**). All jene Aspekte, die für den Sucher in einer speziellen Anfrage nicht wichtig sind, müssen bei der Anfrageformulierung nicht definiert werden und werden als sogenannte "**Don't Cares**" behandelt:

$<,A>$ ... alle Bilder, in denen beliebige Objekte mit den Attributen A vorkommen.
$<O,>$ ... alle Bilder, die das Objekt O mit beliebigen Attributen enthalten.

Um mehrere Tokens in einer Anfrage miteinander kombinieren zu können, bedarf es der Einführung elementarer Regeln, die den Regeln **regulärer Ausdrücke** ähneln:

$<E1>\{n,m\}$	n bis m-maliges Auftreten des Objektes (Grundelementes) E1. Anstatt n bzw. m kann man "*" verwenden. Es muß n $<=$ m gelten für n,m aus N_0.
$<E1>\{2,*\}$	mindestens 2-mal
$<E1>\{*,5\}$	maximal 5-mal
$<E1>*$	null oder mehrmaliges Auftreten des Objektes E1.
$<E1>+$	mindestens einmaliges Auftreten des Objektes E1. Äquivalent sind die Ausdrücke $<E1>\{1,*\}$ bzw. nur das Token $<E1>$ ohne Postfix.
$<E1>3$	anstatt $\{3,3\}$ für "genau 3".
$<E1>0$	**Negation:** genau Null-mal, das heißt, dieses Objekt darf nicht vorkommen
$<E1>?$	**Option** (0 oder 1 mal); auch: $<E1>\{*,1\}$
$<E1><E2>$	**Existenz** der Objekte E1 und E2 (mindestens einmaliges Vorkommen). Die Reihenfolge der internen Abspeicherung ist beliebig.

<E1> ^ <E2>	**Sequenz:** 'muß'-Reihenfolge der Objekte E1 und E2,
<E1> | <E2>	**Alternative** (inklusives oder)
<E1>XOR<E2>	**Alternative** (exklusives oder)
(<E1>)	**Gruppierung** von Tokens

Der besseren Lesbarkeit wegen wird eine **Infix-Notation** gewählt. Um unnötige Klammernbildungen zu vermeiden, werden zusätzlich **Prioritäten** definiert:

1. +,*, ?, { }, zahl (Postfix)
2. Existenz
3. Sequenz
4. Alternative, XOR

Operatoren gleicher Bindungskraft werden **linksassoziativ** abgearbeitet. Um die induzierte Reihenfolge abzuändern, können runde Klammern verwendet werden. Mittels dieser Regeln lassen sich bereits einfache Anfragen formulieren:

Finde alle Bilder, die mindestens 3 Rechtecke im Bereich "Lage" oder mindestens einen Kreis enthalten:

<CIR,> + | <REC,Lage> {3,*}

Gesucht sind Bilder, die genau zwei Kreise, maximal drei Rechtecke, den Text "Mona Lisa" und evt. einen Bogen in genau dieser Reihenfolge enthalten:

<CIR,>2 ^ <REC,> {*,3} ^ <TEX,content("Mona Lisa")>1 ^ <ARC,>?

Der Sequenzoperator bedeutet Reihenfolge von Objekten, jedoch **nicht dichte** Reihenfolge, z.B.:

<E1>2 ^ <E3>5

besagt nur, daß die 5 Objekte vom Typ E3 hinter/nach den Objekten E1 kommen müssen, aber nicht, daß sie unmittelbar auf das Objekt E1 folgen. Es kann jedoch sein, daß E1 Objekte durch E3 Objekte verdeckt werden. Der Postfix *zahl* (also 5 in <E1>5) ist ein reiner Anzahl-Operator. Um auch direkt auf die Reihenfolge von Elementen Bezug nehmen zu können, sind noch die Postpostfixe "." (relativ zum Bildanfang) und "!" (relativ zum Bildanfang innerhalb eines Objekttyps bzw. Objektklasse) verwendbar. Beispiele sind:

<CIR,>5.   das fünfte Objekt im Bild muß ein Kreis sein

<CIR,>{1,5}!   Hier werden die ersten fünf Kreise angesprochen

<,COLOR=red>3!   Hier ist das dritte rote Objekt (egal welches Primitiv) gemeint.

Wir fassen die vorhergehenden Ausführungen in der folgenden Definition zusammen:

DEFINITION: Eine Suchanfrage SA ist durch das Paar **SA** = (C,E) definiert, wobei **C** die globalen Eigenschaften von SA (wie Lage, Ausgabeart, Unschärfe, Suchbereich, Optionen etc.) festlegt und **E** die Suchelemente der SA sind.

Mit dieser Definition wird auch eine **hierarchische Strukturierung** eingeführt. Das heißt, daß jedes Element (Token) in E kann selbst wieder eine (Sub-) Suchanfrage sein kann, auf die die o.a. Operatoren angewendet werden. Durch derartige **Schachtelungen** lassen sich recht komplexe Suchbilder beschreiben, wie die folgenden zwei Beispiele zeigen:

1) Es seien haus, baum, bank, hund *und* katze *bereits definierte Suchanfragen, die ein Haus, einen Baum, eine Bank, einen Hund und eine Katze definieren. Gesucht sei ein Bild, auf dem sich ein Haus, mindestens fünf Bäume, keine Bank und mindestens ein Hund bzw. eine Katze befinden, wobei die beiden letztgenannten sich gegenseitig ausschließen:*

$$SA = (C, <haus, >1 <baum, >\{5,^*\} <bank, >0(<hund, > +XOR<katze, > +))$$

2) Gesucht seien Schaltkreise, die mindestens 5 NAND-Gatter, genau 3 NOR-Gatter, maximal 7 Inverter und kein Flipflop enthalten. Für die drei NOR-Gatter soll gelten, daß sie sich im Bereich Lage befinden sollen.

$$SA = (C, <nand, >\{5,^*\} \quad <nor,AREA=lage>3 \quad <Invert, >\{^*,7\} <flipflop, >0)$$

4. Optimierung

Der Suchvorgang kann intern durch ein Interpretieren des zu untersuchenden Bildes im Hauptspeicher erfolgen. Dies bedeutet ein **sequentielles Durchsuchen** eines Bildes bzw. des ganzen Bilddatenbestandes, was in der Regel zu kaum akzeptablen Antwortzeiten führen wird. Um einen möglichst kurzen und optimalen Suchprozeß zu fördern, kann man sich mehrere Wege vorstellen, die anschließend kurz erläutert werden.

Im Unterschied zu Datenbanken konventioneller Struktur kann man im vorliegenden Fall keineswegs davon ausgehen, daß bei Anfragen "wesentliche Teile" von Daten "aufgesucht" werden. Gemeint ist damit, daß man sich als Benutzer hauptsächlich an markante Teile eines Bildes erinnern wird und nach diesen fragen wird. Das heißt, ein Großteil der Bilddaten ist für den eigentlichen Suchprozeß uninteressant. Um jedoch ein gezieltes Suchen zu unterstützen, wird man nicht umhin kommen, einen gewissen Aufbereitungsaufwand auf sich zu nehmen, sodaß sich die **Bearbeitungslast** sowohl aus dem eigentlichen **Suchaufwand** wie auch aus dem **Aufbereitungsaufwand** zusammensetzt. Vorbereitende Arbeiten, die den Suchaufwand verringern, sind auf drei Ebenen denkbar:

- zur Übersetzungszeit der Suchanfrage
- zur Ausführungszeit einer Suchanfrage
- zum Zeitpunkt des Abspeicherns von Bildern

Zum Beispiel könnten folgende Techniken eingesetzt werden:

1) Einführung geeigneter **Datenstrukturen** (z.B: B- Bäume, Indexfiles, ...)

2) Zusätzlich zu den eigentlichen Bilddaten kann man weitere (redundante) Daten ablegen - eine Art **komprimierte Bildcharakteristik** - die eine schnelle Entscheidung (Bild kommt/kommt nicht in Frage) ermöglichen.

Die Bildcharakteristik könnte Art sowie Anzahl der enthaltenen Objekte beinhalten (zB: ein Bild besteht aus 20 Kreisen, 7 Bögen und 34 Rechtecken; die Suchanfrage will jedoch ein Bild ermitteln, daß einen Spline etc.

enthält). In diese Richtung sind auch <u>Hashverfahren</u> *einzuordnen, die zur Bildung nicht notwendigerweise eindeutiger Schlüsselwerte von Bildern bzw. Bildteilen herangezogen werden können.*

3) Eine Reglementierung (<u>**Vorsortierung**</u>) bei der Abspeicherung der Daten erscheint vorteilhaft.

> *Bsp.: Der Startpunkt eines Polygons ist immer der am weitesten links unten. Vom Startpunkt aus ist gegen den Uhrzeigersinn vorzugehen.*

4) Bei einer rein deskriptiven (non-prozeduralen) Beschreibung des Suchbildes können Optimierungsstrategien, ähnlich denen der **<u>Anfrageoptimierung</u>** relationaler Ausdrücke in Datenbanksystemen eingesetzt werden.

> *Bsp: Erkennen gleicher Subausdrücke in der Anfrage, Umreihung der Auswahlkriterien nach Selektivität, etc.*

Aus den gegebenen Beispielen ist bereits erkennbar, daß sowohl die Wahl des Zeitpunkts als auch die Wahl der Aufbereitungsart nicht trivial ist.

5. Attribute

Bis jetzt noch nicht ausgeführt wurden die Attribute. Hiebei sind <u>positionsorientierte</u> (Lage), <u>formorientierte</u> (Farben, Linientyp, Hatching, ...) und <u>**beziehungsorientierte**</u> Attribute zu unterscheiden.

Attribute werden prinzipiell durch eine Folge von Ausdrücken:

$$\textbf{attr-typ operator attr-val}$$

definiert. Attributtyp und Attributwert müssen zueinander, aber auch zum Objekttyp verträglich sein. Dies gilt natürlich nur, falls ein primitiver Objekttyp (Kreis, Polygon, etc.) angegeben wurde. Ein nicht-primitiver Objekttyp ist ein Teilbild und kann die unterschiedlichsten Attribute aufweisen.

ATTR-TYP: ausgezeichneter Name wie LTYPE, BRUSH, ...

OPERATOR: $=, <=, >=, <, >, <>$

ATTR-VAL: je nach Typ. Möglichkeit von Mehrfachangaben.

a) Positionsorientierte Attribute:

Vor einer detaillierten Erklärung muß das verwendete Koordinatensystem festgelegt werden. Prinzipiell sind die Extreme <u>applikationsorientierte</u> (Einheiten in Metern, etc.) und <u>geräteorientierte Koordinaten</u> (Schirm mit Pixelauflösung 640 x 480, etc.) zu unterscheiden. Da man möglichst unabhängig von jeweiligen Anwendungen aber auch Geräten sein will, war es eine der zentralen Aufgaben bei der Ausarbeitung von Grafikstandards, einen abstrakten und normierten Koordinatenraum zu definieren.

In CGM ist dies der **VDC-Raum (virtuell device coordinates)** der ein zweidimensionaler kartesischer Koordinatenraum mit unendlicher Genauigkeit und unendlicher Ausdehnung ist. Aufgrund der bereits getroffenen Einschränkung, daß der verallgemeinerte Pickmodul unterhalb der Anwender- aber oberhalb der Geräteebene zu liegen hat, ist klar, daß unser Koordinatensystem der VDC-Raum ist. Alle folgende Koordinatenangaben sind somit als VDC-Koordinaten zu interpretieren.

Positionsorientierte Attribute sind **optional** angebbar und können global oder lokal definiert werden. Globale Lageangaben befinden sich im Parameterteil und beziehen sich auf die gesamte Suchanfrage. Sie sind aktiv, solange keine lokale Lageangabe (im jeweiligen Token) existiert. Die Lage eines Objektes ist definiert durch:

1) Angabe der Definitionspunkte. Diese Art der Lagedefinition wird, da zu detailliert und umständlich handzuhaben, eher die Ausnahme sein.

$$< LIN, DEFXY = (x1,y1,x2,y2) >$$

2) Angabe eines umschließenden, achsenparallelen Rechtecks. Erlaubt ist weiters die Angabe mehrerer umschließender Bereiche und deren Verknüpfung mit Setoperatoren. Die gesuchten Objekte müssen **voll** im Suchbereich enthalten sein.

$$< SPL, AREA = REC(x1,y1,x2,y2) >$$
$$< LIN, AREA < > REC(...) OR REC(...) >$$
$$< MAR, AREA = REC(...) MINUS REC(...) >$$

Um eine möglichst genaue Begrenzung der Suchfläche in den Anfragen zu ermöglichen ist auch die Angabe von **Halbebenen** (logisch verknüpft durch Setoperatoren) erlaubt. Im Prinzip geht man dabei von achsenparallelen Rechtecken auf allgemeine Polygone über.

3) Möglichkeit der Angabe einer 'Unschärfe'. Dies ist nur bei der Spezifikation von Objekten über ihre Definitionspunkte sinnvoll anwendbar (z.B.: erlaubte positive bzw. negative Abweichung in x,y-Richtung). Im folgenden Beispiel werden noch Linien gefunden, deren x,y-Werte um 5 Einheiten abweichen.

$$< LIN, DEFXY = (x1,y1,x2,y2)5 >$$

Darüberhinaus sind noch andere Unschärfefaktoren sinnvoll, die später kurz erläutert werden.

b) Formorientierte Attribute:

Als formorientierte Attribute sind in erster Linie bündelbare Attribute gemeint, z.B. bei Linien: Linientyp, Linenbreite und Farbe. Ein Beispiel ist:

Finde alle Bilder, die Marker mit einem beliebigen Markertyp ungleich 3 oder 1, der Farbe 5, 6 aber nicht 9 und einem Expansionsfaktor kleiner 5 enthalten:

$$< MAR, MTYPE < > [3,1], MCOLOR = [5,6,^9], MSIZE < 5 > +$$

Man kann auch Attribute angeben, die nicht im zugrundegelegten Standard vorkommen, wie Anzahl der Geradenzüge bei Polyline, Anzahl der Definitionspunkte oder Kantenzüge beim Polygon, Angabe einer Kurvenlinie auf der Marker liegen sollen, Länge oder Steigung von

Linien, Umfang eines Polygonzuges, etc. Sie gewähren zusätzliche Flexibilität bei den Anfragen. Die Grundmenge der verwendeten Attribute ist vom jeweiligen Editor bzw. Grafikstandard abhängig. Man kann sich vorstellen, daß ganz spezielle, evt. aufwendig zu berechnende Attribute, deren Notwendigkeit erst im Laufe der Zeit erkannt wurde, hinzugenommen werden (z.B.: CONVEX - CONCAVE, #COLORS, SIMPLE bei Polygon, etc.).

c) Beziehungsorientierte Attribute:

Mit den im folgenden vorgestellten Attributen ist es möglich, Beziehungen von Objekten zueinander anzugeben. Als einführendes Beispiel dient die Schnittfunktion:

Bsp. 1: *Finde alle Bilder, in denen es maximal 10 rote, beliebige Objekte gibt, die mit einem blauen Kreis einen Schnitt aufweisen.*

<OBJ,COLOR=red, CUT(<CIR,COLOR=blue>1)>{*,10}

Bsp. 2: *Finde alle Bilder, in denen es Rechtecke gibt, die mit keinem Spline einen Schnitt haben.*

<REC,NOCUT(<SPL,>+)>+

Außerdem ist es sinnvoll, als Parameter dieser Funktionen bzw. Attribute nicht nur ein Token, sondern beliebige Tokenfolgen (Prädikate) zu erlauben. Beziehungsattribute stellen n : m Beziehungen zwischen Objekten eines Bildes her. Intern wird immer ein Objekt des Bildes mit der Menge M von Objekten der Vergleichsmenge (Menge der Elemente, die den Prädikaten in der Klammer entsprechen) in Beziehung gesetzt. Entspricht dieses Objekt dem Beziehungsattribut (z.B. Schnitt), so wird es in die Ergebnismenge aufgenommen.

Sei N die schließlich erhaltene Ergebnismenge mit der Mächtigkeit $|N| = n$ und M die erwähnte Vergleichsmenge mit $|M| = m$, so gilt für alle O_i aus N und O_j aus M, mit $i=1,...,n$ und $j=1,...m$: $O_i \, R \, O_j$ bedeutet, daß jedes Element aus N mit jedem Element aus M das geforderte Beziehungsattribut R erfüllt. Ist M die leere Menge, also $m=0$, so ist das Ergebnis des Tokens vom Beziehungsattribut abhängig.

zu Bsp. 1: Existieren im gerade untersuchten Bild keine blauen Kreise, so ist dieses Bild nicht in der Ergebnismenge.

zu Bsp. 2: Existieren keine Splines jedoch Rechtecke im untersuchten Bild, so wird das Bild in die Ergebnismenge aufgenommen.

Es gibt sicherlich eine Menge interessanter Beziehungen zwischen grafischen Objekten. Es ist jedoch sinnvoll, nur ein bestimmtes Minimalset der wichtigsten Beziehungsattribute zur Verfügung zu stellen, da es sich dabei um relativ komplexe und meist auch rechenzeitintensive Punkte handelt. Beispiele sind:

Abstandsfunktion: gesucht sind Objekte, die einen bestimmten Abstand zu anderen Objekten aufweisen.

Schnittfunktion: gesucht sind Objekte, die einen / keinen Schnitt mit anderen Objekten aufweisen. Es sind auch Anfragen denkbar, wo die Anzahl der Schnitte wichtig ist oder nur ein bestimmter Prozentsatz von M geschnitten werden soll.

Verdeckungsfunktion: ist sicher eine der zentralen Beziehungsattribute, wobei noch einige heikle Probleme, wie die Behandlung strichlierter Linien oder schraffierter Flächen, zu lösen sind.

6. Die Query Language PIC:

Die Sprache, die alle die in den vorangegangenen Kapiteln beschriebenen Eigenschaften formalisiert, heißt **PIC**. PIC steht dabei als Abkürzung für 'verallgemeinerte PICkfunktion', 'PICture Query Language' oder auch 'PICture Manipulation Language'.

PIC soll **nicht als primäres Interaktionsmedium** zum Benutzer angesehen werden, obwohl sie es durchaus sein könnte. Eine direkte Verwendung von PIC als standalone Query Language wird - aufgrund der Vielfalt an Primitiven, Attributen und deren Kombinationen - für den Benutzer schwer handhabbar. Aus diesem Grund sollte PIC in ein komfortableres User-Interface integriert werden, dessen Output PIC-Befehle sind bzw. das das PIC Laufzeitsystem aufruft. Ein optimaler Einsatz von PIC ist die Verwendung als Submodul innerhalb eines speziellen Grafikeditors.

Man kann sich PIC als eine Sprache, bestehend aus verschiedenen Schichten wachsender Komplexität vorstellen. Falls überhaupt direkt von Benutzern verwendet, so werden jene, die PIC nur selten bzw. kurzfristig gebrauchen, sich nur die einfachsten Abfragemöglichkeiten einprägen, wohingegen professionelle Benutzer die ganze Mächtigkeit von PIC in komplexen Anfragen bzw. bei umfangreichen Manipulationen ausnutzen können.

PIC ist eine **non-prozedurale Bild-Abfragesprache.** Alle Funktionen basieren auf einer konsistenten, schlüsselwortorientierten Syntax. Die Syntax wurde an den Quasistandard **SQL** bei relationalen Datenbanken angelehnt [23]. In PIC erfolgen Datenzugriffe ohne explizit oder implizit mögliche Angabe von Zugriffspfaden oder der tatsächlichen physischen Datendarstellung der Bilder. Die Sprache ermöglicht nur die Beschreibung **WAS** gesucht wird, aber nicht **WIE** man diese Bilder erhalten kann. Diese rein deskriptive Beschreibungsform erlaubt im Übersetzungsvorgang umfassende Optimierungen (*Figur 2*). Der Optimierer berechnet die minimalen Kosten (I/O und CPU) aufgrund von intern vorhandenen Zugriffs- und Mengeninformationen.

Durch kleine Erweiterungen ist eine komfortable Einbettung in eine höhere Programmiersprache möglich (*Figur 3*). Somit kann man zwei große Systemteile unterscheiden:

a) Precompiler:

Bei Einbettung von PIC Befehlen in eine höhere Programmiersprache werden diese in einem Precompile-Step in kompatible Aufrufe des Runtime-Moduls PIX umgesetzt. Der Vorteil ist, daß sehr viel Parsing-Arbeit (syntaktische Analyse, Wahl des Zugriffspfades und Binden von Namen etc.) bereits zur Precompilezeit gemacht werden kann. Weiters ist es möglich, Ergebnisse von Suchanfragen, also Anzahl gefundener Bilder, deren Namen etc. Programmvariablen zu übergeben. Auch dürfen überall dort, wo numerische Ausdrücke konstanter Werte erlaubt sind, aus Programmgrößen aufgebaute Ausdrücke stehen.

b) Laufzeitsystem PIX:

PIX ist kein allgemeiner Interpreter, sondern ein auf einen speziellen Editor / Graphikstandard

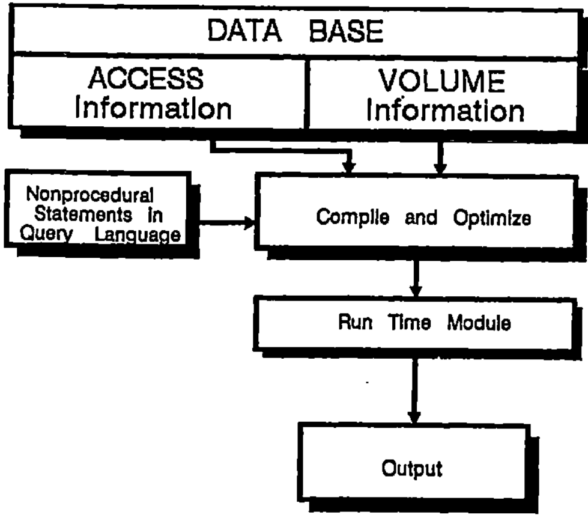

Figure 2: PIC Query Language System

zugeschnittener Laufzeitmodul. Aus einer Bibliothek von PIX Routinen wird für die jeweilige Applikation das Set an ausführenden Routinen geladen bzw. gelinkt, das notwendig ist.

Bestimmte (Basis-)Schlüsselworte, wie Attributidentifier, erlaubte Primitive etc. sind von dem jeweils verwendeten Grafikeditor bzw. vom zugrundegelegten Grafikstandard abhängig und in dieser Arbeit auf CGM [14], [16] ausgerichtet. PIC Befehle sind entweder ausführbare oder

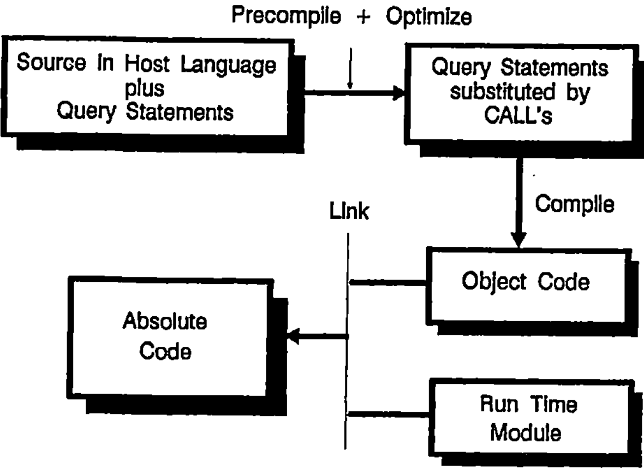

Figure 3: Embedding in Host Language

nicht-ausführbare Anweisungen.

a) ausführbare Anweisungen: Liefern sofort ein Ergebnis. So werden z.B. mit dem GET-Befehl Bilder ermittelt, die einem bestimmten Suchkriterium entsprechen, oder die Namen gefundener Bilder werden einer Programmvariablen zur weiteren Verarbeitung zugewiesen etc. Diese Befehle werden unmittelbar übersetzt, optimiert und lösen eine Reihe von Aktionen auf die betroffenen Files aus.

b) deklarative Anweisungen: Diese Befehle dienen der Definition von Suchanfragen bzw. dem Setzen von globalen Parametern.

Von einem PIC-Befehl werden, je nachdem, ob etwas gefunden wurde bzw. was man angegeben hat, verschiedene Informationen ausgegeben:

- Anzahl der gefundenen Bilder;
- Namen der gefundenen Bilder;
- je gefundenem Bild, die Primitive und ihre Anzahl;
- ein, mehrere oder alle Bilder, die dem Suchkriterium entsprechen; im Prinzip werden nur Pointer auf die erhaltenen Bilder zur Verfügung gestellt. Durch den FETCH bzw. DISPLAY-Befehl (Blätterfunktion, Cursorkonzept) können sie anschließend in einen Puffer geholt bzw. angezeigt werden.
- vom(von den) gefundenen Bild(ern) nur die Elemente bzw. die Pointer auf die Elemente, die dem Suchkriterium entsprechen;
- beliebige Kombinationen dieser Ausgaben.

Gesondert zu erwähnen ist die Möglichkeit der Angabe eines globalen und/oder lokalen MATCH-Faktors (Prozentsatz der Übereinstimmung). Dieser dient auf verschiedenen Ebenen und auf unterschiedliche Art und Weise als eine Art **Ähnlichkeits- oder Toleranzfunktion** und stellt ein Maß für die erlaubte Abweichung von den in der Suchanfrage geforderten spezifischen Eigenschaften dar.

Insgesamt sind drei Ebenen einer **Unschärfeangabe** in PIC erkennbar:

a) Die Prädikate erlauben per se eine eingeschränkte Ungenauigkeit (Postfix + oder {} bzw. die Alternative mit unterschiedlichen Primitiven).

b) Unschärfeangaben innerhalb eines Tokens auf der Objekt- bzw Attributebene (Objektidentifier bzw. die Attribute dürfen fehlen, Vergleichsoperatoren wie > =, < > oder Lageangaben mit Unschärfe).

c) Das Schlüsselwort MATCH mit folgender Syntax:

```
MATCH "(" ( OBJ | STRUC ) ")" "=" faktor.
```

faktor bedeutet den Mindestprozentsatz der geforderten Übereinstimmung (das "=" Zeichen ist also eigentlich ein "> =").

1. Objektorientierter MATCH

Dieser ist nur global anwendbar. Das Schlüsselwort MATCH steht in der OPTION-Klausel, die für die ganze Suchanfrage gilt. Im folgenden Beispiel wird gefordert, daß mindestens 80%, der in den Prädikaten angegebenen Objekte in den gesuchten Bildern existieren müssen.

```
GET ... WHERE ... OPTION MATCH(OBJ) = 80;
```

2. Strukturorientierter MATCH

Diese Toleranzfunktion, durch die von den angegebenen Attributen *faktor* Prozent stimmen müssen, ist nur auf lokaler Ebene erlaubt. Somit kann in der folgenden Anfrage jeder der 15 gefundenen Polygonzüge einen unterschiedlichen MATCH erfahren haben. Beim einen war die Kantenanzahl, Farbe und Kantentyp passend, beim nächsten stimmten Farbe, Kantenanzahl und Pinselbreite usw.

```
GET ... WHERE <POL, #EDGES>5,  COLOR=RGB(8,8,0), LTYPE=[3,2], BRUSH[5-15],
MATCH(STRUC) = 75>15...;
```

7. PIC Abfragebeispiele

Abschließend werden einige Beispiele gezeigt, die die Vielfalt der Möglichkeiten von PIC demonstrieren sollen. Die meisten sind selbsterklärend, nur bei den schwierigeren wurde ein entsprechender Kommentar hinzugefügt. Eine vollständige Übersicht von PIC mußte aus Platzgründen entfallen. Insbesondere wurde auf Beispiele, die über den Abfragecharakter hinausgehen (INSERT, REPLACE, DELETE, etc.) verzichtet.

Die Angaben " ... ich möchte das x-te Bild ..." beziehen sich a priori auf die physische (und damit zufällige) Reihenfolge, wie die Bilder gefunden werden. Eine diesbezügliche Angabe ist nur sinnvoll, wenn der Benutzer eine **Sortierung** definiert hat. Sortiert werden kann auf-/absteigend nach z.B. Namen, Größe (Byteanzahl), Erstellungsdatum, Anzahl der Primitive beliebigen Typs oder einer Objektklasse bzw. Kombinationen davon.

1) Gib mir die Namen jener Bilder, in denen im Rechteck (x1,y1,x2,y2) kein Spline liegt. Es wird eine chronologisch sortierte (nach Erstellungsdatum) Ausgabe gefordert.

```
GET NAMES FROM ALL PICTURES WHERE <SPL,AREA=REC(x1,y1,x2,y2)>0 SORT ASC ON
DATE;
```

2) Ich möchte vom ersten passenden Bild nur die Elemente, die meinem Auswahlkriterium entsprechen. Dieses ist: alle Objekte, die im Bereich (x1,y1,x2,y2) liegen und grün sind:

```
GET OBJECTS FROM FIRST PICTURE WHERE <,AREA=REC(x1,y1,x2,y2), COLOR=green>;
```

Im ersten Schritt bei der Ausführung einer solchen Anfrage werden Bilder entsprechend den Prädikaten gesucht und im zweiten Schritt werden sie auf diese Elemente reduziert (Projektion, siehe auch nachfolgende RESTRICT-Klausel).

3) Gesucht ist das zweitälteste Bild, in dem der fünfte bis zum zehnten Bogen grün ist und im Bereich REC(x1,y1,x2,y2) liegt.

```
GET PICTURE(2) WHERE < <ARC,>{5,10}! WHERE COLOR=green, AREA=REC(x1,y1,x2,y2)>
SORT ASC ON DATE;
```

Ein Auswahlkriterium in einer PIC-Anfrage kann auch zweistufig (doppelte spitze Klammerung) sein. Die innere Klammer erlaubt die Angabe von (allgemeineren) Prädikaten, die einmal eine Ergebnismenge liefert. Für diese werden dann Zusatzbedingungen durch die restlichen Prädikate in der äußeren Klammer gefordert.

4) Gesucht ist eine Schaltung, bei der die ersten 5 NANDs (und/oder die ersten 10 FLIPFLOPs), sowie die ersten drei NORs im Bereich (x1,y1,x2,y2) liegen und alle folgenden NANDs - falls es welche gibt - sollen in der Halbebene (x3,y3,x4,y4) liegen.

```
DEFINE nand AS GET ... ;
DEFINE flipflop AS GET ... ;
DEFINE nor AS GET ... ;
GET ALL PICTURES WHERE < (<nand,>{1,5}! | <flipflop,>{1,10}!) <nor,>{1,3}! WHERE
AREA=REC(x1,y1,x2,y2)> AND <<nand,>* WHERE AREA=PLANE(x3,y3,x4,y4)>;
```

Anstatt einfacher Attributangaben nach dem WHERE kann übrigens ebenfalls eine Folge einschränkender Tokens stehen:

```
DEFINE sid AS GET ... ;
GET ALL PICTURES WHERE < <sid,> WHERE <CIR,> + <,LBUNDLE=7> + >;
```

Hier werden von den n Bildern, die *sid* definiert, nur mehr jene m Bilder genommen, die mindestens einen Kreis und mindestens ein Linienelement mit dem Line-Bundle 7 haben. Ergebnis der Anfrage sind all jene Bilder, die mindestens eines der m Bilder (n> =m) enthält. Würde hingegen statt WHERE in der äußeren spitzen Klammer ein RESTRICT stehen, also:

```
GET ALL PICTURES WHERE < <sid,> RESTRICT <CIR,> + <,LBUNDLE=7> + >5!;
```

so heißt dies, daß die Bildinhalte der n Bilder von *sid* auf alle Kreise und Linienelemente mit Line-Bundle=7 reduziert werden. Jene Bilder, die weder Kreise noch derartige Linienelemente enthalten, fallen raus. Umfaßt die Prädikatmenge m Bilder, so erhält man als Ergebnis der Anfrage all jene Bilder, die eines der m Bilder als fünftes Objekt enthalten.

5) Gesucht sind all jene Bilder, in denen es 10 Rechtecke gibt, die kleiner als der durchschnittliche Kreis sind.

```
GET ALL PICTURES WHERE <REC,SIZE<AVG(SIZE(<CIR,> +))>10
```

6) Finde alle Bilder, in denen sämtliche Splines länger als die längste Linie sind.

```
GET ALL PICTURES WHERE <<SPL,> + LENGTH > MAX(LENGTH(<LIN,> +))>;
```

7) Gesucht sind Bilder, in denen kein Rechteck ein anderes Objekt verdeckt.

```
GET ALL PICTURES WHERE < <REC,> + #HIDES(<OBJ,> +)=0>;
```

8) Finde alle Bilder, in denen 5 Rechtecke von den (nachfolgenden) vereinigten Kreisen voll verdeckt werden.

```
GET ALL PICTURES WHERE <REC,HIDEN(UNION,<CIR,> +)>5;
```

9) Gesucht sind Bilder, in denen das dritte Objekt mit keinem Rechteck einen Schnitt hat bzw. die Hälfte aller roten Rechtecke schneidet.

```
GET ALL PICTURES WHERE <OBJ,NOCUT(<REC,> +)>3.;
```

bzw.:

```
GET ALL PICTURES WHERE <OBJ,#CUT(<REC,COLOR=red> +)=%50>3.;
```

10) Gesucht sind Bilder, in denen es mindestens ein Textobjekt mit einem Abstand größer gleich 5 zum nächsten Linienelement gibt.

```
GET ALL PICTURES WHERE <TEX,DISTANCE(<CLASS=LINE,> +)> =5> +
```

11) Finde alle Bilder, in denen mindestens 20 Polygone vorkommen, wobei deren durchschnittliche Kantenanzahl kleiner 15 sein soll.

```
GET ALL PICTURES WHERE <POL,AVG(#EDGES)<15>{20,*};
```

8. Zusammenfassung

Ein Großteil der derzeit existierenden grafischen Abfragesprachen beruht auf einem musterorientierten Ansatz. In bestimmten Teilbereichen von Grafiksystemen (zwei- dimensionale Präsentationsgrafiken auf der Basis von CGM) scheint jedoch ein objektorientierter Ansatz durchaus sinnvoll einsetzbar. Die präsentierte Query Language PIC ist ein erster Schritt in diese Richtung.

Referenzen:

[1] **Stonebraker M./Wong E./Kreps P./Held G.:** "The design and implementation of INGRES". ACM TODS, Vol.1#3, 1976, 189-222

[2] **Finkelstein R./Pascal F.:** "SQL Data Base Management Systems". Byte, Jan. 1988, 111-123

[3] **Härder T./Reuter A.:** "Architektur von Datenbanksystemen für Non- Standard Anwendungen". in Blaser A./Pistor P.(Eds), Lecture Notes in Computer Science 94, Springer-Verlag 1985, 253-286

[4] **Guttmann A./Stonebraker M.:** "Using a relational data base management system for computer aided design data". IEEE DB Engineering, Vol. 5#2, June 1982, 21-28

[5] **Encarnacao J./Krause F.J. (Eds.):** "File structures and data bases for CAD". North Holland, 1982

[6] **Dittrich K.R./Kotz A.M./Mülle J.A./Lockemann P.C.:** "Datenbankunterstützung für den ingenieurwissenschaftlichen Entwurf". Informatik-Spektrum, 1985, Nr. 8, 113-125

[7] **Lorie R.A.:** "Issues in data bases for design applications". in [5].

[8] **Pistor P./Hansen B./Hansen M.:** "Eine sequelartige Sprachschnittstelle für das NF2 Modell". in IFB 72, Schmidt J.W. (Hrsg.) - "Sprachen für Datenbanken", Springer-Verlag 1983

[9] **Fischer W.E.:** "Datenbanksysteme für CAD Arbeitsplätze". IFB 70, Springer 1983

[10] **Chen P.P.:** "The Entity Relationship Model. Toward a unified view of data". ACM TODS, Vol. 1#9, 1976

[11] **Lamersdorf W./Schmidt J.W.:** "Rekursive Datenmodelle". IFB 72, Springer 1983

[12] **Smith J.M./Smith D.C.P.:** "A data base approach to software specification". in Riddle W.E./Fairley R.E. (Eds.) - "Software Development Tools", Springer 1980

[13] **Katz R.H.:** "Managing the Chip Design Data Base". Computer, Vol. 16#12, 1983

[14] **ISO Draft International Standard,** ISO/DIS 8632/1, "Information Processing Systems - Computer Graphics Metafile for the storage and transfer of picture description information". ISO/TC97, 1986

[15] **Henderson L./Journey M./Osland C.:** "The Computer Graphics Metafile". IEEE Computer Graphics and Applications, Aug. 1986, 24-32

[16] **ISO 8632-PDAD1:** "Information Processing Systems - Computer Graphics Metafile for the storage and transfer of picture description information". Addendum 1, ISO/TC97/S24/N19-N22, Nov. 1987

[17] **ANSI :** "Graphical Kernel System - GKS". ANSI Standard X3.124-1985, Oktober 1985

[18] **Chang S.K./Fu K.S.:** "Picture Query Languages for Pictorial Data Base Systems". IEEE Computer, Nov. 1981, 23-33

[19] **Preston K.Jr.:** "Progress in Image Processing Languages". in Duff M.J.B.(ed.): "Computin structures for Image Processing", Academic Press, 1983, 195-211

[20] **Chang S.K. et al.:** "An image processing language with icon assisted navigation", IEEE Transaction on Software Engineering, SE- 11#8, Aug. 1985, 811-819

[21] **Chang S.K./Ichikawa T./Ligomenides P.A. (Eds.):** "Visual Languages", Plenum Press, 1986, 460pp.

[22] **Kemper A./Wallrath M.:** "An analysis of geometric modeling in database systems". ACM Comp. Surveys, Vol.19#1, March 1987, 47-91

[23] **Chamberlin D.D. et al.:** "SQL-2: A unified approach to data definition, manipulation and control". IBM Journal of Research and Development, Nov. 76, 560-575.

Kartographie

Identitätsprüfung von Polygonzügen aus kartographischen Datenbasen

B. Becker, Institut für Angewandte Informatik und Formale
Beschreibungsverfahren, Universität Karlsruhe

Th. Ottmann, Institut für Informatik,
Universität Freiburg

Zusammenfassung

Eine wesentliche Aufgabe bei der digitalen Verarbeitung von kartographischen Daten ist
die automatische Korrektur fehlerhafter Eingabedaten und die Beseitigung der während der
Weiterverarbeitung der Daten entstandenen Fehler. Ein noch offenes Problem in diesem Bereich ist
die Erkennung und Beseitigung von Linien, die in der Realität die gleiche Grenze darstellen sollen,
aber doppelt digitalisiert vorliegen. Dieses Problem tritt vor allem bei der Überlagerung von Karten
auf, die thematisch unterschiedliche Darstellungen des gleichen Gebiets enthalten.

Die Lösung dieses praktischen Problems wird zunächst auf die Lösung eines geometrischen Problemes, der Abstandsbestimmung von Polygonzügen, reduziert. Es werden allgemeine Bedingungen
für ein geometrisches Entfernungs- bzw. Identitätsmaß formuliert. Existierende Ansätze zur Lösung
dieses Problems werden dann mit eigenen Ansätzen verglichen. Außerdem wird überprüft, inwiefern
bei verschiedenen Ansätzen semantische Informationen in die Fehlerkorrektur eingehen können, weil
diese wichtig für die Ursachen und die Wahrscheinlichkeit von Fehlern sind. Anschließend wird die
praktische Realisierung des gewählten Ansatzes beschrieben.

1   Einleitung

Wir gehen in dieser Arbeit auf ein Problem ein, das bei der rechnergestützten Verarbeitung von
kartographischen Daten auftritt: Nehmen wir an, es werden zwei thematisch unterschiedliche Karten
des gleichen Gebiets, etwa eine Karte mit Gemeindegrenzen und eine Karte mit Biotopgrenzen, zur
Bildung einer neuen Karte überlagert. Dann können Linien auftreten, die real die gleiche Grenze
darstellen, in der durch Verschneidung entstandenen Karte aber als zwei verschiedene Linienzüge
erscheinen. Ein menschlicher Betrachter kann solche Fehler insbesondere dann relativ leicht erkennen,
wenn er in die Betrachtung auch noch die in Karten üblicherweise enthaltene semantische Information
einbezieht. (Beispiel: Eine Biotopgrenze kann sich nicht um eine Grenze schlängeln, die ein Flußufer
darstellt.) Will man statt einer manuellen Fehlerbeseitigung eine automatische Korrektur vornehmen,
die höchstens noch geringfügige manuelle Nachbesserungen erfordert, muß man einen automatischen
Identitätstest für Polygonzüge durchführen. Es stellt sich heraus, daß dieser Identitätstest nicht
nur auf ein interessantes, rein geometrisches Problem führt. Ein praktisch brauchbares Verfahren
zur Identitätsprüfung und -korrektur muß auch semantische Informationen berücksichtigen und
Möglichkeiten zur vom Benutzer gesteuerten Variation von Parametern ermöglichen.

Im Abschnitt 2 dieser Arbeit geben wir zunächst einen Einblick in den Problemhintergrund und
präzisieren das Identitätsproblem. Welche Forderungen man an ein rein geometrisches Identitätsmaß
stellen sollte, wird im Abschnitt 3 behandelt. Im Abschnitt 4 diskutieren wir zunächst eine ganze
Reihe von möglichen, zum Teil aus der Literatur übernommenen Vorschlägen zur Identitätsprüfung

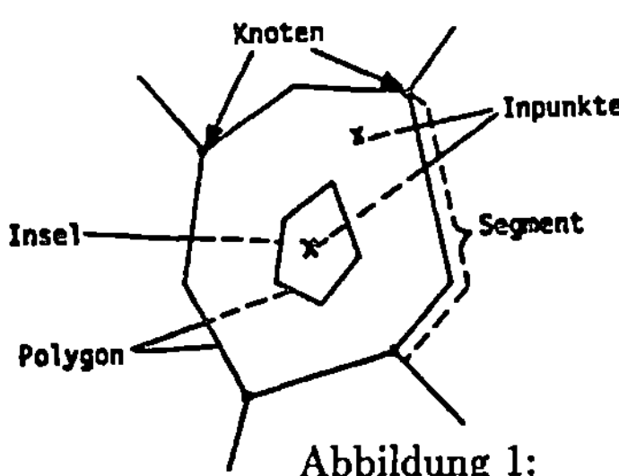

Abbildung 1:

und zeigen, daß Sie für das Problem untauglich sind. Wir führen dann ein kombiniertes Flächen-Längen-Verfahren zur Identitätsprüfung ein. Im Abschnitt 5 wird die Komplexität dieses Verfahrens abgeschätzt und über erste Ergebnisse berichtet, die zeigen, daß das von uns vorgeschlagene Identitätsmaß sich praktisch bewährt.

Sämtliche Arbeiten wurden in Zusammenarbeit mit der Landesanstalt für Umweltschutz BW durchgeführt und in das dort bestehende System, einer rechnergestützten Landschaftsdatenbank (LDB) integriert. Wir glauben aber, daß das in dieser Arbeit behandelte Identitätsproblem für Polygonzüge ein von der konkreten Anwendung unabhängiges Problem der Aufbereitung von graphischen Daten und damit von grundsätzlichem Interesse ist.

2 Problemstellung

2.1 Kartographischer Hintergrund

Die Aufnahme von Kartendaten in eine rechnergestützte Landschaftsdatenbank (LDB) besitzt wesentliche Vorteile:

- Die im Rechner gespeicherte Karte kann sehr leicht neu gezeichnet und korrigiert werden.

- Maßstab und Ausschnitt einer Karte können für die Ausgabe beliebig verändert werden.

- Statistische Auswertungen von Karten wie z.B. die prozentuale Aufteilung von Flächen können automatisch vom Rechner vorgenommen werden.

Die geometrischen Karteninformationen werden in der LDB in Form von Punkten, Linien oder Flächen als XY-Koordinaten in ein einheitliches Bezugssystem umgerechnet und aufgenommen. Grob vereinfacht kann man eine Karte als eine Menge von *Segmenten*, jedes Segment als Folge von Ko(-ordinaten)-Punkten, auffassen. Dabei ist ein Segment ein aus mehreren, zusammenhängenden Geradenstücken bestehendes Stück einer Grenze eines Gebiets. In der LDB werden neben den Koordinaten der Knoten eines Segments weitere, vor allem semantische Informationen mit abgelegt, die zur Diskussion des geometrischen Problems zunächst außer Betracht bleiben können. In Figur 1 werden die wichtigsten Begriffe graphisch veranschaulicht.

Eine besonders wichtige Aufgabe im LDB-System ist die *Verschneidung von Karten*. Dadurch können thematisch unterschiedliche Informationen zu einem Gebiet miteinander verknüpft werden. Bestehende Verschneidungs-Programme gehen üblicherweise von exakten Daten aus. Das ist kritisch, da schon die Ausgangsdaten der beiden Karten nur im Rahmen einer gewissen Genauigkeit als exakt anzusehen sind. Mögliche Fehlerquellen liegen in der Vermessung, Digitalisierung und Transformation von Kartendaten.

Um eine Verschneidung zu ermöglichen, müssen die Karten den gleichen Ausschnitt eines Gebiets im gleichen Maßstab abdecken. Dadurch treten weitere Fehlermöglichkeiten auf:

- Bei der Maßstabsverkleinerung müssen die Grenzen so generalisiert werden, daß typische Eigenschaften des Grenzverlaufs nicht verlorengehen [13].

- Die beiden Karten liegen evtl. nicht exakt aufeinander oder sind global verzerrt (z.B. durch Transformation).

Außerdem können beide Karten stark unterschiedliche Genauigkeit haben. Ferner können gleiche Kurven auf unterschiedliche Art digitalisiert werden.

Die genannten Probleme können dazu führen, daß Merkmale einer Karte evtl. den falschen Merkmalen der anderen Karte zugeordnet werden, weil

1. Linien beider Karten in der resultierenden Karte nah beieinander liegen, obwohl sie die gleiche Bereichsgrenze definieren, d.h. identisch sind oder

2. Linien in der resultierenden Karte aufeinanderfallen, obwohl sie in der Realität *nicht* zusammenfallen.

2.2 Allgemeine Problemformulierung

Gegeben:

Segment S_1 aus Karte 1 und Segment S_2 aus Karte 2.

Aufgabe:

1. Prüfe, ob die beiden Segmente ganz oder zum Teil zu gleichen Bereichsgrenzen gehören, also (partiell) *identisch* sind.

2. Identitätskorrektur

   a) Ist das Segmentpaar total identisch, dann bilde aus ihnen ein Segment, daß zwischen beiden liegt und übernehme die "richtigen" Kennungen. Wird dadurch der Anfangs- oder Endpunkt eines Segments verändert, ist dies zusammen mit den veränderten Koordinaten auszugeben.

   b) Sind die Segmente partiell identisch, so teile beide Segmente in ihre identischen und nichtidentischen Teilsegmente auf und verfahre mit den zusammengehörigen identischen Teilsegmenten wie in (a).

Semantische Anforderungen:

1. Informationen über die Genauigkeit der Karte (Maßstab, Kartentyp, Fehlertoleranz) sollen berücksichtigt werden.

   - Ist z.B. eine Karte wesentlich genauer als die andere, so sollen korrigierte Segmente näher an den betroffenen Segmenten der exakten Karte verlaufen.

   - Beim Vergleich von Segmenten mit stark unterschiedlicher Ko-Punktanzahl will man oft die Struktur *eines* Eingabesegments erhalten.

2. Ebenso sollen Zielvorstellungen und Informationen des Benutzers über die Wahrscheinlichkeit des Zusammenfallens von Segmenten eingehen können.

Das Problem zerfällt in zwei Teilprobleme, die *Identitätserkennung* und die *Identitätskorrektur*. Wir gehen vor allem auf das erste Problem ein und verweisen für das zweite Problem auf [1].

Der Verdacht, daß zwei Segmente identisch sein könnten, drängt sich auf, wenn sie "nah beieinander" liegen, ihr "Abstand" voneinander also klein ist.

In dieser Arbeit wird versucht, ein für dieses Problem plausiblen Abstandsbegriff einzuführen und darauf aufbauend ein geeignetes und berechenbares Identitätsmaß anzugeben, das aus dem Abstand der Segmente und einer Identitätsschranke besteht, unterhalb derer zwei Segmente als identisch bezeichnet werden. D.h. wir führen zunächst ein rein *geometrisches* Maß zur Messung des Abstands für Polygonzüge ein. Liegt dieser Abstand unterhalb einer Schranke, die maßgeblich durch *semantische* Information bestimmt ist, wird man die Polygonzüge als identisch ansehen.

Wir setzen voraus, daß die Daten der Segmentdatei innerhalb einer angegebenen Toleranz *(TOLC)* exakt sind. Die Summe der Toleranzen liefert offenbar die obere Grenze für den maximalmöglichen Abstand von identischen Segmenten .

Wir setzten ferner eine verzerrungsfreie Überlagerung der Karten voraus. (Zu Verfahren zur geometrischen Entzerrung von Abtastdaten vgl. z.B. [15]).

Unter den genannten Voraussetzungen reduziert sich das Problem geometrisch auf Abstandsuntersuchungen von Polygonzügen (Segmenten), deren maximaler Fehler bekannt ist. Zwei Segmente können identisch sein, wenn ihr Abstand kleiner als die Summe der Fehlertoleranzen ist.

3 Geometrisches Identitätsmaß für Segmente

Ein geometrisches Identitätsmaß ISM für Segmente besteht aus einem Entfernungsmaß ESM und einer Identitätsschranke M, die nach oben durch die Summe der Fehlertoleranzen $(TOLC_1 + TOLC_2)$ beschränkt ist.

Anforderungen, die man an ein solches Identitätsmaß stellt, werden zunächst von einem Identitätsmaß für Punkte abgeleitet, welches naheliegenderweise auf dem euklidischen Abstand beruht.

3.1 Identitätsmaß für Punkte

Für zwei Punkte $S = (S_x, S_y)$ und $T = (T_x, T_y)$ definiert man also

$$EPM(S,T) := \sqrt{(S_x - T_x)^2 + (S_y - T_y)^2}.$$

EPM hat folgende Eigenschaften:

PM_1 : EPM ist positiv definit, d.h. für zwei beliebige Punkte S und T gilt: $EPM(S,T) \geq 0$ und $EPM(S,T) = 0 \Leftrightarrow S = T$.

PM_2 : EPM ist symmetrisch, d.h. für zwei beliebige Punkte S und T gilt: $EPM(S,T) = EPM(T,S)$.

PM_3 : EPM ist unabhängig von der Lage der Punkte S und T in der Ebene, also unabhängig von Verschiebungen und Drehungen der Strecke ST.

Sind nun zwei Karten K_1 mit Fehlertoleranz $TOLC_1$ und K_2 mit Fehlertoleranz $TOLC_2$ gegeben, so gilt für zwei beliebige Punkte S aus K_1 und T aus K_2:

S und T *können* identisch sein $\Leftrightarrow EPM(S,T) \leq TOLC_1 + TOLC_2$.

Mit einer vorgegebenen Identitätsschranke $M(0 \leq M \leq TOLC_1 + TOLC_2)$ bildet EPM ein logisches Identitätsmaß IPM, das so definiert ist:

$$IPM_M(S,T) = \text{true} \Leftrightarrow S \text{ und } T \text{ sind identisch} \Leftrightarrow EPM(S,T) \leq M.$$

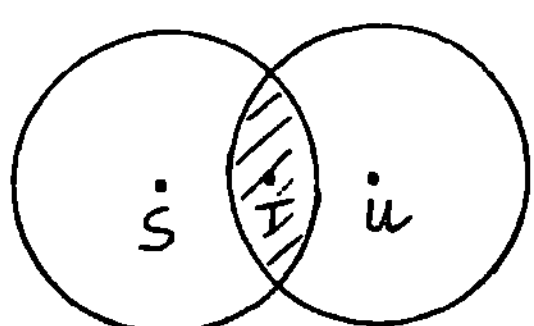

Abbildung 2: Punkte mit Toleranzumgebungen

Abbildung 3: P und Q mit Abstand 0

Paßt man die Schranke M dem Kartenmaßstab an, indem man M mit dem Faktor x der Maßstabsänderung multipliziert, so ist IPM_M maßstabsinvariant, d.h. es gilt für die Punkte S und T und ihre transformierten Punkte xS und xT:

$$PM4 : IPM_M(S,T) = \text{true} \Leftrightarrow IPM_xM(xS, xT) = \text{true}.$$

Dagegen ist IPM_M aber nicht transitiv, wie Figur 2 zeigt: S ist identisch mit T, T ist identisch mit U, aber S und U sind nicht identisch.

3.2 Anforderungen an ein Identitätsmaß für Segmente

Gegeben seien zwei beliebige Segmente P aus K_1 und Q aus K_2 und ein Identitätsmaß ISM_M, das sich aus einer Identitätsschranke M und einem Entfernungsmaß ESM, das diesen Segmenten einen Abstand zuordnet, zusammensetzt.

Wir versuchen, die Eigenschaften PM_1 - PM_4 auf ISM_M bzw. ESM zu übertragen.(Figuren 3, 4)

SM_1 : ESM ist positiv definit : $ESM(P,Q) \geq 0$ und $ESM(P,Q) = 0 \Leftrightarrow P = Q$.

SM_2 : ESM ist symmetrisch : $ESM(P,Q) = ESM(Q,P)$.

SM_3 : ESM ist invariant gegenüber Drehungen und Verschiebungen beider Segmente um den gleichen Winkel bzw. die gleiche Strecke.

SM_4 : ISM_M ist maßstabsinvariant.

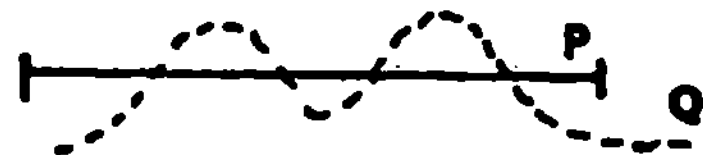

Abbildung 4: P und Q mit positivem Abstand

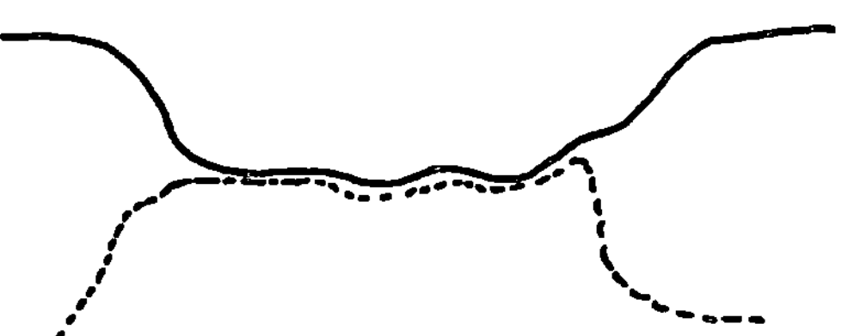

Abbildung 5: Partiell identische Segmente

An das Verfahren zur Berechnung eines Entfernungsmaßes müssen weitere Anforderungen gestellt werden, damit das Maß in diesem Problemzusammenhang sinnvoll eingesetzt werden kann. Neben der Information, welchen Abstand zwei Segmente voneinander haben, muß man auch erfahren, zwischen welchen Segmentteilen die Entfernung besonders gering ist. Das bedeutet, daß ein solches Verfahren eine geeignete Aufteilung der Segmente in "kritische" und "unkritische" Bereiche liefern muß. Dies ist wichtig, um partiell identische Segmente herausfinden zu können (siehe Figur 5). Das Identitätsmaß sollte relativ schnell berechenbar sein, weil die Karten mehrere 1000 Segmente enthalten können, so daß evtl. sehr viele Segmentpaare getestet werden müssen. Im nächsten Kapitel werden denkbare Identitätsmaße und ihre Berechnungsverfahren hinsichtlich der genannten Anforderungen miteinander verglichen.

4 Lösungsansätze

4.1 Abstände zwischen bestimmten Punkten der Segmente

Um Segmente in kritische und unkritische Bereiche aufteilen zu können, ist es offensichtlich notwendig, für mehrere Punkte der Segmente Abstandsberechnungen durchzuführen und sich diejenigen Punktepaare mit kleinem Abstand voneinander zu merken. Dabei erscheint es naheliegend, für die Polygonecken, also die Ko-Punkte, diese Abstandsberechnungen durchzuführen. Als Bezugspunkt zu P auf dem jeweils anderen Segment S wird man den nächstgelegenen Punkt L auf S wählen, der in Anlehnung an den Lotpunktbegriff aus der linearen Algebra wie folgt definiert wird:

Ein Punkt L vom Segment S heißt *Lotpunkt* von P bzgl. S, wenn er unter allen Punkten von S den minimalen Abstand zu P hat.

Ein naives Verfahren zur Berechnung des Lotpunktes L besteht darin, daß man das Segment in Geradenstücke unterteilt, zu jedem Geradenstück den Lotpunkt L ermittelt und unter diesen den mit minimalem Abstand zu P wählt. Den Lotpunkt L' eines Punktes P bezüglich eines Geradenstückes GS erhält man, in dem man für die Gerade G, die durch GS verläuft, den Lotpunkt L'' bzgl. P berechnet. Liegt er innerhalb des GS, so ist L'' der gesuchte Lotpunkt, ansonsten ist L' der am nächsten zu L'' gelegene Endpunkt von GS.

Berechnet man zu den Ko-Punkten eines Segmentes S_1 die zugehörigen Lotpunkte auf einem anderen Segment S_2, so ist das Segment S_1 eindeutig in seine kritischen und unkritischen Teile aufteilbar: Ein Ko-Punkt gehört zu einem kritischen Bereich, wenn er von seinem Lotpunkt höchstens um eine zulässige Toleranz entfernt ist.

Problematisch an diesem Verfahren ist jedoch die ungenügende Berücksichtigung des Verlaufs des zweiten Segmentes: In den Figuren 6 und 7 ergibt sich für die Ko-Punkte von S_1 der gleiche Abstand von S_2 wie von S_2', obwohl S_2' viel eher mit S_1 identisch sein kann als S_2.

Dies kann man dadurch beheben, daß man die Lotpunkte für die Ko-Punkte *beider* Segmente berechnet, doch dann erhält man keine eindeutige Aufteilung der Segmente mehr, wie Figur 8 zeigt. Alle Ko-Punkte von S_1 haben einen sehr nahen Lotpunkt auf S_2. Umgekehrt gilt dies nur für jeden

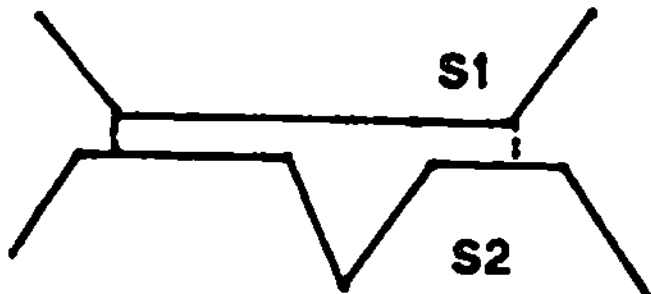

Abbildung 6:

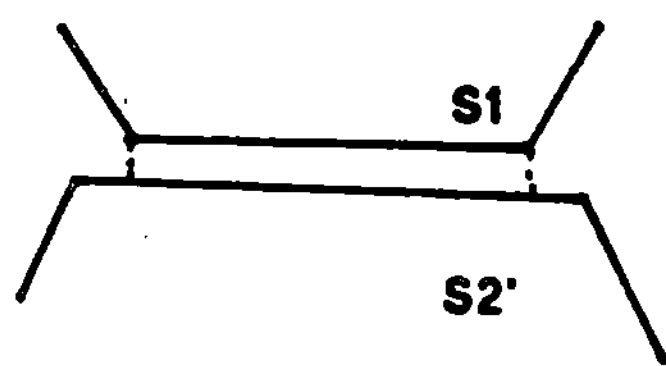

Abbildung 7:

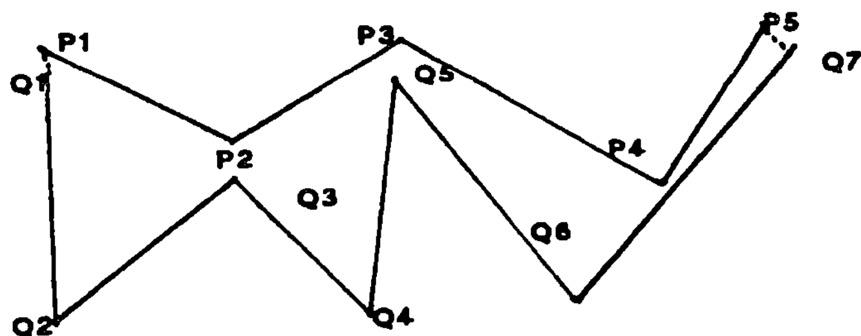

Abbildung 8:

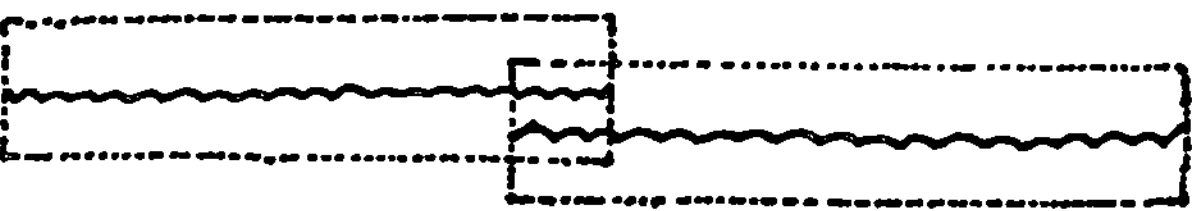

Abbildung 9:

zweiten Ko-Punkt von S_2. Auf diese Weise kann man z.B. nicht herausfinden, daß zwischen P_4 und P_5 am ehesten ein kritischer Bereich bestehen kann.

Man könnte natürlich fortfahren und auch noch für Punkte zwischen den Ko-Punkten Lotpunkte berechnen, wüßte aber nicht, wann man mit einer solchen Verfeinerung aufhören könnte, um den Verlauf der Segmente genügend zu charakterisieren.

Insgesamt erscheint ein solcher Punktentfernungsansatz nur dann gerechtfertigt, wenn man zusätzliche Informationen über den Verlauf der Segmente besitzt, z.B. vgl. [4].

4.2 Überlapptest mit erweiterten Objekten

Die Voraussetzung, daß die Segmente innerhalb ihrer Toleranz exakt sind, wurde beim Punktentfernungsansatz nur für diejenigen Punkte berücksichtigt, für die Entfernungen gemessen wurden. Tatsächlich sollten jedoch alle Punkte der Segmente dieser Bedingung genügen.

Dies kann man dadurch berücksichtigen, daß man um die Segmente jeweils einen Schlauch legt, der die doppelte Breite der zulässigen Toleranz hat. Diese Schläuche werden dann auf Überlappung miteinander getestet. Höchstens die innerhalb von gemeinsamen Schlauchteilen gelegenen Segmentstücke können identisch sein. Damit hat man eine eindeutige Aufteilung der Segmente. Die Bedingungen SM_1 - SM_4 sind offensichtlich auch erfüllt. Der Aufwand hängt von der Genauigkeit der Toleranzschläuche ab:

Durch die Konstruktion von parallelen Segmenten und deren Verbindung entstehen beliebige Polygone, die miteinander auf Überlappung getestet werden müssen. Dazu muß man bei der Überlappung die in diesem Teil liegenden Segmentstücke wieder identifizieren können, so daß man sich zu den Polygongrenzen auch noch die jeweiligen Segmentstücke merken muß.

Einfacher scheint es, um einzelne Segmentteile Boxen zu legen und diese miteinander auf Überlappung zu testen: In [11] wird vorgeschlagen, die Segmente in Segmentstücke aufzuteilen, deren Koordinaten sich bezüglich einer Hauptrichtung nur um weniger als eine vorgegebene Toleranz unterscheiden. Um jedes so entstandene Segmentstück legt man eine Bounding-Box. Die Bounding-Boxen testet man anschließend auf Überlappung.

Dieser Test ist auf jeden Fall wesentlich einfacher als der Polygon- Überlappungstest. Die Zuordnung der Boxen zu den Segmentstücken ist ebenfalls offensichtlich. Allerdings gibt der Prozentsatz der Überlappung bei partiell identischen Segmenten nicht unbedingt Aufschluß über diese Identität. In Figur 9 verlaufen die beiden Segmente innerhalb eines sehr schmalen Bandes, so daß pro Segment nur eine Box gebildet wird. Die beiden Boxen überlappen sich nur zu einem kleinen Teil, aber in diesem Teil sind die Segmente identisch, wenn die Breite des Bandes der zulässigen Toleranz entspricht!

Ein modifizierter Boxenansatz ist in [9] beschrieben: Nur eines der beiden Segmente wird in Segmentstücke aufgeteilt, für das andere werden die Schnittpunkte mit den einzelnen Boxen berechnet. Liegt nun ein Teil des zweiten Segmentes in einer solchen Box, so wird daraus geschlossen, daß entweder ein Schnittpunkt oder eine Identität in diesem Bereich vorliegt, je nachdem ob die beiden Schnittpunkte mit der Box relativ nah oder weit voneinander entfernt sind. Doch auch mit diesem Verfahren sind kritische Bereiche nicht zweifelsfrei zu erkennen.

Hat man mit einem Boxen-Verfahren nun eine Identität zweier Segmente in einem Bereich

Abbildung 10:

Abbildung 11:

festgestellt, so wird man in diesem Bereich auf die explizite Gestalt der Segmentstücke zurückgreifen müssen. Denn sonst lassen sich keine Aussagen über den Verlauf des korrigierten Segmentes bezüglich der Eingabesegmente treffen, d.h. man weiß nicht, ob dieses Segment zwischen den Eingabesegmenten liegt und kann den Verlauf und die Struktur des Segmentes nicht steuern.

4.3 Bestimmung kritischer Bereiche

Den Verlauf der Segmente kann man anschaulich auch dadurch berücksichtigen, daß man die Fläche zwischen den Segmenten berechnet. Dazu muß man die betreffenden Segmente irgendwie miteinander verbinden, damit ein geschlossenes Polygon entsteht. Bei partieller Identität wird die Gesamtfläche zwischen den Segmenten wenig aufschlußreich für die Erkennung der kritischen Bereiche sein. Man muß also zwischen einzelnen Segmentstücken die Fläche berechnen. Die Frage ist jetzt, wie man eine sinnvolle Aufteilung der Segmente in Segmentstücke erhalten kann.

In Figur 10 erkennt man, daß Schnittpunkte ein natürliches Ende von solchen Segmentstücken sind. Diese allein sind jedoch noch nicht ausreichend, wie man in Figur 11 sieht: Das Ziel sollte es sein, auch die Bereiche zu erkennen, wo sich die Segmente "fast schneiden", d.h. sehr nahe beieinanderliegen. Dazu kann man die Ko-Punkte bestimmen, die sehr nah am jeweils anderen Segment liegen.

Eine Möglichkeit ist, zu jedem Ko-Punkt eines Segments S_1 den Lotpunkt auf S_2 zu berechnen. Ist der Abstand zwischen einem Punkt auf S_1 und seinem Lotpunkt auf S_2 geringer als eine gegebene Schranke, behandelt man dieses Paar von Punkten wie einen Schnittpunkt zwischen S_1 und S_2 und berechnet die Fläche zwischen den entsprechenden Segmentstücken. In Figur 12 ist ein derartiger Fall zu sehen. Dies Verfahren zur Polygonbildung benötigt eine Schnittpunkt- und Lotpunktbestimmung,

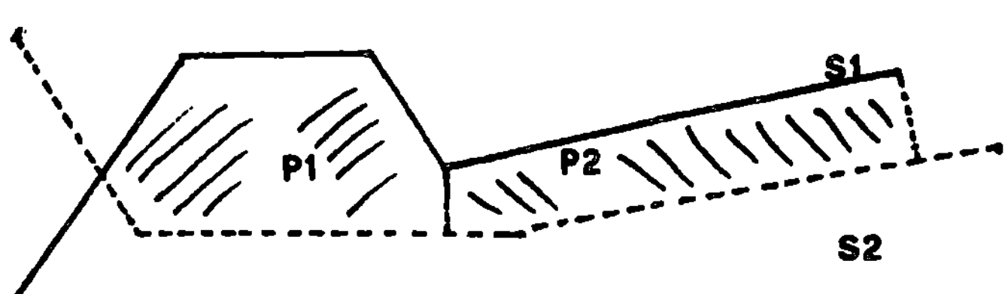

Abbildung 12: Polygonbildung der Segmente

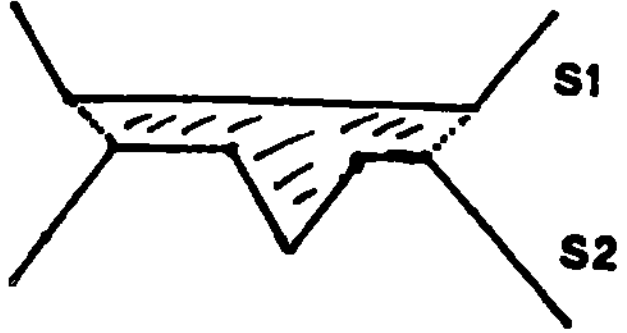

Abbildung 13:

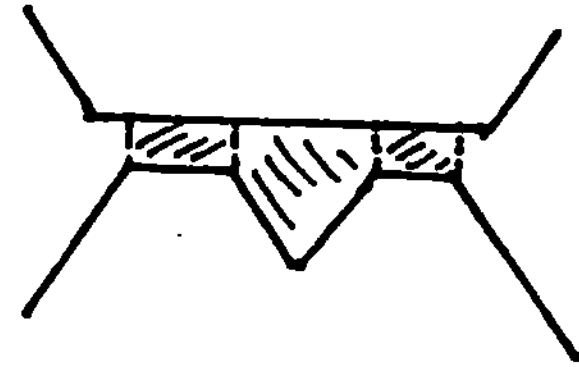

Abbildung 14:

deren naive Berechnung mit quadratischem Aufwand in der Ko-Punktanzahl möglich ist. Das Maß ist positiv definit, drehungsinvariant, aber nicht symmetrisch wie Figuren 13 und 14 zeigen.

Eine andere Möglichkeit besteht darin, sowohl für die Ko-Punkte von S_1 als auch für die von S_2 die Lotpunkte auf dem jeweils anderen Segment zu ermitteln, vgl. Figur 15. Dieser Ansatz ist offensichtlich symmetrisch. Dafür ergeben sich bei der Aufteilung in kritische und unkritische Bereiche größere Probleme als beim asymmetrischen Ansatz.

Damit das Entfernungsmaß für beide Ansätze maßstabsinvariant ist, muß die Fläche des Polygons noch ins Verhältnis zu seiner Länge gesetzt werden; als Länge wird man intuitiv den Abstand der beiden Ereignispunkte (Schnittpunkte oder Paar nahe benachbarter Punkte) voneinander bezeichnen, denn diese Ereignispunkte bilden "Anfang" und "Ende" des Polygons.

4.4 Der Abstand von Punkten bezüglich des Polygons

In der Literatur wird als euklidischer Abstand von zwei Punkten A, B bezüglich des Polygons P die Länge des minimalen Polygonszuges in P, der A und B verbindet, bezeichnet.

Es ist bekannt [8], daß alle Kantenecken eines solchen Polgonzuges Ecken dieses Polygonzuges bzw. die Punkte A oder B sind. Dieser Polygonzug ist Teil des Sichtbarkeitsgraphen, in dem alle Ecken miteinander verbunden sind, die gegenseitig sichtbar sind, d.h. deren Verbindungsstrecke vollständig in P liegt. Damit man in diesem Sichtbarkeitsgraphen, der i.a. $O(N^2)$ Kanten besitzt (wenn $P N$ Ecken hat), nicht alle denkbaren Möglichkeiten durchprobieren muß, um die kürzeste Verbindung zu erhalten, trianguliert man das Polygon und durchläuft die miteinander verbundenen Dreiecke (vgl. [3]). Ist die Triangulierung gegeben, benötigt man höchstens linearen Zeitaufwand, um zu zwei

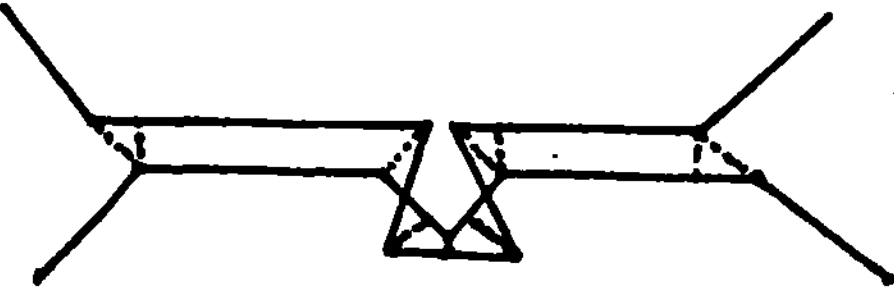

Abbildung 15:

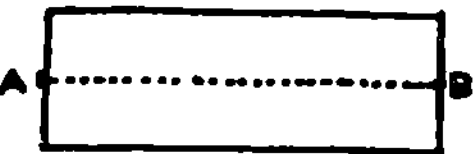

Abbildung 16:

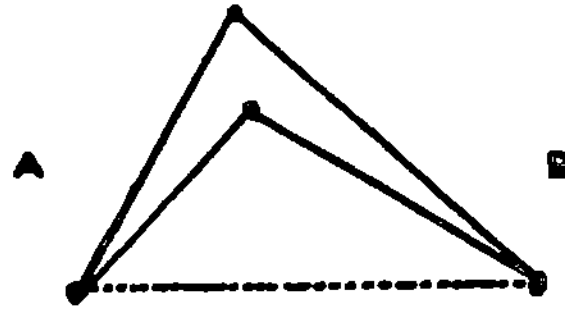

Abbildung 17:

Punkten den kürzesten Weg zu finden. Denn zu einem Polygon gibt es (höchstens) N—3 Dreiecke, die höchstens einmal besucht werden müssen (siehe [8]).

Die Datenstrukturen, die zur verwendbaren Triangulierung und zum Suchen des kleinsten Polygonzuges aufgebaut werden, sind allerdings aufwendige Baumstrukturen (shortest—path tree [12]). Für eine einmalige Entfernungsanfrage pro Polygon erscheint dieser Aufwand als zu groß für ein Längenmaß, das lediglich einen *plausiblen* Wert für die Länge der an dem Polygon beteiligten Segmentstücke und nicht unbedingt die Länge des *kürzesten* Weges zwischen zwei Punkten liefern soll.

Ein solches Längenmaß darf nicht unabhängig von P sein. Z.B. ist der euklidische Abstand zwischen 2 Punkten offensichtlich kein geeignetes Maß, wie Figuren 16 und 17 zeigen. In einem Fall ist der euklidische Abstand zwischen A und B ein plausibles Maß für die Gesamtlänge des Polygons, im anderen offenbar nicht.

Weil das Polygon P in zwei Polygonzüge zerfällt, die von verschiedenen Segmenten stammen, ist eine weitere naheliegende Möglichkeit, die Länge der einzelnen Polygonzüge zwischen den Ereignissen (Schnittpunkten oder "Quasi"-Schnittpunkten) zu messen. Die Länge eines solchen Polygons kann aber nicht nur durch Aufaddierung der Längen der einzelnen Strecken erfolgen: Die Punkte A und B haben in Figuren 18 und 19 sehr unterschiedliche Entfernungen bezüglich P und P', obwohl beide Polygone intuitiv etwa die gleiche Länge haben müßten. Für eine sinnvolle Längenbestimmung muß der Polygonzug geglättet werden.

Dies kann man z.B. dadurch erreichen, daß man nicht benachbarte Eckpunkte eines solchen Polygonzuges dann direkt miteinander verbindet, wenn sie gegenseitig sichtbar sind, und dann die so entstandenen Längen aufaddiert. Genauer gehen wir wie folgt vor:

Seien zwei Punkte A und B auf dem Polygon P gegeben und sei $P_1 = (X_0, X_1, X_2, \ldots, X_m, X_{m+1})$

Abbildung 18:

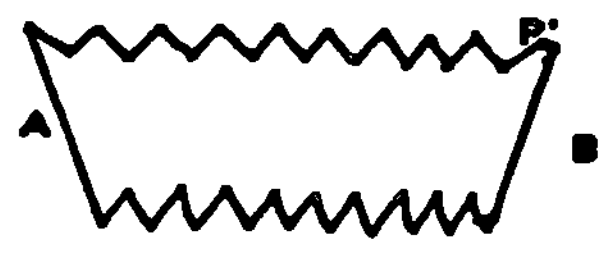

Abbildung 19:

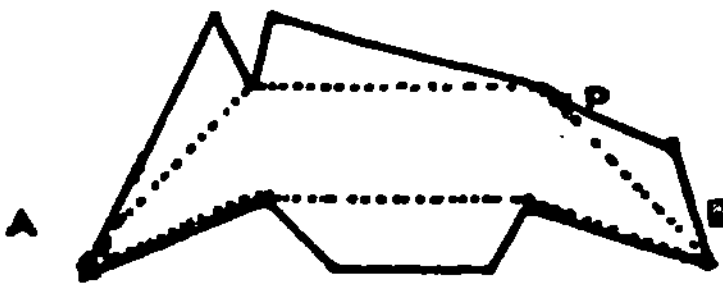

Abbildung 20:

eine Folge aufeinanderfolgender Punkte, die A mit B verbindet, also $A = X_0$ und $B = X_{m+1}$.

$p := A; j := 1;$
repeat
   bestimme den Punkt X_i mit höchstem Index i,
   so daß p und X_i sichtbar in P sind;
   $Y_j := X_i; j := j + 1;$
   $p := X_i$
until $p = B$

Der so entstehende Polygonzug $(A, Y_1, Y_2, \ldots, B)$ ist eine in P liegende Glättung von P_1. Analog wird die Glättung bzgl. P_2 berechnet. Der Mittelwert aus denLängen dieser beiden Glättungen wird dann als Abstand von A und B bzgl. P definiert.

In Figur 20 sieht man Glättungen bzgl. der jeweiligen Polygonzüge. Sind A und B gegenseitig sichtbar, so ist ihr Abstand bzgl. P gleich dem euklidischen Abstand.

4.5 Flächenberechnungen von approximierten Polygonzügen

Eine andere Möglichkeit, die Flächen zwischen den Segmenten näherungsweise zu bestimmen, besteht darin, die Polygonzüge durch eine geschlossene Funktion zu approximieren und diese Kurven numerisch zu integrieren. Im einfachsten Fall, wenn die Polygonzüge monoton in eine Richtung (z.B. in X-Richtung) sind, kann man die Polygonzüge durch eindimensionale Polynome (Lagrange-Polynome [14] mit den Polynomecken als Stützwerten) interpolieren. Die Fläche zwischen den Polynomen ist dann gleich der positiven Differenz der beiden Flächenintegrale. Die Flächenintegrale erhält man durch Summation der Stützwerte, die mit Koeffizienten gewichtet werden, wobei die Koeffizienten nur von der Anzahl der Stützstellen und nicht von den Polynomen abhängig sind (s. [14]).

In diesem Fall beträgt der Aufwand für die Integration bei gegebenen Koeffizienten $O(N)$, wenn das Polynom N Stützwerte, also der Polygonzug N Ecken hat. Damit erreicht man keinen Zeitvorteil gegenüber der expliziten Flächenberechnung des Polygons, die ebenfalls in $O(N)$ Schritten durchführbar ist. Zudem ist das durch Integration entstandene Ergebnis nicht exakt.

Im allgemeinen wird man Monotonie der Segmente jedoch nicht voraussetzen können. Dann ist eine numerische Flächenberechnung schwieriger, weil man mit 2-dim. Kurven arbeiten muß. Dagegen ist die Voraussetzung der Monotonie für die explizite Flächenberechnung unbedeutend. Das in 4.4 beschriebene Verfahren ist daher i.a. schneller, einfacher und exakter als die Bestimmung der Flächen durch numerische Integration.

5 Praktische Realisierung

5.1 Der Algorithmus

Der asymmetrische Flächen/Längenansatz wurde an der LfU auf einer VAX750 in Fortran 77 implementiert. Die Segmente von zwei Karten werden auf Identität getestet, wenn sich ihre um die Toleranz erweiterten Bounding- Boxen (konstruiert aus den minimalen/maximalen Koordinaten) überlappen, denn sonst können sie nach Voraussetzung nicht identisch sein. Der Benutzer hat die Möglichkeit, die Toleranz, das Flächenmaß, den Gewichtungsfaktor für die Identitätskorrektur global und lokal zu bestimmen. Der eigentliche Identitätstest- und -korrektur verläuft dann in 4 Schritten:

1. Eingabe (Segment S_1 mit N Ko-Punkten, S_2 mit M Ko-Punkten)

2. Ereignisse (Schnittpunkte oder "Quasi-Schnittpunkte") bestimmen (sequentiell für jeden Punkt von S_1)

    a) Schnittpunkttest

    b) Toleranzpunkttest

3. Identitätstest und Korrektur zwischen den Ereignissen

    a) Aufbau eines Polygones P

    b) Flächenbestimmung $F := $ Fläche (P)

    c) Längenberechnung $L := $ Länge (P)

    d) Falls $M := F/L$ def. und $<$ Identitätsschranke, Identitätskorrektur

4. Ausgabe

5.2 Aufwand

Für diesen Algorithmus kann man mit den obengenannten Bezeichnungen und unter Verwendung der O — Notation den Zeitaufwand abschätzen:

Die Eingabe (Schritt 1) benötigt $O(N + M)$ Schritte.

Für den Schnittpunkttest (2a) werden alle Ko-Punkte von S_1 mit allen Ko-Punkten von S_2 miteinander verglichen und die K Schnittpunkte registriert; das bedeutet einen Zeitaufwand von $O(N * M + k) = O(N * M)$, weil k durch $N * M$ beschränkt ist.

Dieses Vefahren ist im Mittel nicht zeitoptimal: Ein Schnittpunkttest von $N + M$ Geradenstücken kann beispielsweise mit einem *Scan-line* Verfahren in $O((N + M + k) \log(N + M))$ ausgeführt werden (siehe [2]). Die Schnittpunkte müssen anschließend aufsteigend nach den Geradenstücken von S_1, die an den jeweiligen Schnittpunkten beteiligt sind, sortiert werden, und in die Liste der Geradenstücke von S_1 eingefügt werden. Das Ergebnis ist ein u.U. verändertes Segment S.

Beim Toleranzpunkttest (2b) werden ebenfalls alle Ko-Punkte beider Segmente miteinander verglichen, so daß sich auch hier ein Aufwand von $O(N * M)$ ergibt ([7]). Für das diesem Toleranzpunkttest zugrundeliegende theoretische Problem, zu allen Ecken eines Polygonzuges die zugehörigen Lotpunkte auf einem anderen Polygonzug in optimaler Zeit zu bestimmen, ist keine Lösung bekannt.

In Schritt 3 werden alle Punkte von S ein- oder zweimal betrachtet, je nachdem ob sie zu einem Ereignis gehören oder nicht. Die Anzahl der Elemente von S hängt ab von der Anzahl N der Ko-Punkte von S_1 und der Anzahl k der Schnittpunkte. Zu einem Ko-Punkt von S_1 werden höchstens eine konstante Anzahl c_1 von Toleranzpunkten aufgenommen. Polygonbildung und Flächenberechnung sind in linearer Zeit in Abhängigkeit der Zahl der Polygonecken ausführbar (mit Faktor c_3). Unter der Voraussetzung, daß ein Ko-Punkt von S_2 nur zu höchstens einer konstanten Anzahl c_2 von Polygonen gehört, ist der Zeitaufwand durch

$$c_3 * (c_1 * N + c_2 * M + k) = O(N + M + k)$$

beschränkt. Die Ausgabe benötigt den Aufwand $O(N + M + k)$.

Damit beträgt der Gesamtzeitaufwand $O(N * M)$.

Der benötigte Speicherplatz ist durch $O(N + M + k)$ beschränkt.

5.3 Numerische Stabilität

Die Rechts- und Hochwerte der Koordinatenpunkte sind 7-stellige Integerwerte. Dadurch treten bei der numerischen Berechnung der Schnittpunkte, Lotpunkte etc. keine Probleme auf, wenn die Eingabewerte in Gleitkommazahlen (LONGREAL) umgewandelt werden und die Ergebnisse wieder zur nächsten INTEGER-Zahl gerundet werden. Falls die Koordinatenwerte aber auf REAL umgestellt werden, können z.B. bei der Schnittpunktberechnung mit einer gewöhnlichen Rechnerarithmetik numerische Probleme auftreten (siehe [10]), die durch die Verwendung einer neuen Rechnerarithmetik, wie sie etwa in FORTRAN-SC verfügbar ist, vermieden werden können.

5.4 Praktische Bewährung

Das Programmsystem wurde mit einigen Test- und Echtdaten überprüft. Die gestellten semantischen und geometrischen Grundanforderungen konnten weitgehend erfüllt werden.

Die entstandenen Problemfälle und weitere Benutzerwünsche können in den bestehenden Rahmen integriert werden, beispielsweise durch ein vorgeschaltetes Regelsystem mit Benutzerwünschen und geometrischen Prioritäten.

So hängt z.B. momentan die Glattheit der korrigierten Segmente nicht stetig von den Eingabesegmenten ab, so daß relativ glatte Polygonkurven evtl. durch gezackte Linien ersetzt werden. Eine nachträgliche Glättung wäre numerisch etwa durch die Verwendung von Splines möglich.

Im eigentlichen Programm werden sich dann weitere Parameter und möglicherweise eine modifizierte Bearbeitung verschiedener Segmenttypen ergeben. Die Möglichkeit der lokalen Variation von Parametern erscheint dabei unumgänglich für eine detaillierte Bearbeitung der Segmente. Im bestehenden LDB-System ergibt sich jedoch noch keine eindeutige Zugriffsmöglichkeit zur Klassifizierung von Segmenttypen.

Literatur

[1] B. Becker, Linienidentitätsprobleme bei der Verschneidung digitalisierter Landkarten, Diplomarbeit, Karlsruhe, 1987.

[2] J. L. Bentley, Th. Ottmann, Algorithms for reporting and counting geometric intersecitions, IEEE Transactions on Computers, 28, p. 643–647, 1979.

[3] A. Fournier, Y. Montuno, Triangulating Simple Polygons and Equivalent Problems, ACM Transactions on Graphics, Vol. 3, No. 2.2, S. 153–174, April 1984.

[4] C. G. Heivly, Using Expert-Systems Concepts to fix USGS Digital Boundaries, Proceedings Second International Symposium on Spatial Data Handling, Seattle, Washington 1986.

[5] R. Hettler, Konzeptueller Entwurf zur räumlichen Verschneidung und automatischen Fehlerkorrektur von Geometriedaten mit anschließendem Aufbau konsistender Daten, Studienarbeit, Institut für Angewandte Informatik und Formale Beschreibungsverfahren, Universität Karlsruhe 1985.

[6] Benutzerhandbuch zum Programmsystem Landschaftsdatenbank, LfU Baden-Württemberg, 2. Auflage, Karlsruhe 1985.

[7] Programmbibliothek Landschaftsdatenbank, LfU Baden-Württemberg, Stand Juni 1987.

[8] P. T. Lee, F. P. Preparata, Shortest Path within a Polygon, Networks, Vol. 14, S. 393–410,1984.

[9] Operating Instructions for Edge Matching and Abutment-Programs, Abschrift einer Programmbeschreibung des LINE-MATCH-Programmes, von der Bundesanstalt für Raumordnung zur Verfügung gestellt, Bonn 1987.

[10] Th. Ottmann, G. Thiemt, Ch. Ullrich, On Arithmetical Problems of Geometric Algorithms in the Plane, to appear in: Computing Supplement 6, 1988; Bericht 8, Institut für Informatik, Universität Freiburg, 1987.

[11] T. K. Peuker, Theory of Cartographic Line, System Paper, Simon Fraser University.

[12] F. P. Preparata, M. Shamos, Computational Geometry, Springer-Verlag, New York 1985.

[13] W. D. Rase, Computerunterstützte Zeichnung thematischer Karten für die Bundesraumordnung, Kartographische Nachrichten, Heft 6, Dezember 1978.

[14] J. Stoer, Einführung in die Numerische Mathematik 1, 4. Auflage, Springer-Verlag, Berlin 1983.

[15] W. J. Wiesel, Paßpunktbestimmung und geometrische Genauigkeit bei der relativen Entzerrung von Abtastdaten, Dissertation, München 1981.

GRAFISCHE DATENERFASSUNG VON PLÄNEN MITTELS MUSTERERKENNUNG

Erich WILMERSDORF

1. AUFGABENSTELLUNG

In zahlreichen technischen Anwendungsgebieten liegen umfangreiche
Datensammlungen vor, die in grafischer Form in Planarchiven abgelegt
sind und deren Informationsgehalt vorteilhaft mittels grafischer
Datenverarbeitung genutzt werden könnten. Um solche Daten in automatische Verarbeitungsprozesse eingliedern zu können, sind geeignete
Verfahren der analog-digital Umwandlung anzuwenden. Diese Vorarbeiten
werden zumeist mittels manueller Digitalisierung gelöst. Diese sind
arbeitsintensiv und erfordern dafür ausgebildetes Fachpersonal, da
die Erfassung nicht allein Meßvorgänge, sondern auch eine Interpretation des Bildes beinhaltet. Die zeitaufwendigen Verfahren zwingen,
nach Alternativen zu suchen.

So bietet die Rasterdigitalisierung mittels Scannung ein vollautoma-
tisches Digitalisierungsverfahren an. Allerdings ist in diesem Fall
das Ergebnis nicht so intelligent wie jenes der manuellen Digitalisierung. Die Klassifizierbarkeit der Grafik beschränkt sich auf Grau-
oder Farbwerte von Pixeln.

Es wird nun ein Verfahren beschrieben, das aus Scannerdaten mittels
automatisierter Erkennungsroutinen die grafischen Daten interpretiert
und sie in strukturierten Daten so abbildet, wie wenn sie mittels manueller Digitalisierung erzeugt worden wären. Dieses Verfahren wurde
im Rahmen eines Pilotprojektes in Zusammenarbeit mit der Entwick-
lungsgruppe der Fa. Sysscan GmbH, Unterhaching bei München und dem
Magistrat der Stadt Wien, MD-ADV, verfeinert und erprobt. Seit dem
Abschluß der Entwicklungen im Frühjahr 1987 wird das Verfahren bei
der Erfassung von kartographischen Strichzeichnungen eingesetzt.

2. VERARBEITUNGSKONZEPT

Jedes Planwerk hat seinen eigenen Charakter, der durch Inhalt, durch
Abbildungsregeln, durch die Darstellungsart (Zeichenschlüssel wie
Schriftarten, Linientypen und Flächensignaturen, Symbolgebung), gra-
phische Herstellung (Zeichenmaterialien) geprägt ist. Jeder Plantyp

erfordert daher eine auf seine Eigenheiten abgestimmte Erfassung, das ist insbesondere die Interpretation seines Zeichenschlüssels. Soll die Übersetzung der analog verschlüsselten Daten softwaremäßig erfolgen, so sind in mehrerer Hinsicht anpassungsfähige Verarbeitungsprozeduren notwendig:

- Wahlmöglichkeit durch Bausteinprinzip

Es wäre ungünstig, wenn die softwaremäßige Interpretation in einem starren Verarbeitungsblock in der Art einer Stapelverarbeitung ablaufen würde. Es ist vielmehr ein "Bausatz" von spezialisierten Modulen vorgesehen, die beliebig kombiniert und in frei wählbarer Reihenfolge zu individuell ausgelegten Verarbeitungsketten aneinandergereiht werden können. In Verarbeitungsgruppen werden so Routinen für die geometrische Erkennung, für Korrekturen, zur logischen Strukturierung, Datenprüfung u.s.w. zusammengestellt.

- Kalibrierung durch Parametrisierung

Die Charaktermerkmale eines Plantyps erfordern ein spezifisches Eingehen auf die graphischen Besonderheiten. Dies wird durch Anpassen von geometrischen und logischen Toleranzgrößen (Glätten, Knotenbeziehungen usw.) erreicht.

- Wechsel zu interaktiven Dialogen

Aufgrund von Unterschieden in der Qualität von Plänen und ihrem Inhalt sind der vollkommenen automatischen Erkennung in der Regel Grenzen gesetzt. Es ist daher auch vorgesehen, daß nach Verarbeitungsketten im Batch die Steuerung an den Benutzer übergeben wird. Dieser hat dann die Möglichkeit, das Ergebnis der Teilverarbeitung am Bildschirm zu kontrollieren und gegebenenfalls ungünstige Datenkonstellationen durch interaktive Eingriffe zu bereinigen. So können bereits frühzeitig durch operative Veränderungen Fehlinterpretationen (z.B. bei Überschreibungen) abgefangen werden. Dieser frei wählbare Wechsel von Stapelverarbeitung und interaktiven Vorgängen ist eine Charakteristik des Verfahrens.

3. DER LERNPROZESS

Vor dem Beginn der automatischen Interpretation muß dem System mitge-
teilt werden, welche Zeichen und Symbole in dem zu erfassenden Planwerk zu erwarten sind. In einem interaktiven Lernprozeß wird anhand
mehrerer Musterbeispiele die grafische Ausführung ein- und desselben
Symbols mit dem Symbolcode in der Symbolbibliothek verknüpft. Insbesondere bei handschriftlichen Eintragungen ist es notwendig, daß die
Musterbeispiele die charakteristische Streuung widerspiegeln, wie sie
im Planwerk auftreten.

Zwei Methoden des Lernprozesses sind möglich. Läßt sich ein komplet-
ter Satz aller Symbole und alphanumerischer Zeichen in der charakteristischen Vielfalt zusammenstellen, so wird dieser gescannt und für
den interaktiven Übungsbetrieb herangezogen.

Im anderen Fall müssen aus den gescannten Plänen direkt die erforderlichen Zeichen einzeln durch operatives Identifizieren dem System be-
kanntgegeben werden. Treten alphanumerische Zeichen in verschiedenen
Schrifttypen auf, so muß bei charakteristischen Unterschieden
zwischen Schriftsätzen jeder Schrifttyp für sich einstudiert werden.

Bei beiden Arten des Lernprozesses wird auf gescannte Ausgangsdaten
zurückgegriffen, die anschließend vektorisiert werden. Die Vektordaten werden nach gleichartigen Merkmalen untersucht. Bei dieser Analyse stehen mehrere Methoden zur Verfügung, die so ausgewählt werden,
daß einerseits eine hohe Ähnlichkeit innerhalb derselben Symbolklasse
statistisch festgestellt werden kann und andererseits eine möglichst
scharfe Abgrenzung zu ähnlichen Symbolen anderer Klassen herbeige-
führt wird. Mit statistischen Verfahren werden die Abweichungen untersucht und Häufigkeitsverteilungen festgestellt.

4. VERARBEITUNGSSCHRITTE

4.1 Scannung

Nach dem pixelweisen Messen der Grauwerte wird die Bildmatrix mit
Hilfe eines Schwellwertes auf ein Schwarz-Weißwerte darstellendes
Binärbild reduziert. Durch interaktive Parameterwahl (Auflösung,
Schwellwert) wird auf eine möglichst scharfe Abbildung im Binärbild
hingearbeitet.

4.2 Rasterdatenbereinigung

Der bei der Scannung erzeugte Rasterdatenbestand wird auf Störfaktoren wie z.B. Rauschen untersucht. Durch Filter werden "Verunreini-
gungen" gelöscht. Neben diesen automatisch ablaufenden Bildverbes-
serungen können auch – falls erforderlich – mittels eines interaktiven Rastereditors jene Rasterdaten verändert werden, die für die
spätere Vektorisierung einen störenden Einfluß bewirken würden. Der
Freiheitsgrad für diese Operationen ist naturgemäß sehr eng ge-
steckt, um Verfälschungen oder Datenverluste zu vermeiden.

4.3 Raster/Vektorkonvertierung

Unmittelbar nach der Umwandlung des Rasterdatenbestandes (mittels
Skelettierungsroutinen) in Vektoren liegt ein unstrukturierter Datenbestand vor. Ähnlich wie bei der Rasterdatenbereinigung können
die Vektordaten in automatischen und interaktiven Verarbeitungen von
Störfaktoren und Deformationen (T-Kreuzung, spitze Winkel) befreit
werden (Achsenbegradigung, Schließen von Lücken, usw.).

Danach setzen die Verarbeitungsschritte ein, die zu einer Strukturierung der Daten führen. Es werden Segmente gebildet und Knotenre-
lationen untersucht. In diesem Arbeitsgang werden isolierte Linienzüge von zusammenhängenden Netzlinien getrennt.

4.4 Vektorklassifikation

Aus den geometrischen Eigenschaften (Länge, Knotenart usw.) werden
Vektorkandidaten zusammengefaßt und klassifiziert. So können Linien-
signaturen (z.B. strichliert) erkannt und eigens klassifizierten
Segmenten zugeordnet werden. Für ein Liniennetz mit verschiedenen
Strichstärken und Stricharten entstehen Segmentdateien mit entspre-
chender Ebenenklassifizierung.

4.5 Symbolerkennung

Nach Untersuchung der Topologie gibt es eine Gruppe von Vektoren,
die auf Grund ihrer geometrischen Merkmale nicht dem Liniennetz
zuzuordnen sind. Sie sind Symbolkandidaten, die nach ihren Kennwer-
ten in drei Gruppen von Symbolen aufgeteilt werden.

. erkannt und eindeutig einer Symbolklasse zuordenbar

. zweideutiges Symbol

. unbekanntes Symbol

Um festellen zu können, um welches Symbol es sich handelt, muß der Symbolkandidat untersucht werden. Ob eine Rotation zum Koordinatengitter vorliegt, ist aber vorher zu klären. Nach Berechnung des Rotationswinkels werden die geometrischen Merkmale untersucht, wobei auch der Maßstabsfaktor registriert wird. Aus den Größenverhältnissen lassen sich - falls gewünscht - Klassifizierungsebenen ableiten.

4.6 Gruppenbildung

Im nächsten Schritt können einzelne klassifizierte Symbole zu Symbolgruppen zusammengefaßt werden, z.B. Buchstaben- und Zifferngruppen. Reihenfolge der Zeichen-und Wertebereiche lassen sich gemäß einer vorher festgelegten Syntax automatisch prüfen. Kennbuchstaben in Form von Textstrings werden zu logischen Begriffen zusammengefaßt.

Mit Hilfe der klassifizierten Symbole und Texte lassen sich grafische Daten zusätzlich strukturieren. Außerdem werden Zusammenhänge zu der Geometrie aufgezeigt (z.B. Dimensionierung, Flächenname, Flächenattribut).

Diese Beziehungen erlauben weitere Plausibilitätsprüfungen (z.B. Übereinstimmung von Geometrie und analytischen Werten).

4.7 Interaktive Nachinterpretation

Nach der automatischen Symbolerkennung liegen in einer oder mehreren Ebenen die nicht ausreichend interpretierbaren Daten vor. Die vorläufige Strukturierung der nichtklassifizierbaren Daten kann nach Kriterien der Größe, der Knotenbedingungen etc. erfolgen. Die Differenzierung erleichtert dann die interaktiven Folgearbeiten.

Sind aus dem Vektorbild keine eindeutigen Schlüsse zu ziehen, wird als Entscheidungshilfe das Rasterbild der Originaldaten als Hintergrundinformation dazugeblendet. Mit dieser Funktion läßt sich außerdem die Genauigkeit der aus dem Binärbild konstruierten Vektorgeometrie mit dem dahintergelegten Originalrasterbild überprüfen.

Musterbeispiel einer Verarbeitungsprozedur

Kartenoriginal: Bebauungsplan 1:2000
Magistrat der Stadt Wien, MA 41

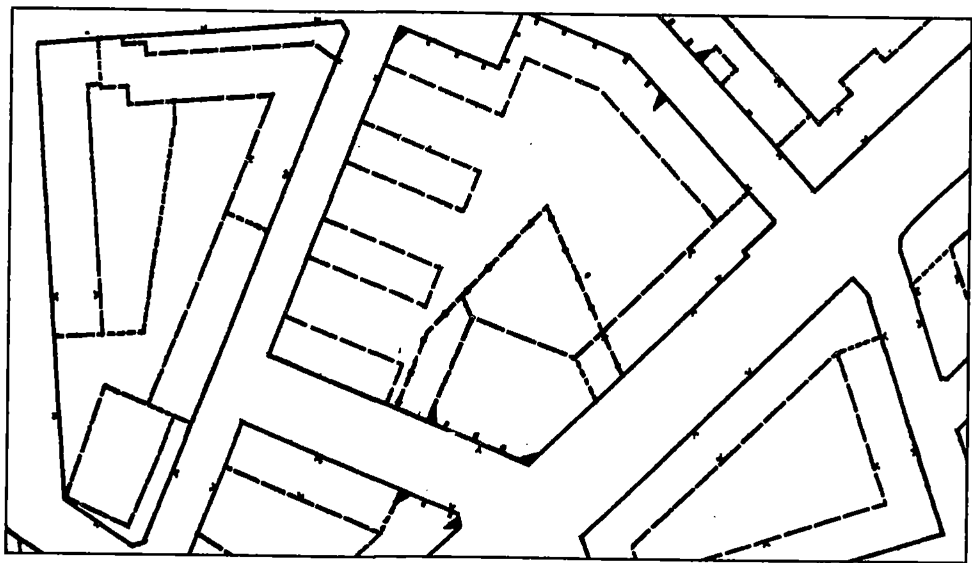

Abb 1: Original der Linienfolie (Ausschnitt)

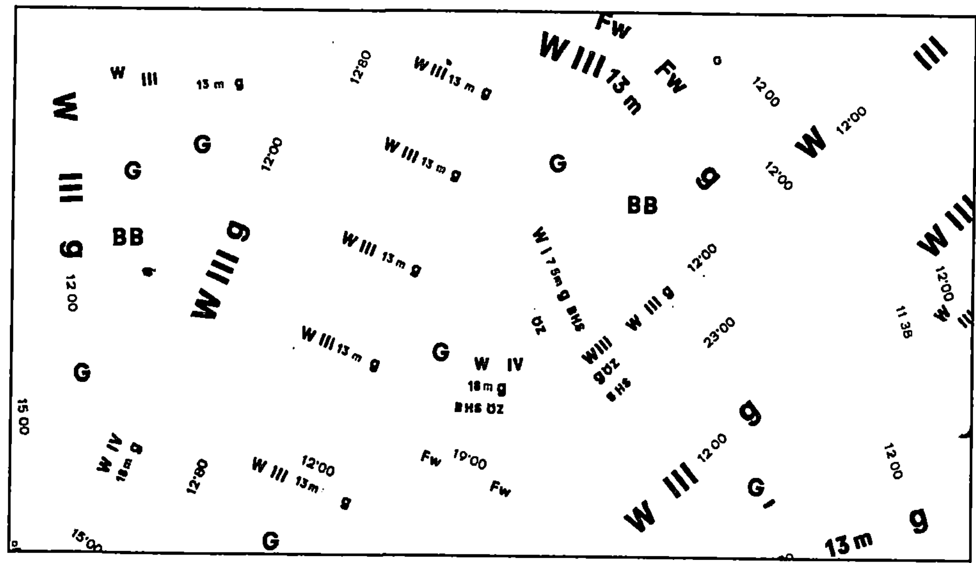

Abb 2: Original der Textfolie (Ausschnitt)

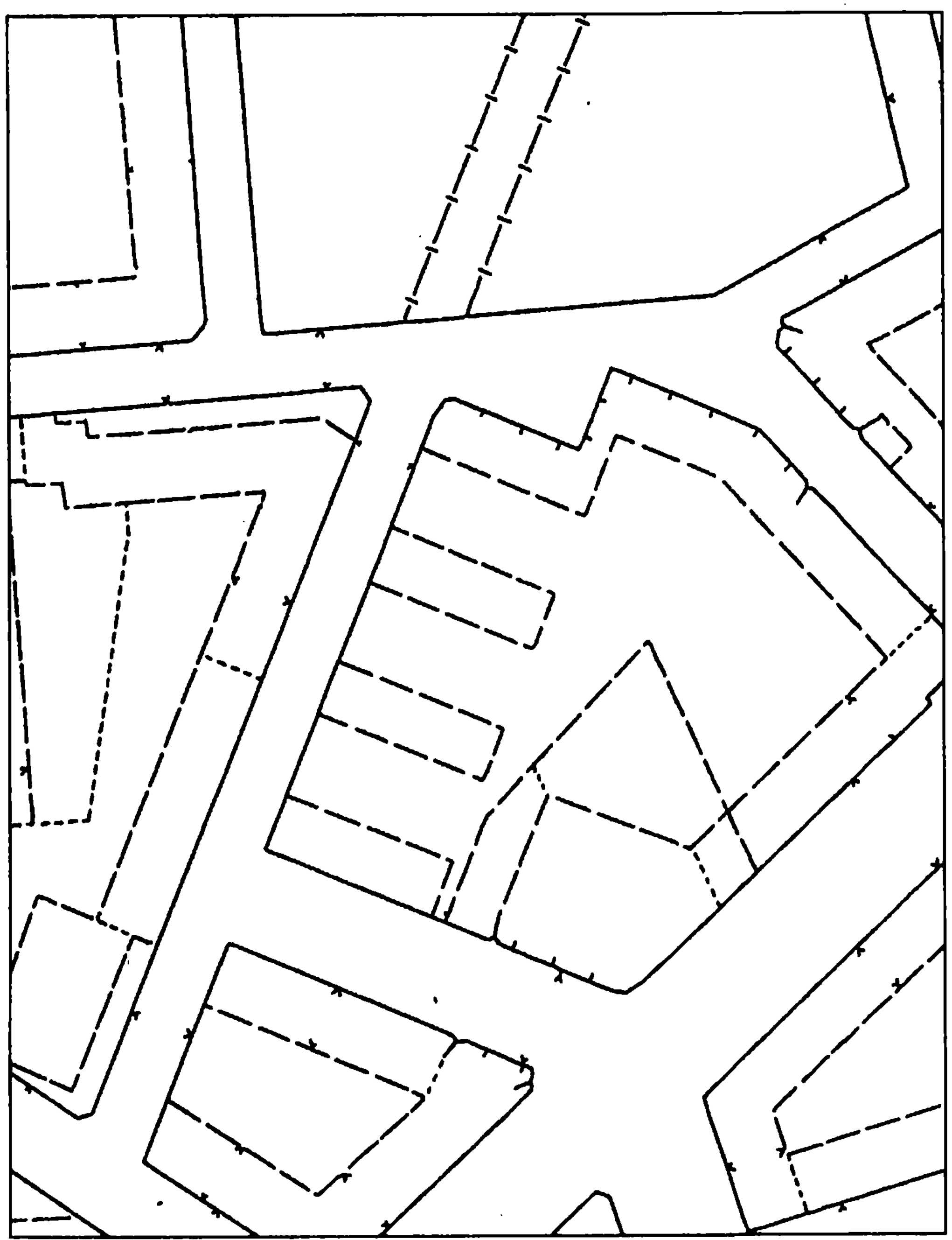

Abb 3 Raster/Vektorkonvertierung Linienfolie
Rasterdaten als Hintergrundinformation,
Vektordaten im Vordergrund (Vergrößerter Ausschnitt)

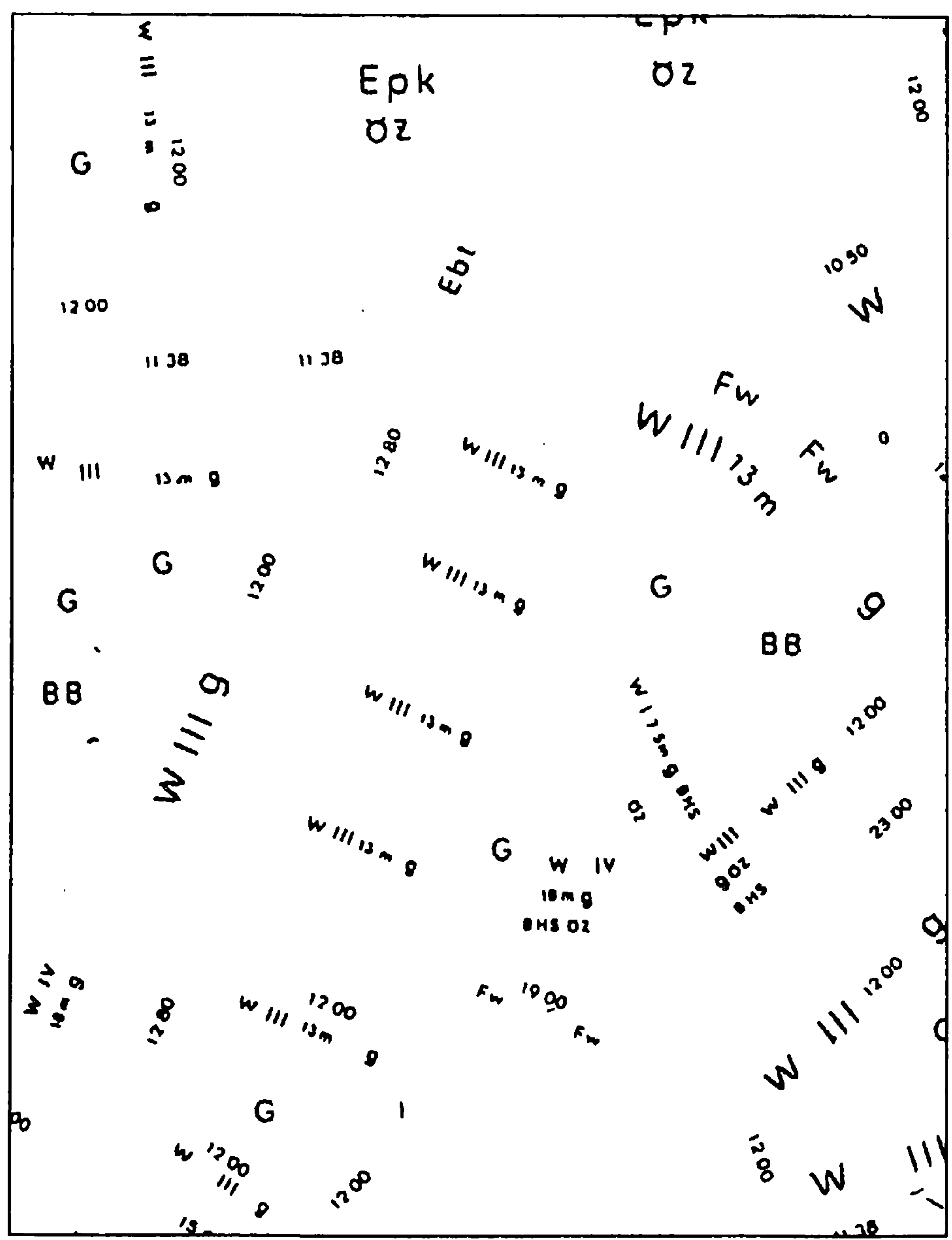

Abb 4 Raster / Vektorkonvertierung Textfolie
Rasterdaten als Hintergrundinformation,
Vektordaten im Vordergrund (Vergrößerter Ausschnitt)

Linienartenerkennung

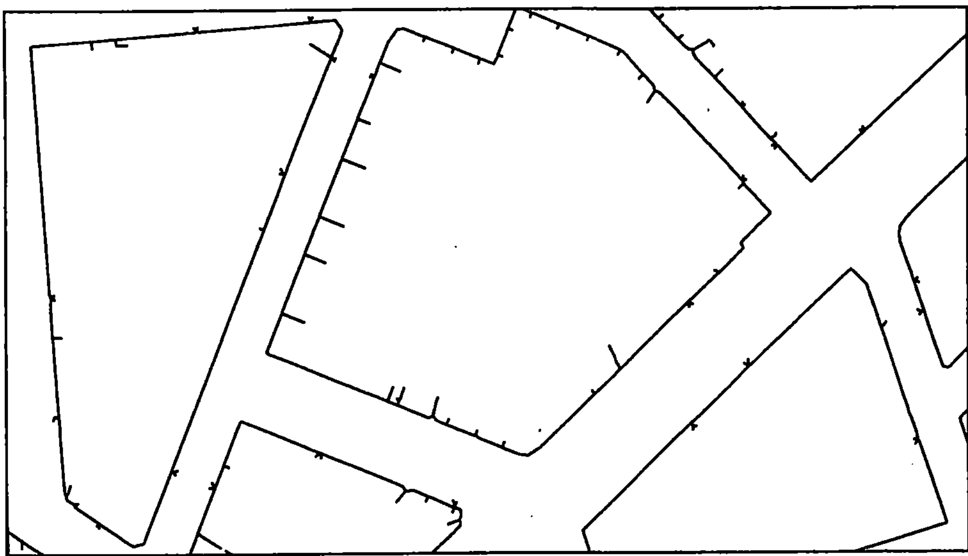

Abb 5: Klassifiziert als durchgezogene Linien

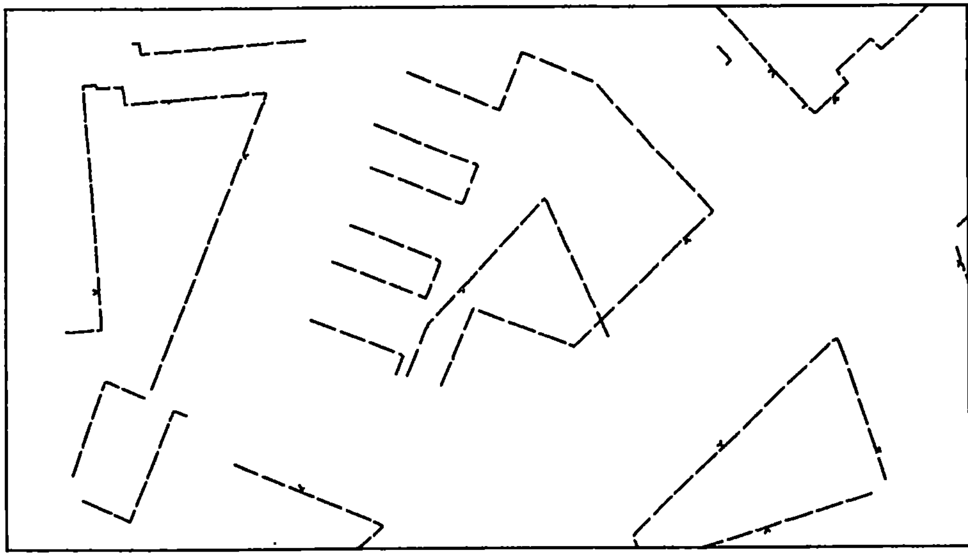

Abb 6: Klassifiziert als mittellang strichlierte Linien

Linienartenerkennung   (Fortsetzung)

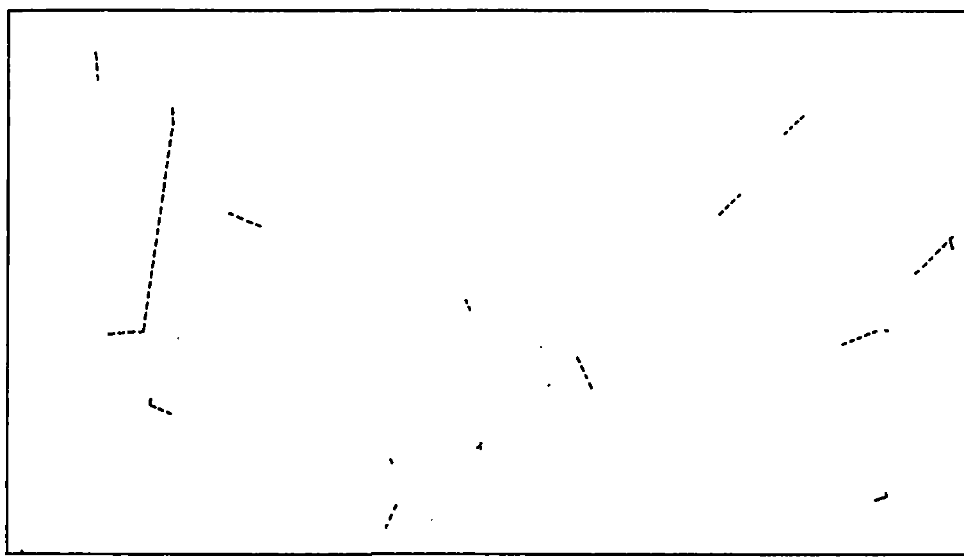

Abb 7: Klassifiziert als kurzstrichlierte Linien

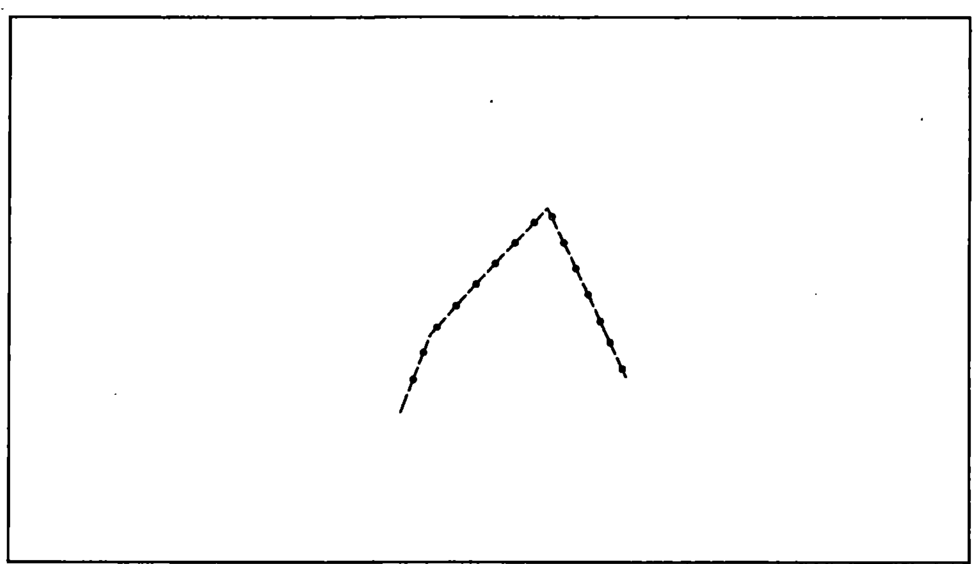

Abb 8: Gruppe der nicht klassifizierbaren Linien

Texterkennung

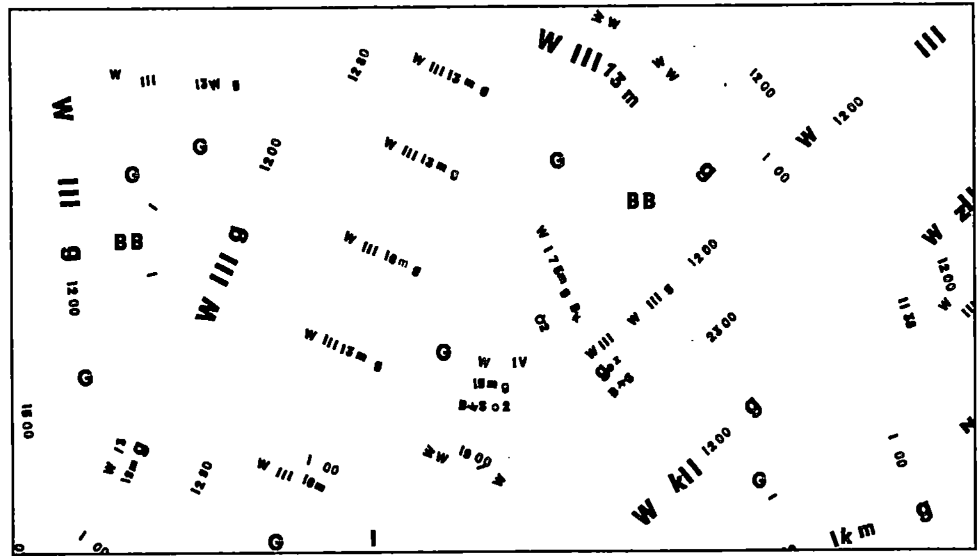

Abb 9: Zeichenweise Erkennung mit Texthöhenklassifizierung

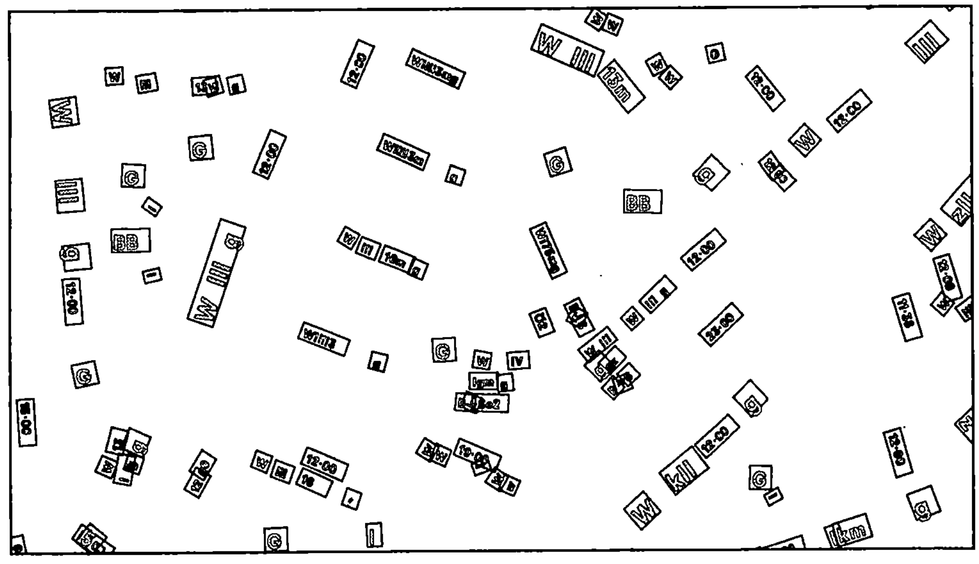

Abb 10: Gruppenweise Zusammenfassung von Textzeichen

Endergebnis (automatische Erkennung und interaktive Korrektur)

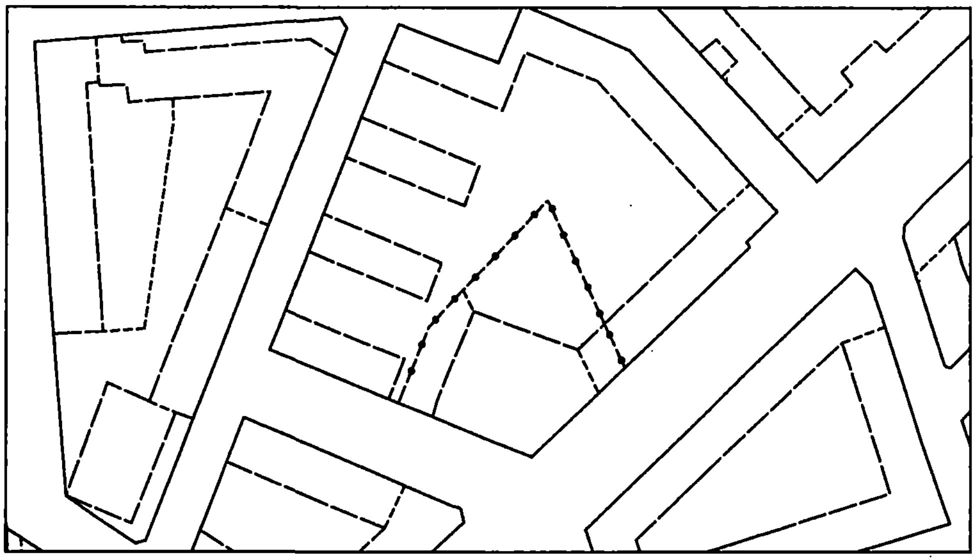

Abb 11: Ergebnis Liniengeometrie

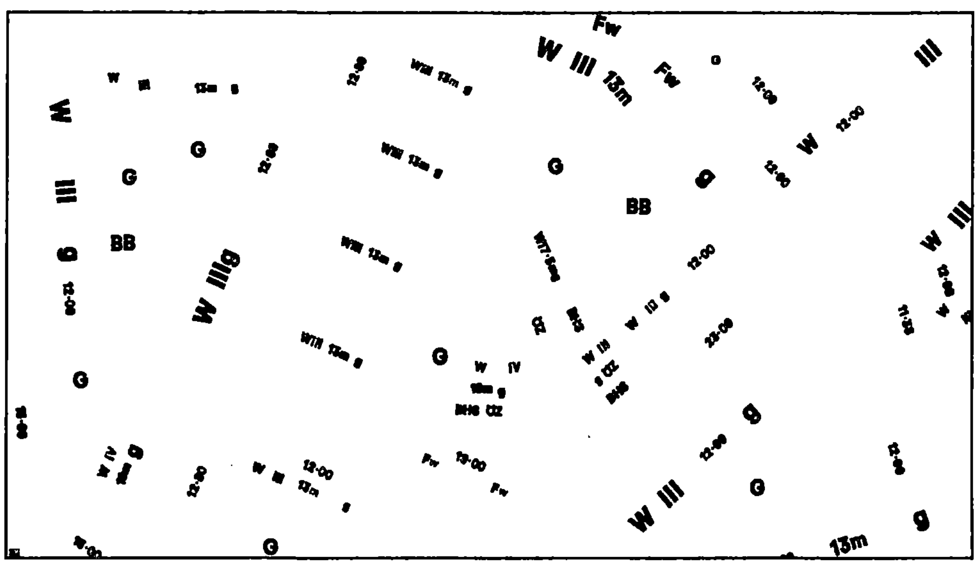

Abb 12: Ergebnis: Textfolie

5. WIRTSCHAFTLICHKEITSÜBERLEGUNGEN

5.1 Eignung des Verfahrens

Grundsätzlich ist festzuhalten, daß nicht jede Planart für eine automatisierte Erfassung geeignet ist. Auf Grund bisheriger Erfahrungswerte gibt es eine Reihe von Kriterien für die Abschätzung, ob das Mustererkennungsverfahren wirtschaftlicher ist als konventionelle Digitalisierung. Eine Grundvoraussetzung für das Scannen ist eine gute reprotechnische Qualität des Originalplans. Entscheidend für die Zweckmäßigkeit des Verfahrens der automatisierten Erkennung ist die Einheitlichkeit in der Symbolgebung und Beschriftung (insbesondere bei freihändiger Zeichnung). Bei unregelmäßiger Ausführung der Symbole sinkt naturgemäß die Erkennungsrate, insbesondere wenn dadurch Zweideutigkeiten entstehen.

Weiters ist die Isolierbarkeit von Text und Symbolen von der Liniengeometrie ein Maßstab für den Grad der automatischen Erkennbarkeit. Unregelmäßige Überschneidungen von Symbolen untereinander oder mit der Geometrie erfordern interaktive Nachinterpretationen.

Ein weiterer Gesichtspunkt ist die Stückzahl gleichartiger Pläne. Die automatische Mustererkennung führt zu einer "Serienfertigung" in der grafischen Erfassung. Es sind aber vor Beginn der eigentlichen Erfassung Vorarbeiten zu leisten, die bei der manuellen Digitalisierung entfallen. Es ist der Lernprozeß des Systems für den Zeichenschlüssel (alle Symbole und Zeichen) zu berücksichtigen und weiters ist eine Zusammenstellung optimaler Verarbeitungsketten erforderlich.

5.2 Aufwandsvergleich

Ganz allgemein ist festzustellen, daß der Aufwand an operativen Eingriffen von Plantyp zu Plantyp sehr stark schwankt. Wenn die planliche Darstellung eines Planwerks die Voraussetzungen für die Mustererkennung mitbringt, so ist der Zeitgewinn in jedem Fall hervorzuheben.

In der Praxis gibt es aber durchaus Fälle, in denen aus Wirtschaftlichkeitsgründen Mustererkennung und manuelle Digitalisierung gemeinsam eingesetzt werden.

Schlecht erkennbare Symboltypen können über manuelle Digitalisierung erfaßt werden und anschließend mit dem automatisch erfaßten Bestand zusammengeführt werden.

Anhand von Erfahrungswerten, die bisher beim Einsatz des Verfahrens der Mustererkennung gewonnen wurden, kann festgestellt werden, daß es sowohl bei handschriftlichen Zeichen als auch bei regelmäßiger Beschriftung (Lichtsatz) einsetzbar ist.

Im konkreten Fall verfolgte der Pilotversuch in der GDV des Magistrats der Stadt Wien das Ziel, den von der automatisierten Erkennung erwarteten Rationalisierungseffekt in der Produktion möglichst rasch nutzen zu können. Zur Absicherung der Wirtschaftlichkeit wurden vor Beginn des Pilotversuchs mit der Entwicklungsabteilung der Firma Sysscan Leistungskennzahlen festgelegt. Diese wurden in Form von Einsparungsquoten des operativen Aufwandes pro Kartenblatt für zwei verschiedene Plantypen (Bebauungsplan 1:2000, Katastermappe 1:1000) definiert. Vergleichsbasis war der bisherige Aufwand bei manueller bzw. automatisierter Digitalisierung (Scanner).

6. SYSTEMKONFIGURATION

6.1 Hardware

Für Erprobung und Einsatz der automatischen Erkennungssoftware GEOREC wurde eine bereits vorhandene Gerätekonfiguration verwendet, die zum Teil bereits 1983 für die graphische Datenerfassung mittels Scanner im Rechenzentrum des Magistrats der Stadt Wien installiert wurde:

- Scanner: Flachbettscanner Kartosscan 60 x 100 cm
                    wählbare Pixelgröße 25, 50, 100 oder
                    200 Mikrometer
                    (Firma Sysscan, D-8024 Unterhaching)

- Hostrechner: VAX - 780 (Firma DEC)
                    mit Magnetbandstation und Plattenstation

- Grafikstation: VERA 581 E (Vistagraphic 4518 Bildschirm
                    mit Tablett)

6.2 Software

- Betriebssystem: VMS (Firma DEC)

- Rastereditor Software: (Firma Sysscan)

- Erkennungssoftware: GeoRec (Firma Sysscan)

7. SCHLUSSBETRACHTUNG

Die bisherigen Erfahrungen zeigen, daß mit Mustererkennungsroutinen
der Automationsgrad der Erfassung von Plänen entscheidend verbessert
werden konnte. Nicht nur die Erkennung der Geometrie, sondern auch
die automatische Interpretation und Strukturierung der Daten löst
viele Routinearbeiten ab, die bisher operative Unterstützung erforderten. Wenn auch eine vollautomatische Erfassung selten erzielbar ist, so sinkt doch der Anteil an interaktiven Eingriffen, wo
menschliches Wissen zur Interpretation eingebracht wird. Mit Verfeinerung der Erkennungssoftware einerseits umd mit zunehmend kosten-
günstiger Scanner- und Rechnerleistung wird dieser Anteil noch weiter
gesenkt werden können.

Abschließend kann festgestellt werden, daß schon jetzt Mustererkennungsverfahren eine Alternative zur herkömmlichen Digitalisierung
darstellen.

Literaturverzeichnis

Beer   Teilautomatische Aufbereitung von Kartenvorlagen in
              computergerechte Datenformate veröffentlicht 1981 in:
              Digitale Bildverarbeitung der Carl Kranz Gesellschaft

Beer   Interactive Editing of cartographic Rasterimages
              Photogrammetrie 39/1984

Klauer   Automatisierte Digitalisierung
              Zeitschrift für Vermessungswesen 4/1986

Lichtner   RAVEL - Ein Programm zur Raster - Vektor -Transformation
              Kartographische Nachrichten 1987/02

Hardware
und Netze

Objektgeneratoren
zur Echtzeitdarstellung von Dreiecken

von Karl C. Posch[*]

Kurzfassung

Um komplexe Computerbilder in Echtzeit darstellen zu können, muß man eine geeignete Parallelarchitektur zur Berechnung dieser verwenden. Diese Arbeit schlägt eine Unterteilung des Objektraums in einzelne primitive Objekte vor. Jedes Objekt wird einem eigenen Prozessor zugeordnet. Die Berechnung der Form wird in Echtzeit des Elektronenstrahls eines Rasterbildschirms durchgeführt. Damit wird ein herkömmlicher Bildspeicher überflüssig. Bei der Zusammenfassung der einzelnen Objekte (bzw. der Ausgänge jedes einzelnen Objektgenerators) ergibt sich das Problem von Überdeckungen. Die Echtzeitberechnung der Sichtbarkeit wird durch die Verwendung des *Multiple Write Bus* möglich.

Schlagwörter

Computerbildgenerierung, Hardware-Architektur für Rastergeräte, Algorithmen

1 Einleitung

Ein Schwachpunkt bei herkömmlichen Rastergrafiksystemen liegt in der sequentiellen Verarbeitung des Bildes. Ein Bild wird in Primitive (Linien, Polygone, etc.) zerlegt, diese werden hintereinander Bildpunkt für Bildpunkt berechnet und das Ergebnis wird in einem Bildspeicher abgelegt. Die Methode ist nicht zuletzt aufgrund ihrer Einfachheit sehr weit verbreitet, zeigt jedoch eine Reihe von problematischen, charakteristischen Eigenheiten [Posch86]:

- Sichtbarkeitsüberlegungen sind nicht notwendig. Durch die sequentielle Berechnung des Bildes werden nicht sichtbare Primitive bzw. Teile davon einfach "übermalt". Nachteilig dabei ist jedoch offensichtlich die Notwendigkeit des Neu-Zeichnens des gesamten Bildes bei Herausnahme auch nur eines einzigen Pixels aus dem Bild.

---

[*] Institute für Informationsverarbeitung der Technischen Universität Graz und der Österreichischen Computergesellschaft, Schießstattgasse 4a, A-8010 Graz, Österreich.

- Billige Speicherbausteine sind einsetzbar. Diese Tatsache gehört zu den wichtigsten Voraussetzungen für die weite Verbreitung von Rastergrafiksystemen. Beim Zugriff auf den Pixelspeicher entsteht jedoch ein Flaschenhals, der die Geschwindigkeit des Bildaufbaus in zunehmendem Maße beeinträchtigt. Selbst eine Parallelisierung bei der Berechnung des Bildes außerhalb des Speichers kann diesen Engpaß nicht umgehen.

Ausgehend von dieser Kritik an einfachen Rastergrafiksystemen mit Pixelspeicher drängen sich folgende Überlegungen auf: Man erkennt die zwei Extrempositionen:

> (1) ein Prozessor für das gesamte Bild und
> (2) ein Prozessor pro Pixel.

(1) stellt den "Normalfall" dar, der gegenwärtig breit verfügbar ist. Die relative Langsamkeit der Prozessoren in bezug auf die Ablenkungsgeschwindigkeit des Elektronenstrahls im Bildschirm bedarf jedoch eines "Notizblocks", des Pixelspeichers.

(2) entspricht möglicherweise einem Idealzustand, ist jedoch technologisch für realistische Bildauflösungen vorläufig nur bedingt erreichbar.

Das Feld zwischen den beiden Extrempositionen bietet jedoch eine breite Variantenvielfalt. Kapitel 2 beschreibt die Ausnutzung der Parallelität und gibt Beispiele hiefür an. Mit der Aufteilung des Objektraums zum Zwecke der Ausnutzung von parallelen Strukturen beschäftigt sich Kapitel 3. Die grundsätzliche Darstellung von Dreiecken wird in Kapitel 4 abgehandelt. Eine Modifikation des Geradenalgorithmus von Bresenham und seine Abbildung in eine Logikschaltung sind in den Kapitel 5 zu finden. Kapitel 6 wendet sich dem Problem der Sichtbarkeit und der Synchronisation vieler Objektprozessoren zu. Schließlich findet man zum Schluß zusammenfassende Bemerkungen und die Erwähnung offener Probleme.

2 Parallelität

Das Schlüsselwort für die Beschleunigung der Grafikausgabe heißt "Parallelität". Das Prinzip, viele Prozessoren parallel einzusetzen, kann auf mehrere Arten angewendet werden [Abram86, Straßer86, Weinberg81]:

- Funktionale Parallelität
- Parallelität im Bildraum
- Parallelität im Objektraum

Auch eine Mischung der drei Prinzipien ist möglich. Bei der funktionalen Parallelität werden die unterschiedlichen Aufgaben, die bei der Berechnung eines Bildes anfallen, auf verschiedene in einer *Pipeline* angeordnete Prozessoren aufgeteilt. Ein gutes Beispiel für diese Methode stellt die *Geometry Engine* von Clark dar [Clark82]. Hierbei handelt es sich um einen VLSI-Chip, der mit 4-mal-4-Matrizen im Gleitkommazahlenformat arbeiten kann. Matrixtransformationen, *Clipping* und Abbildung auf die Gerätkoordinaten sind mit dem gleichen Chip in mehrfacher Ausführung hintereinander in *Pipeline* geschaltet durchführbar.

Im begrifflichen Gegensatz zu dieser Art der Parallelisierung in der zeitlichen Dimension stehen die beiden anderen Kategorien des Problems: Parallelität im Bildraum und im Objektraum. Hier wird eine räumliche Aufteilung vorgenommen, zum einen angewendet auf die Bildebene, zum anderen in bezug auf die Menge der darzustellenden Objekte.

Für die Ausnutzung der Parallelität im Bildraum gibt es mehrere Beispiele. Alle unterteilen auf die eine oder andere Art den Bildspeicher und erzielen über diese Partitionierung höhere Geschwindigkeiten bei der Berechnung eines Bildes. Der Flaschenhals beim Zugriff auf den Bildspeicher wird somit um den Faktor der Teilungsanzahl erweitert. Sowohl Clark und Hannah [Clark80] wie auch Sproull et al. [Sproull83] beschreiben eine Aufteilung des Bildes in 8 mal 8 Bereiche. Auch das Konzept der *Pixel-planes* gehört hierher [Fuchs86]. Whelan beschreibt eine Architektur, welche dem Spezialfall der hauptsächlichen Darstellung von achsenorientierten Rechtecken Rechnung trägt [Whelan82].

Eine weitere Alternative der Parallelisierung ergibt sich in der Unterteilung der Objekte des Bildes, wobei jedem Teil eine eigene Hardware zugeordnet wird. Dieses Prinzip wurde schon relativ früh bei den ersten Flugsimulatoren verwendet [Abram86]. Damals mußten elektronische Schaltungen noch aus einer großen Anzahl einzelner Logikbausteine zusammengesetzt werden, sodaß diese Maschinen sehr teuer waren und außerdem nur dem speziellen Zweck der Simulation eines Flugzeug-Cockpits gewidmet waren.

Mit der breiten Verfügbarkeit der VLSI-Technologie ergeben sich jedoch auch bei dieser Methode allgemeine Möglichkeiten des Einsatzes. Ein Bild besteht aus einer Anzahl von Objekten, von denen jedem ein Objektprozessor zugeordnet wird. Bei der Beschränkung auf z.B. nur einfache Basisobjekte, etwa Dreiecke oder einfache Polygone, entstehen Systeme, welche aufgrund der vielfachen Verwendung eines einzigen Grundelements für den Einsatz der VLSI-Technologie geeignet sind.

3 Unterteilung des Objektraums

Es besteht ein Reihe von verschiedenen Lösungsmöglichkeiten. Einen Ansatz auf relativ hoher Ebene bildet der CSG-Baum. Dieser Baum beschreibt dreidimensionale Objekte mit *Constructive Solid Geometry* (CSG). Die Methode bedient sich der Elemente Kugel, Würfel, Zylinder, Kegel, Prisma usw. Diese werden mit einfachen Mengenoperationen wie Vereinigung, Durchschnitt, Differenz etc. verknüpft und ergeben so komplexere Objekte. CSG-Bäume lassen sich durch Binärbäume darstellen. Kedem und Ellis beschreiben eine Architektur, wo der CSG-Baum direkt in Hardware abgebildet wird [Abram86, Fuchs87, Kedem84].

Die Parallelverarbeitung im Objektraum kann man auch bei der Berechnung von Bildern mit der *Ray Tracing*-Methode einsetzen. Einen diesbezüglichen Vorschlag gibt es von Kobayashi et al. [Kobayashi87].

Einen Ansatz auf einer wesentlich niedrigeren Ebene des Objektraums stellt die "Prozessor-pro-Polygon-*Pipeline*" von Cohen und Demetrescu dar [Abram86]. Das Bild wird mit Hilfe von

Polygonen in Gerätekoordinaten beschrieben. Jedem Polygon ist ein Objektprozessor zugeordnet, welcher die Rasterkonvertierung berechnet. Die Prozessoren sind in einer *Pipeline* angeordnet und arbeiten synchron mit der Ablenkung des Elektronenstrahls auf dem Bildschirm. Für jedes Pixel am Schirm durchläuft ein Datenpaket die *Pipeline* der Polygonprozessoren. Dieses Datenpaket besteht aus Farbschattierung und Tiefe (Z-Wert) des vorläufig sichtbaren Punktes. Die Tiefe ist durch den Abstand des dem Betrachter am nächsten befindlichen Polygons von diesem gegeben. Jeder Prozessor prüft, ob sein zugehöriges Polygon zum soeben bearbeiteten Pixel einen Beitrag liefert. Das ist der Fall, wenn (1) der Punkt im Polygon liegt und (2) dieser Punkt näher beim Betrachter liegt als der bis jetzt berechnete.

Um mit dieser Methode ein Echtzeitsystem aufbauen zu können, muß das Datenpaket durch einen Polygonprozessor während der Anzeigezeit eines Pixels durchgeschleust werden. Auf diese Weise bearbeiten zwei in der *Pipeline* benachbarte Prozessoren zu einem Zeitpunkt immer auch zeitlich nacheinanderfolgende Pixel mit den Koordinaten (x,y) und $(x+1,y)$ bzw. am Ende einer Zeile (x_{max},y) und $(0,y+1)$. Auch Weinberg verwendet diese Architektur, er erweitert das Konzept jedoch, um das Problem der zackigen Ränder der Polygone mit *Anti-Aliasing* in den Griff zu bekommen [Swanson86, Weinberg81].

Die beiden zuletzt beschriebenen Architekturen standen Pate für den in der Folge beschriebenen Dreiecksgenerator. Die Unterteilung des Objektraums in einzelne, leicht zu implementierende Objekte bildet eine Reihe von Vorteilen:

- Das System besteht aus einer großen Anzahl von identischen Prozessoren.

- Es ist leicht erweiterbar; man fügt nur zusätzliche Prozessoren im System ein.

- Die Entwurfskosten bleiben klein, da der Polygonprozessor nur einmal entworfen werden muß.

4 Zielarchitektur und Darstellung der Dreiecke

Üblicherweise dient bei Rastergrafiksystemen ein Bildspeicher als Puffer zwischen der relativ hohen Auslesegeschwindigkeit auf der Bildschirmseite und der meist langsameren Berechnung des Bildes. Ist man in der Lage, das Bild mit genügend hoher Geschwindigkeit zu berechnen, so wird der Puffer-Bildspeicher überflüssig.

Die hier besprochene Architektur zeigt eine Möglichkeit, die Berechnung eines zweieinhalbdimensionalen Bildes so zu parallelisieren, daß eine Echtzeitverarbeitung mit der Geschwindigkeit des Elektronenstrahls am Schirm möglich ist. Das Bild wird im Objektraum partitioniert, und die einzelnen Teile werden Objektprozessoren zugeordnet. Dreiecke sollen dabei als Basis dienen; diese sind mächtig genug, um komplexere Szenen darstellen zu können, aber auch einfach genug, sodaß der Hardware-Aufwand in vertretbaren Grenzen bleibt.

Für die Teilung beliebiger Polygone in eine Menge von einfachen Polygonen sowie zur Triangulierung von einfachen Polygonen sei auf [Preparata85] verwiesen. Der Ausgangspunkt hier ist ein Bild in Schirmkoordinaten, aufgebaut aus lauter Dreiecken im zweidimensionalen Raum, wobei jedem Dreieck ein Objektprozessor zugeordnet wird. Jedem Dreieck D_i ist ein Satz von Registern zugeordnet, welcher seine Lage und Größe bestimmt. Zur Lösung der Sichtbarkeit bei eventuellen Überschneidungen wird jedem Dreieck ein Prioritätskode zugeordnet. Alle Generatoren berechnen quasi-gleichzeitig mit der Geschwindigkeit des Elektronenstrahls ihren jeweiligen Beitrag zum Bild. Diese Information besteht neben dem Prioritätskode und einem Farbkode für das ganze Dreieck aus einem Bit, nämlich "vorhanden" oder "nicht vorhanden".

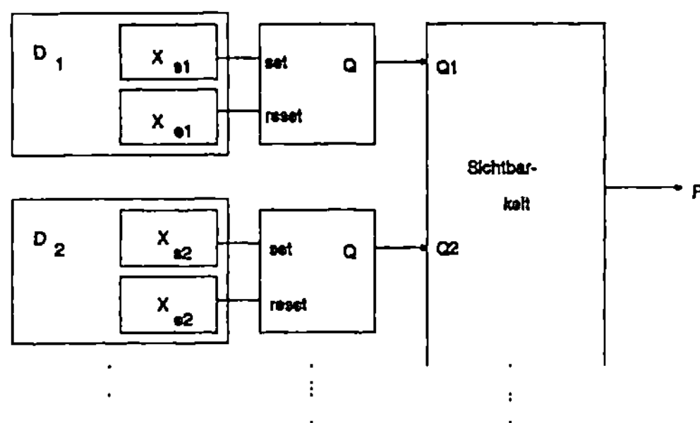

Abb. 1: Grundsätzlicher Aufbau

Der Block "Sichtbarkeit" (Abbildung 1) löst das Prioritätenproblem und wählt das Dreieck mit der höchsten Priorität aus. Die Auswahl wird mit Hilfe des *Multiple Write Bus* in Echtzeit getroffen. Der so ausgewählte Generator liefert einen Farbkode, der auf die Analogsignale Rot, Grün und Blau für einen Rasterschirm abgebildet wird..

Zwei Probleme sind in der Folge zu diskutieren:

- der Aufbau eines Dreiecksgenerators und
- die Lösung der Sichtbarkeit mit dem *Multiple Write Bus*.

Für eine bestimmte Zeile y = const. des Rasters liefert ein Dreieck, sofern es von dieser Zeile geschnitten wird, einen Beitrag in Form einer Geraden X_sX_e. Die Begrenzung dieser Geraden ist durch die Eckpunkte des Dreiecks vorherbestimmt und ändert sich bei Übergang von y auf y + 1 in charakteristischer Weise. Die Menge aller auf diese Weise erhaltenen Geraden stellt die Fläche des Dreiecks dar. Die Änderung der Werte X_s und X_e ist durch die Steigung der beiden zugehörigen Begrenzungslinien fixiert. Ein Algorithmus für die Rasterapproximation von Geraden bildet die Grundlage für die Berechnung der Änderung der Werte von X_s und X_e.

Die für diese Berechnung benötigte Zeit stellt eine wichtige Größe für die Leistungsbetrachtung dar. Dies vor allem dann, wenn bestimmte Schaltungsressourcen, wie z.B. ein Addierwerk, zwischen mehreren Generatoren aufgeteilt werden sollen. Die meisten Algorithmen zur Berechnung von Geradenapproximationen auf x-y-Rastern gehen auf den von Bresenham zurück [Bresenham65]. Da dieser Algorithmus als bekannt vorausgesetzt wird, sei er hier ohne weitere Bemerkungen als Ausgangspunkt der Überlegungen in folgender Form übernommen:

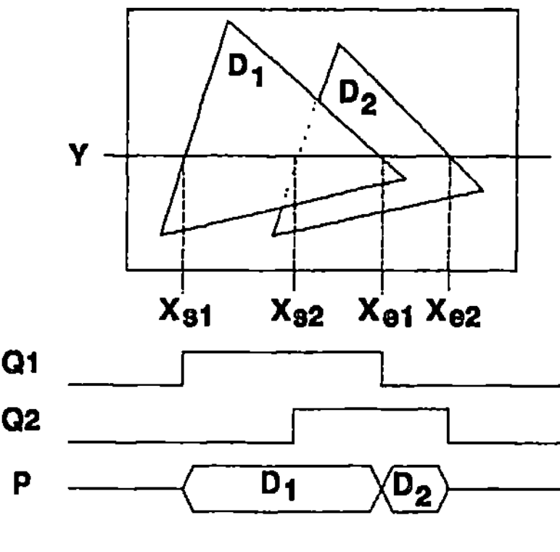

Abb. 2: Überdeckungen

```
r := 2*dy - dx;                    {Inltlallsierung des Reslduums}
x := 0;                                     {x-Startkoordlnate}
y := 0;                                     {y-Startkoordlnate}
while x  ≤  dx do begln
            marker (x,y);
            x := x+1;
            If r  ≥  0 then begln
                            y := y + 1;
                            r := r - 2*dx;
                        end;
            r := r + 2*dy;
        end;
```

Als erste Abschätzung für seine Brauchbarkeit genügt die Aussage, daß der Algorithmus iterativ von einem Approximationspunkt zum nächsten weiterrechnet und deswegen eine Laufzeit proportional zur Länge der Geraden hat.

Wir unterscheiden zwei Fälle:

(1) Betrag der Steigung $|{}^{dy}/_{dx}| > 1$ und

(2) Betrag der Steigung $|{}^{dy}/_{dx}| \leq 1$.

Im Fall (1) gibt es pro Schnitt entlang einer Geraden y = const. nur einen approximierten Punkt der Geraden. Mit einer Iteration schafft man deshalb auf jeden Fall den Übergang von Zeile y zu Zeile y + 1. Diese obere Schranke des Berechnungsaufwands kommt bei den Dreiecken sehr gelegen, denn in diesem Fall reichen zwei Iterationsschritte pro Dreieck pro Zeile y = const. aus.

Fall (2) erweist sich als komplizierter. Je kleiner die Steigung ${}^{dy}/_{dx}$ wird, umso mehr Bildpunkte liegen entlang einer Schnittgeraden y = const. Für die Dreiecksgrenze ist jedoch nur je nach

Kante - links oder rechts - der erste oder letzte Punkt aller Punkte mit y=const. interessant. Die Anzahl der Iterationen zur sequentiellen Berechnung der x-Koordinaten dieser Punkte ist je nach Steigung variabel und hat keine brauchbare obere Grenze.

Der Bresenham-Algorithmus in seiner Grundform ist deshalb bei flachen Seitenkanten nicht geeignet und muß modifiziert werden.

5 Modifikation des Bresenham-Algorithmus und Abbildung in Hardware

Die im vorigen Abschnitt aufgezeigten "Mängel" des Bresenham-Algorithmus für die Berechnung von Kanten mit flachen Steigungen $^{dy}/_{dx} < 1$ lassen sich durch Einbringen von Überlegungen über die Struktur von gerasterten Geradendarstellungen umgehen. Die Struktur einer Geraden auf einem Raster ist gegeben durch die Folge der Anzahl der Punkte für jeden Teil der Geraden mit y=const. [Brons85]. Es ist leicht einzusehen, daß abgesehen vom Anfang und vom Ende der Geraden nur Strukturelemente mit n oder n+1 Punkten vorkommen können, wobei

$$n = dx \ div \ dy \qquad \text{für } dy > 0$$
$$\text{und}$$
$$n = dx \qquad\qquad \text{für } dy = 0$$

ist. Auch über die Länge der Stücke am Anfang und am Ende der Geraden lassen sich Aussagen treffen. Diese beträgt (n div 2) oder (n div 2) + 1 .

Zwar gibt es Algorithmen, welche diese Struktur genau berechnen [Arcelli78, Brons85, Cederberg79], die angegebenen groben Ergebnisse sind für die Überlegungen hier jedoch ausreichend. Der Bresenham-Algorithmus läßt sich nunmehr so umformen, daß er für den Dreiecksgenerator besser geeignet ist. Da aus den Strukturüberlegungen jetzt in etwa bekannt ist, wie oftmal ein horizontaler Schritt gemacht wird, kann man den entsprechenden mehrmaligen identischen Durchlauf der Algorithmusschleife durch einen einzigen ersetzen. In diesem wird dann statt 2dy ein entsprechendes Vielfaches n*2dy (bzw. n*dy am Rand) zum Residuum addiert.

Unabhängig von der Steigung der Geraden erhalten wir so nach zwei Additionen die x-Koordinaten des nächsten Schnittes entlang der Geraden y=const. Damit gibt es eine ähnliche Schranke wie für den Fall ($^{dy}/_{dx} > 1$). Eine sukzessive Umwandlung des Grundalgorithmus in die nachfolgend dargestellte Form wird in [Posch87] beschrieben.

Zu Beginn sei nur eine flache Dreieckskante ($^{dy}/_{dx} < 1$) mit positiver Steigung betrachtet, welche einen linken Rand bildet. Dazu wird der Algorithmus in einer Registertransfersprache beschrieben.

```
X ← XAnfang
Y ← YAnfang
DX ← - dx
DY ← dy
DYDX ← dy - dx
DYN ← dy * n
if odd (n) then R ← - dx - dy
            else R ← - dx
N ← xe div ye
AE ← 1
while DY ≥ 0 do begin
                    If DY = 0 then AE ← 1
                    N1 = N SHIFTRIGHT AE
                    DYN1 = DYN SHIFTRIGHT AE
                    ADD1 = R + 2*DYN1
                    if not (ADD1 < 0)  then begin          { n Punkte }
                                            ADD3 = X + N1
                                            MUX = DX
                                            ADD2 = ADD1 + 2*MUX
                                            end
                                        else begin      { n+1 Punkte }
                                            ADD3 = X + N1 + 1
                                            MUX = DYDX
                                            ADD2 = ADD1 + 2*MUX
                                            end
                    X ← ADD3
                    R ← ADD2
                    INCREMENT Y
                    DECREMENT DY
                    AE ← 0
    end
```

Für Dreiecksränder mit Steigungen $|^{dy}/_{dx}| \geq 1$ und für negative Steigungen sind die Register mit anderen Anfangswerten zu belegen. Außerdem gibt es kleine Eingriffe in den Ablauf des Algorithmus. Diese sind in Abbildung 3 dargestellt. Das Signal S besitzt den Wert 1 für Steigungsbeträge $|^{dy}/_{dx}| \geq 1$ und sonst den Wert 0. Das Signal SX korrespondiert mit dem Vorzeichen von dx und ist bei negativen Werten gleich 1.

Eine weitere Unterscheidung ist zwischen linken und rechten Seitenkanten eines Dreiecks zu machen. In Tabelle 1 sind alle möglichen Initialisierungen von Registern zusammengefaßt.

Tabelle 1:

Registername	Initialisierung		
	$|^{dy}/_{dx}| \geq 1$	$|^{dy}/_{dx}| < 1$	
DYN	0	dy*n	
DYDX	|dx | - dy	dy - |dx |	
DX	|dx |	|dx |	
X	Xstart	Xstart	
N	1	n	
R	- dy + 2* |dx |	|dx |	wenn n gerade
R	- dy + 2* |dx |	- |dx.| - dy	wenn n ungerade

Für jedes Dreieck muß pro Zeile y die Schleife des Algorithmus zweimal durchlaufen werden, sofern diese Zeile das Dreieck schneidet. Ein Zyklus des endlichen Automaten dauert aber wesentlich kürzer als die Anzeigezeit einer Zeile, die in der Größenordnung von 50 Mikrosekunden liegt. Unter der Annahme einer Zykluszeit von 100 Nanosekunden könnten je 250 Dreiecke mit denselben drei Addierwerken im Zeitmultiplexverfahren das Auslangen finden. Je nach vorhandener Technologie ist es dadurch möglich, eine flexible Anzahl von Dreiecksgeneratoren in einen Chip zu packen. Für eine detailliertere Diskussion des Themas, wie man viele Generatoren nebeneinander arbeiten läßt, sei auf Abschnitt 6 verwiesen.

Je nach Oktantenrichtung der Seitenkanten und je nach Seite des Dreiecks (links oder rechts) sind andere Punkte aus den diskretisierten Geraden als Anfangskoordinate oder Endkoordinate von Bedeutung. Bei Steigungen $|^{dy}/_{dx}| \geq 1$ gibt es keine Probleme, da ohnehin nur ein Punkt pro y-Wert zur Verfügung steht.

Bei Steigungen $|^{dy}/_{dx}| < 1$ ist jedoch jeweils ein Punkt aus mehreren ausgezeichnet. Dies ist je nach Seite des Dreiecks und Vorzeichen von dx verschieden.

Reduziert man die Betrachtungen auf den ersten Oktanten, so erkennt man, daß der modifizierte Bresenham-Algorithmus nur die jeweils linke x-Koordinate bei Übergang zu einem neuen y-Wert liefert.

Den rechten x-Wert $(X_0, X_1, ...)$ erhält man durch

$$X_i := x_{i+1} - 1 \; .$$

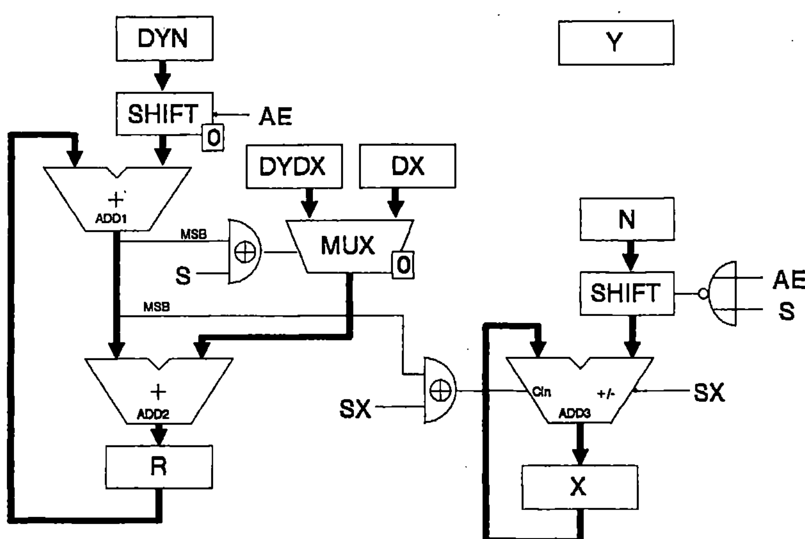

Abb. 3: Hardwareschema

Diese Modifikation ist bei linken Kanten im 1. Oktanten und bei rechten Kanten im 4. Oktanten notwendig. Durch Beginn der Berechnung der x-Werte um eine Zeile früher (y - 1) läßt sich obige Modifikation jedoch umgehen.

6 Sichtbarkeit und Synchronisation

Bisher wurde gezeigt, wie durch Partitionierung des Bildes in Objekte (Dreiecke) durch eine geeignete Anzahl von Objektprozessoren (Dreiecksgeneratoren) simultan alle Objekte berechnet werden können. Es blieb jedoch die Frage offen, wie man die Ausgänge der Objektprozessoren wieder zu einem ganzen zusammenfaßt. Dabei wird besonders auf die Möglichkeit der teilweisen oder ganzen Überdeckung von einzelnen Objekten hingewiesen.

Jeder Dreiecksgenerator bietet an seinem Ausgang zum Signal "Ein/Aus" einen Prioritätskode und einen Farbkode an. Nur der Farbkode des Dreiecks, das zu einem bestimmten Zeitpunkt (= Ort des Strahls am Schirm) vorhanden ist und gleichzeitig die höchste Priorität aller auf dieser Stelle vorhandenen Dreiecke besitzt, darf der nachfolgenden Farbpalette angeboten werden. Alle anderen sind nicht sichtbar. In Echtzeit von einigen Nanosekunden muß diese Entscheidung für jeden Bildpunkt aufs neue getroffen werden, sodaß diese Frage nicht trivial lösbar ist. Dies vor allem dann, wenn man an mehrere tausend Dreiecke denkt; die Kodierung der Priorität benötigt in diesem Fall mehr als 10 Bit Breite und herkömmliche Encoder-/Decoder-Methoden versagen aufgrund ihres großen Flächenbedarfs.

Das Problem läßt sich mit dem *Multiple Write Bus* von Gembella und Lindner lösen [Gembella82, Kaufmann87, Straßer87]. Alle Objektprozessoren, welche zu einem bestimmten Zeitpunkt ein aktives Objekt haben, geben ihren Prioritätskode gleichzeitig auf den *Multiple Write Bus*. Dabei werden *Open-Collector*-Gatter als Ankopplungsglieder gewählt, sodaß sich ein *Wired-AND* am Bus ergibt. Da das alleinige *Wired-AND* aller Prioritätskodes noch keinen Sinn ergibt, werden zusätzlich einige Gatter in jedem Objektprozessor eingebaut. Diese bilden eine Signalkette vom höchstwertigsten zum niederwertigsten Bit des Prioritätskodes. Abbildung 4 [Straßer87] zeigt die Logikschaltung für die Ankopplung an einen 4 Bit-breiten *Multiple Write Bus*.

Der Prozessor P_k liefert das Signal "Ein/Aus" und den Prioritätskode bestehend aus C_3, C_2, C_1 und C_0. Mit 4 NAND-Gattern hängen die Signale C_i am Bus. Das Signal "Ein/Aus" steuert dabei die An-/Abschaltung. Auf dem Bus sind die Signale in negativer Logik vorhanden. Bis hierher unterscheidet sich die Schaltung in keiner Weise von einem herkömmlichen *Wired-AND*-Bus mit *Open-Collector*-Ankopplung.

Pro Bitstelle gibt es zusätzlich ein OR- und ein AND-Gatter. Die OR-Gatter bilden das Hauptmerkmal des "*Multiple Write Bus*. Am Ausgang eines OR-Gatters ist immer 1 mit Ausnahme eines Falls: sowohl das zugehörige Bit C_i als auch die entsprechende Busleitung D_i sind beide auf 0.

Betrachtet man diese Situation augehend von der höchstwertigen Stelle, so erkennt man, daß

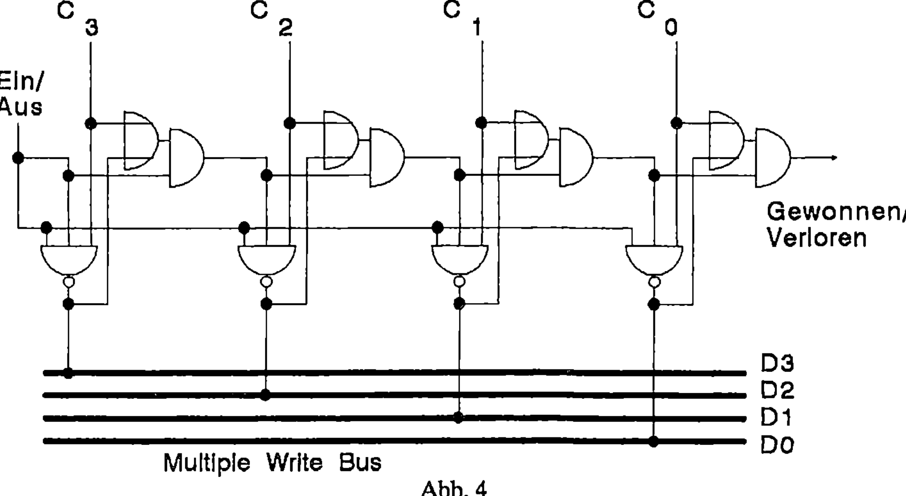

Abb. 4

zumindest ein anderer Objektprozessor aktiv auf dem Bus mit einem eigenen $C_i = 1$ ist. Dieser hat deswegen einen höheren Prioritätskode, sodaß der betrachtete Prozessor den "Wettbewerb" am Bus "verliert". Mit dem 0-Wert am Ausgang des OR-Gatters werden alle nachfolgenden AND-Gatter der Bits mit niedrigerer Wertigkeit auf 0 geschaltet und damit vom Bus abgekoppelt. Gibt es beim höchstwertigen Bit noch keine 0 am OR-Gatterausgang, so verlagert sich der "Wettbewerb" auf die nächstniedrigere Bitstelle und so fort.

Nach Durchlauf aller Stellen bleibt

(1)   am Bus der größte Prioritätskode in negativer Logik übrig und

(2)   steht dem Prozessor P_k ein Signal "Gewonnen/Verloren" zur Verfügung, mit Hilfe dessen er seinerseits im Falle "Gewonnen" seinen Farbkode auf einen Farbkode-Bus anschalten kann.

Der Zeitbedarf dieser Schaltung ist nicht proportional der Anzahl der Prozessoren, sondern steigt nur logarithmisch mit dieser. Jede Bitposition braucht die Zeit von drei Gatterdurchlaufzeiten und der Beruhigungszeit einer Busleitung.

Unter der Annahme mehrerer tausend Objektprozessoren, also Busbreiten von 10 Bit und mehr, liegt die Verzögerungszeit weit über der Zeitdauer, die der Elektronenstrahl über einen Bildpunkt streicht. Ein asynchroner Betrieb der Evaluierungs-*Pipeline* ist in diesem Fall nicht mehr möglich.

In [Gembelli82] wird deswegen auch eine getaktete *Pipeline*-Version des *Multiple Write Bus* vorgeschlagen. Mit Hilfe mehrerer verschieden langer Schieberegister werden alle Bitpositionen des Busses von der höchsten Stelle beginnend um jeweils einen Takt mehr verzögert als die unmittelbar vorhergehende. Dadurch kann die Auswertung synchron getaktet durchgeführt werden.

Doch der weitaus wichtigere Vorteil besteht in der Möglichkeit, in jedem Takt einen neuen Buszyklus zu starten und durch die *Pipeline* durchzuschicken. Abbildung 5 [Straßer87] zeigt den Schaltkreis dieser Variante.

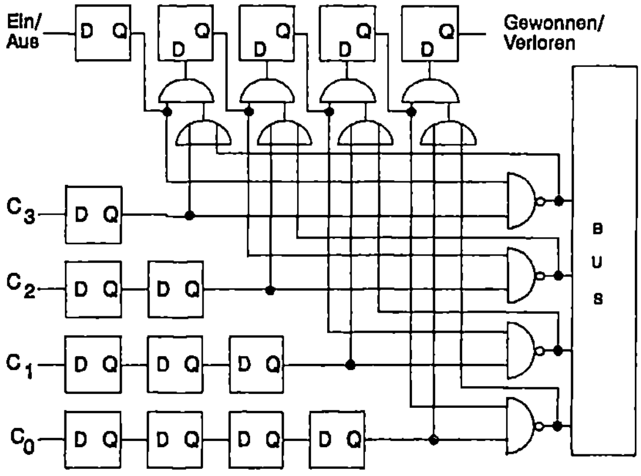

Abb. 5: getaktete Ankopplung

Die Methode des *Multiple Write Bus* ist auch kaskadierbar. Dies ist eine sehr angenehme Eigenschaft, wenn man an die tatsächliche Implementierung der Objektprozessoren in VLSI-Chips denkt. Je nach Technologie sind verschieden viele Prozessoren auf einem Chip implementierbar. In den meisten Fällen werden jedoch nicht alle Objektprozessoren auf einem Chip Platz finden. Eine Zusammenschaltung und Synchronisation mehrerer Chips ist auf folgende Weise möglich:

Alle Chips arbeiten synchron mit dem gleichen Takt. In einem Chip verwenden jeweils mehrere Dreiecksgeneratoren denselben Satz von drei Addierwerken. Die Anzahl hängt (1) von der Zeilenperiode und (2) von der Geschwindigkeit der Addierwerke ab. Bei einer Zeilendauer von beispielsweise 64 Mikrosekunden und einer Addierzeit von 2 mal 50 Nanosekunden können bis zu 320 Dreiecke mit dem gleichen Satz von Addierwerken auskommen.

In der Zeile y-1 werden die Schnittpunkte X_s und X_e jedes Dreiecks für die Zeile y berechnet. Die Werte X_s und X_e werden in den Registern MXL und MXR abgelegt. Beim nachfolgenden Zeilenrücklauf werden diese Register in zwei Zähler umgeladen. MXL und MXR sind somit wieder frei für Berechnungen neuer Schnittpunkte für die Zeile y + 1. Bei Zeilenbeginn aktiviert man die *Enable*-Signale der beiden Zähler in allen Dreiecksgeneratoren synchron. Der Überlauf der Zähler wird zum Setzen bzw. Rücksetzen des Registers "Ein/Aus" in jedem Objektprozessor verwendet.

Die Objektprozessoren eines Chips werden mit ihren Prioritätskodes in einem lokalen *Multiple Write Bus* vorsortiert. An die Oberfläche des Chips kommt

- der größte Prioritätskode des Chips und
- sein zugehöriger Farbkode.

Diese Information kann von mehreren Chips in einem weiteren *Multiple Write Bus* zusammengefaßt werden, in dem wieder die Farbe mit dem höchsten Prioritätskode übrigbleibt.

7 Zusammenfassung und offene Probleme

Die vorgeschlagene Methode der Partitionierung eines Bildes im Objektraum und die Verwendung sehr einfacher Objekte besitzt eine Reihe von Vorteilen:

- Der Entwurf eines einzigen Objektprozessors ist überschaubar.

- Das Layout-Design eines zugehörigen Chips mit vielen Dreiecksgeneratoren vereinfacht sich durch den hohen Wiederholungsfaktor. Die Regularität des Schaltkreises wird dadurch sehr hoch [Glasser85].

- Mehrere Chips sind parallel verwendbar. Diese Eigenschaft entsteht aus der einfachen Kaskadierbarkeit des *Multiple Write Bus*.

- Der *Multiple Write Bus* bietet ein fast ideales Mittel zur Bestimmung der Sichtbarkeit in Echtzeit.

- Die Einsparung eines Bildspeichers bringt angesichts der kleinen Preise von dynamischen Speicherbausteinen zwar keine Preisvorteile und wird sogar durch die große Anzahl der verwendeten Register eher in einen Mehraufwand umgekehrt; es scheint jedoch trotzdem sinnvoll, vom ausgetretenen Pfad der Verwendung von Bildspeichern einmal abzugehen und alternative Architekturen zu untersuchen. Mit der immer kleiner werdenen Eintrittsschwelle bei der Herstellung von kundenspezifischen Schaltkreisen wird die Abkehr von Standardbauteilen erleichtert und der Einsatz von Architekturen ohne Standardbauteile forciert.

Eine Reihe offener Probleme bleibt übrig. Zu allererst steht die Frage, ob die Einschränkung auf zweidimensionale Objekte mit Prioritätskode fallen gelassen werden kann. Dreidimensionale Objekte, deren Sichtbarkeit mit einer Z-Puffer-ähnlichen Methode gelöst werden müßte, wären von großem Vorteil. Läßt sich eine echte dritte Dimension einführen, so steht aber auch einem *Flat Shading* (*Gouraud Shading*) prinzipiell nichts im Wege. Und aufbauend auf dieser Architektur ist auch *Phong-Shading* vorstellbar.

Auch die Einsparung der Triangulierung durch den Ausbau der Objektprozessoren zur Berechnung einfacher Polygone bleibt zu untersuchen.

Handelt es sich beim letzten Problem noch um eine relativ einfache Frage, so stellt die Darstellung von *Splinegons* (Flächen, deren Rand durch Splines beschrieben ist) schon erheblich höhere Anforderungen. Ob es einen vernünftigen Algorithmus (mit oberer Schranke ähnlich der des modifizierten Bresenham-Algorithmus) zur Berechnung von Splinegons gibt, bleibt ebenfalls eine offene Frage.

Schließlich bleiben eine Reihe von technischen Fragen, die die Implementierung der Prozessoren auf einem Chip betreffen. So ist z.B. ungeklärt, wie groß die Buskapazitäten und damit die Anzahl der Prozessoren oder Register auf einem Bus maximal sein dürfen, um noch vernünftige

Schaltflanken und Schaltzeiten erreichen zu können. Diese Frage stellt sich sowohl beim *Multiple Write Bus* als auch bei der Ankopplung vieler Register an ein und dasselbe Addierwerk.

8 Literaturverzeichnis

Abram86 Abram G.D., Fuchs H.: **VLSI-Architectures for Computer Graphics**; in: Advances in Computer Graphics I; ed. by Enderle G., Grave M., and Lillehagen F.; Springer-Verlag, Berlin, 1986, 189-204.

Arcelli78 Arcelli C., Massarotti A.: **On the parallel generation of straight digital lines**; Computer Graphics and Image Processing, 7, 1978, 67-83.

Bresenham65 Bresenham J.E.: **Algorithm for computer control of a digital plotter**; IBM Systems Journal, Vol.4, No.1, 1965, 25-30.

Brons85 Brons R.: **Theoretical and Linguistic Methods for Describing Straight Lines**; in: Fundamental Algorithms for Computer Graphics; ed. by Earnshaw R.A., NATO ASI Series, Vol.F17, Springer Verlag, Heidelberg, 1985, 19-57.

Cederberg79 Cederberg R.L.T.: **A New Method for Vector Generation**; Computer Graphics and Image Processing, 9, 1979, 183-195.

Clark80 Clark J.H.: **A VLSI Geometry Processor for Graphics**; Computer, July 1980, 59-68.

Clark82 Clark J.H.: **The Geometry Engine: A VLSI Geometry System for Graphics**; Computer Graphics, Vol.16, No.3, July 1982, 127-133.

Fuchs86 Fuchs H., Goldfeather J., Hultquist J.P., Spach S., Austin J.D., Brooks Jr. F.P., Eyles J.G., and Poulton J.: **Fast Spheres, Shadows, Textures, Transparencies, and Image Enhancements in Pixel-Planes**; in: Advances in Computer Graphics I; ed. by Enderle G., Grave M., and Lillehagen F.; Springer-Verlag, Berlin, 1986, 169-187.

Fuchs87 Fuchs H.: **An Introduction to Pixel-planes and other VLSI-intensive Graphics Systems**; Proceedings of the NATO ASI Conference "Theoretical Foundations of Computer Graphics and CAD", Lucca, Italy, July 1987.

Gembella82 Gembella R., Lindner R.: **The multiple-write bus technique**; IEEE Computer Graphics and Applications, September 1982.

Glasser85 Glasser L.A., Dobberpuhl D.W.: **The Design and Analysis of VLSI Circuits**; Addison-Wesley, (Reading, Mass., 1985).

Kaufmann87 Kaufmann A., Bakalash R.: **CUBE - An Architecture Based on a 3D Voxel Map**; Proceedings of the NATO ASI Conference "Theoretical Foundations of Computer Graphics and CAD", Lucca, Italy, July 1987.

Kedem84 Kedem G., Ellis J.: **Computer Structures for Curve-Solid Classification in Geometric Modelling**; Technical Report TR137, Department of Computer Science, University of Rochester, May 1984.

Kobayashi87 Kobayashi H., Nakmura T., Shigei Y.: **Parallel Processing of an Object Space for Image Synthesis Using Ray Tracing**; The Visual Computer, No.3, Springer Verlag, 1987, 13-22.

Posch86 Posch K.C.: **Echtzeitdarstellung von Grafik mit Trapezen als Primitive**; Berichte aus Informatikforschungsin-stitutionen, 10. Fachtagung; Hrsg. Pernul G. und A Min Tjoa, R.Oldenbourg, Wien, 1986, 209-219.

Posch87 Posch K.C.: **Methoden der Annäherung an die Echtzeitdarstellung bewegter Rastergrafik**; Dissertation, Institut für Informationsverarbeitung, Technische Universität Graz; 1987.

Preparata85 Preparata F.P., Shamos M.I.: **Computational Geometry, An Introduction**; Springer-Verlag, NewYork, Berlin, Heidelberg, 1985.

Straßer86

Straßer W.: **VLSI-oriented Graphics System Design**; in: Advances in Computer Graphics II; ed. by Hopgood F.R.A., Hubbold R.J., and Duce D.A.; Springer-Verlag, Berlin, 1986, 153-186.

Straßer87   Straßer W.: **Constructing 3D Objects from 2D Information**; Proceedings of the NATO ASI Conference "Theoretical Foundations of Computer Graphics and CAD", Lucca, Italy, July 1987.

Weinberg81   Weinberg R.: **Parallel Processing Image Synthesis and Anti-Aliasing**; Computer Graphics, Vol.15, No.3, August 1981, 55-62.

Whelan82   Whelan D.S.: **A Rectangular Area Filling Display System Architecture**; Computer Graphics, Vol.16, No.3, July 1982, 147-153.

Multi-Media-Dokumente im Breitband-ISDN

PETER EGLOFF

FORSCHUNGSZENTRUM FÜR OFFENE KOMMUNIKATIONSSYSTEME (FOKUS)
GESELLSCHAFT FÜR MATHEMATIK UND DATENVERARBEITUNG (GMD) , BERLIN

Die Planungen der Entwicklungen und Installation von breitbandigen Kommunikationssystemen machen auch Überlegungen möglich, wie neben der Steigerung der Quantität des Informationsaustausches auch die Qualität bezüglich der Weiterverarbeitung der ausgetauschten Information gesteigert werden kann. In diesem Zusammenhang ist es von besonderer Wichtigkeit, frühzeitig ein allgemeines Modell zu entwickeln, in dem einerseits bisher voneinander getrennt existierende Informationstypen wie Graphik, Text, Rasterbild u.s.w. und andererseits Dienste zum Austausch solcher Information wie File-Transfer, Message-Handling-Systeme, Telex, Telefax u.s.w. zusammenhängend beschrieben werden können. Im vorliegenden Papier wird über Arbeiten in diesem Bereich berichtet, wobei der Schwerpunkt der Ausführungen in der Beschreibung der Anforderungen an ein solches allgemeines Modell liegt. Diese Anforderungen wurden aus zwei exemplarischen Szenarien abgeleitet.

1   Einführung

Der Stand der Technik in der "klassischen" Dokumentenverarbeitung kann so charakterisiert werden, daß derzeit zahlreiche Dokumentenverarbeitungssysteme (oder auch Desktop-Publishing-Systeme) angeboten werden, die neben normalem Fließtext auch Sonderinformation wie Tabellen, mathematische oder chemische Formeln und/oder Graphiken bearbeiten und darstellen können. Sämtliche auf dem Markt befindlichen Systeme haben aufgrund der herstellerabhängigen Datenstrukturen zwei wesentliche Nachteile:

- Die Integration extern erzeugter Daten z.B. aus speziellen Graphikanwendungen oder Statistikauswertungen ist nicht möglich.

- Die Systeme sind wegen der herstellerabhängigen Datenstrukturen nur lokal einsetzbar; Dokumente können nur innerhalb einer Herstellerfamilie ausgetauscht werden.

Auch die in den letzten Jahren verstärkt geführten Diskussionen über die Integration von Text und Graphik haben bisher nicht dazu geführt, ein diese und weitere Informationstypen integrierendes Modell zu entwickeln. Dieses zeigt sich auch in der heutigen Situation der Standardisierung: Bei der *Office Document Architecture (ODA)* /1/ werden Text, geometrische Graphik und Rastergraphik in voneinander getrennten Inhaltsarchitekturen (*Content Architectures*) beschrieben. So ist es dabei normalerweise nicht möglich, einen Text in einem Bild in demselben Font darzustellen, der von dem beschreibenden Fließtext benutzt wird. Auch innerhalb der Bereiche der einzelnen Informationstypen fehlt eine allgemeine Modellbildung. Bei den Standardisierungsaktivitäten für das Gebiet der geometrischen Graphik soll daher verstärkt die Entwicklung eines Referenzmodells vorangetrieben werden, welches als Ordnungskriterium für graphische Standards dienen soll.

Daneben existieren heute in lokalen oder auch überregionalen Kommunkationssystemen Dienste zum Austausch von Dokumenten. Dabei handelt es sich beispielsweise um Telex, Teletex, Telefax, Message-Handling-Systeme, File-Transfer-Systeme u.s.w., die bezüglich der unterschiedlichen Dokumententypen und -inhalte nur eine sehr eingeschränkte Funktionalität anbieten. Eine Weiterverarbeitung der Dokumente wird in geeigneter Weise nicht unterstützt. So erlaubt ein heute existierendes File-Tranfer-System nicht den Zugriff auf Teile eines Dokuments. Es ist auch nicht möglich, ein Bild als Teil eines Dokuments mit einem Message-Handling-System zu verschicken.

Durch die Entwicklung von breitbandigen Kommunikationssytemen kann in der Zukunft auf Einschränkungen der Informationsmenge verzichtet werden. Es wird gegebenenfalls zukünftig nicht mehr notwendig sein, großen Aufwand in die Kodierung der Information zwecks Minimierung des Volumens zu investieren. Darüberhinaus kann und sollte sogar Phantasie entwickelt werden, wie die eigentliche (Netto-) Information durch zusätzliche Information erweitert werden kann, um die Art und Weise sowie die Möglichkeiten der Weiterverarbeitung der Information zu verbessern. Dazu kann beispielsweise Retrieval-Information gehören, um Teile von oder auch Begriffe in Dokumenten einfacher auffinden zu können; es kann sich auch um Information handeln, die die Historie, die Authentizität, die Urheberrechte u.s.w. von Dokumenten beschreibt.

2 Multi-Media-Dokumente und das Projekt BERKOM

Die Entwicklung in allen Bereichen der Telekommunikation während der letzten Jahre wie beispielweise die Digitalisierung der Telefondienstes und der darauf aufbauende Übergang zum dienstintegrierenden Netz ISDN sowie die Einführung der Glasfasertechnik haben die

Überlegungen gefördert, ein breitbandiges diensteintegrierendes Netz aufzubauen, in dem Übertragungsgeschwindigkeiten von 2 Mbit bis in den Gigabitbereich pro Sekunde möglich sind. Aus diesem Grund hat die Deutsche Bundespost in Zusammenarbeit mit dem Senat von Berlin das Projekt BERKOM (BERliner KOMmunikationssystem) im Jahr 1986 in Berlin(West) mit einer Laufzeit von sechs Jahren gestartet. Die Aufgabe des Projektes BERKOM ist es, ein globales breitbandiges Netz ISDN-B mit Übertragungsgeschwindigkeiten bis zu 140 Mbit pro Sekunde zu entwerfen und aufzubauen. Dabei wird bei den Arbeiten nicht nur ein Breitbandnetz mit den Schichten 1 bis 4 im Sinn des OSI-Referenzmodells /2/ entwickelt. Ebenso werden Überlegungen und Planungen für "innovative" Anwendungen, Techniken und Endsysteme in einer Breitbandumgebung angestellt.

Für das BERKOM-Testnetz wurden in Berlin(West) ein 8000 km umfassendes Glasfasernetz installiert, welches die wesentlichen Forschungs- und Entwicklungseinrichtungen miteinander verbindet. Die drei Breitbandvermittlungsstellen des BERKOM-Testnetzes werden von Standard Elektrik Lorenz (SEL), Philips Kommunikations-Industrie (PKI) und von Siemens installiert; jede der Vermittlungsstellen kann bis zu 30 Endteilnehmer bedienen.

Im Rahmen von BERKOM werden zwei grundsätzliche Richtungen bei den Arbeiten verfolgt:

1. In sogenannten Demonstrationsprojekten wird den Projektnehmern die Möglichkeit geboten, die vorhandene Breitbandumgebung zu nutzen, um vorhandene oder in der Entwicklung stehende Produkte an diese Umgebung anzupassen und deren Funktionsfähigkeit zu demonstrieren. Wegen im allgemeinen nicht existierender Standards in den einzelnen Bereichen laufen diese Demonstrationsprojekte auf Einzellösungen hinaus.

2. In einer zweiten Gruppe von Projekten werden Arbeiten durchgeführt, die basierend auf dem BERKOM-Referenzmodell /3/ die zukünftigen Dienste und Protokolle in einer Breitbandumgebung beschreiben. Dabei werden insbesondere auch Überlegungen angestellt, welche "neuen" Anwendungen durch die höhere Übertragungsgeschwindigkeit möglich sein werden.

Zu der zweiten Gruppe der Projekte gehören die Arbeiten, die unter dem Titel "Multi-Media-Dokumente im ISDN-B" vom Forschungszentrum für Offene Kommunikationssysteme (FOKUS) der GMD-Berlin durchgeführt werden /4/. In diesem Projekt wird vor der Realisierung neuer Telekommunikationsdienste eine detaillierte Anforderungsdefinition erstellt, in der die neuen Qualitäten im Hinblick auf die Kommunikationsmöglichkeiten untersucht werden. Es handelt sich um ein Studien- und Konzeptionsprojekt, in dem die Bereiche "Bürosysteme" und "Informationssysteme" auf vorstellbare bzw. wünschenswerte Anforderungen hin seitens zukünftiger Nutzer analysiert werden. Dazu wurden zwei Anwendungsszenarien betrachtet:

- Verteilte Bearbeitung von Multi-Media-Dokumenten

- Multi-Media-Informationsbanken

Auf der Basis der Anforderungsanalyse wird ein Modell entwickelt und beschrieben werden, das mit dem ISO/OSI-Referenzmodell als Grundlage als ein verallgemeinertes Telekommunikationsmodell dienen soll. Die Grundidee dieser Überlegungen liegt darin, verschiedene Anwendungen nach gemeinsamen Informationstypen (Graphik, Raster-/Festbild, Text, Sprache, Bewegtbild,...) zu untersuchen und anschließend Telekommunikationsdienste zu definieren, die aus diesen Informationstypen zusammengesetzt werden.

3   Anforderungen an ein Multi-Media-Dokumentenmodell

Die nachfolgend aufgeführten Eigenschaften der verschiedenen Informationstypen und die Anforderungen bezüglich der Integration dieser Informationstypen in einem Multi-Media-Dokument wurden aus den oben erwähnten Szenarien abgeleitet und teilweise verallgemeinert. Dabei wurde die folgende Definition für den Begriff des **Multi-Media-Dokuments** verwendet:

> **Ein Multi-Media-Dokument ist eine Einheit, die Informationen unterschiedlicher Typen (Informationstypen) enthalten kann, die der optischen und akustischen Wahrnehmung dienen. Die Präsentation dieser Informationen kann, muß jedoch nicht, auf unterschiedlichen Ausgabemedien erfolgen.**

Diese Definition des Multi-Media-Dokuments umfaßt neben den "klassischen" Informationstypen

- **Text**

- **geometrische Graphik**

- **Rastergraphik / Festbild**

auch die Informationstypen

– **Bewegtbild**

– **Audio / Sprache.**

Diese Informationstypen wurden aufgrund der Häufigkeit ihres Auftretens in Multi-Media-Dokumenten und ihres Status innerhalb der internationalen Standardisierung festgelegt. Neben diesen von einem Modell für Multi-Media-Dokumente zu unterstützenden Informationstypen muß eine eindeutig definierte Schnittstelle existieren, über die beliebige andere Informationstypen (z.B. produktdefinierende Daten) in das Modell integriert werden können. Die obige Definition eines Multi-Media-Dokuments zusammen mit der Festlegung der in einem Multi-Media-Dokument auftretenden Informationstypen deckt das gesamte heute vorstellbare Spektrum der Be- und Verarbeitung von multimedialer Information ab. Die Offenheit des Multi-Media-Dokument-Modells erlaubt zukünftig seine Erweiterung. Auch Dokumente, die nur einen Informationstyp enthalten bzw. zur Präsentation des Inhalts nur ein Ausgabemedium benötigen, werden als Multi-Media-Dokument bezeichnet.

Außerdem wird die folgende Definition für den Begriff des **Multi-Media-Dokument-Objekts** eingeführt:

> **Ein Multi-Media-Dokument-Objekt kann ein Teil eines Multi-Media-Dokuments, ein Multi-Media-Dokument selbst oder eine Gruppe von Multi-Media-Dokumenten sein.**

Das **Multi-Media-Dokument-Modell** setzt sich aus einem **Datenmodell** und einem **Kommunikationsmodell** zusammen, die beide in einem gemeinsamen Modellansatz aufeinander abgestimmt sein müssen.

3.1   Das Multi-Media-Dokument-Datenmodell

Das **Datenmodell** beschreibt die Multi-Media-Dokument-Strukturen der einzelnen Informationstypen sowie die informationstypübergreifenden Dokumentenstrukturen. Die informationstypübergreifenden Dokumentenstrukturen erlauben die Integration der verschiedenen Informationstypen. Neben den traditionellen linearen Strukturen sind durch diese Dokumentenstrukturen alternative, aber nicht notwendigerweise beliebige Pfade bei der Verfolgung der Information zugelassen. In bestimmten Anwendugen besteht die Möglichkeit durch ein Multi-Media-Dokument zu navigieren wie beim Lesen einer Zeitung (*browsing*).

Die informationstypübergreifenden Dokumentenstrukturen erlauben die Verwaltung mehrerer Varianten (Kurzfassung, Langfassung, Pocket Guide,...) eines Multi-Media-Dokuments. Es gibt zeitlich aufeinander aufbauende Versionen eines Multi-Media-Dokuments zur Verfolgung der Historie, wobei neue Versionen eines Multi-Media-Dokuments mit Markierungen automatisch generiert werden können (Änderungsprotokoll). Die informationstypübergreifenden Strukturen sind nicht nur an der reinen Darstellung eines Multi-Media-Dokuments orientiert, sondern unterstützen durch eine auf logischer Ebene liegende Semantik Erzeugung, Handhabung und Retrieval. Beispielsweise werden in diesem Datenmodell Tabellen als informationstypübergreifende logische Struktur betrachtet, da nicht nur Text sondern auch Bilder in tabellarischer Form dargestellt werden können. Die Semantik solcher logischer Strukturen (Tabellen, Kapitel,...) muß allgemeingültig festgelegt werden. Es besteht die Möglichkeit, aus dem Gesamtangebot der semantisch definierten Strukturen sogenannte **Dokumentenklassen** zusammenzustellen, die die Regeln für den Aufbau immer wiederkehrender Dokumentenstrukturen festlegen (beispielsweise technischer Bericht, Unterrichtseinheit, Geschäftsbrief,...).

Innerhalb eines Informationstyps angebotene Strukturen sind eindeutig und wiederholen sich nicht in anderen Informationstypen. Eine gewünschte spezifische Darstellung wird durch Kombination mehrerer Informationstypen erreicht: Beispiele dafür sind Texte innerhalb von Graphiken, die (gerechnete graphische) Konturlinie in/über einem Rasterbild oder der Ton zu einem Bewegtbild. Hierbei handelt es sich sowohl um örtliche wie auch zeitliche Überlagerungen. Der Zusammenhang solcher Multi-Media-Dokument-Objekte geht aus der Struktur hervor, um Operationen wie Löschen, Verschieben, Transformation für alle von der Operation betroffenen Objekte gemeinsam durchführen zu können.

Aus den informationstypübergreifenden Strukturen sind eindeutig Untermengen identifizierbar durch sogenannte Anwendungsprofile oder durch *conformance level.*

Neben der erwähnten informationstypübergreifenden Eigenschaften bietet jeder Informationstyp durch seine Struktur eine informationstypspezifische Funktionalität. Dazu wird der Begriff des **Grundelements** folgendermaßen definiert:

Das Grundelement eines Informationstyps ist die kleinste manipulierbare Einheit, auf die der Benutzer Zugriff hat. Die einzelnen Informationstypen haben folgende Grundelemente:

- **Text : Zeichen**

- **Graphik : graphische Primitive**

- **Rasterbild : Bildelement**

- **Bewegtbild : Rasterbild**

- **Audio/Sprache : Ton für eine definierte Zeit**

Diese Grundelemente können zu komplexen informationstypspezifischen Strukturen zusammengesetzt werden. Aus Platzgründen wird an dieser Stelle nur eine knappe Zusammenfassung der spezifischen Anforderungen aus dem Bereich des Informationstyps **Graphik** wiedergegeben. Auf die Darstellung der Eigenschaften der anderen Informationstypen wird hier verzichtet auf auf /4/ verwiesen. Die nachfolgende Darstellung ist in etwas gekürzter Form aus /4/ entnommen worden.

Unter dem Informationstyp Graphik wird hier die generative Computer-Graphik verstanden, in der Bilder in Form von Bildbeschreibungen vorliegen. Der Informationstyp Graphik erfüllt durch seine spezifischen Strukturen die nachfolgend in Stichpunkten aufgeführten Anforderungen.

1. Geometrie der Grundelemente

- Markierungen: Eine Punktmenge kann markiert werden.

- Linienelemente: Linien werden dargestellt durch Polygonzüge, Kurven zweiter Ordnung und entsprechende Kurvenbögen sowie durch Interpolation (z.B. Spline-Funktionen).

- Flächenelemente: Diese werden durch geschlossene Umrandungen definiert, wobei mehrfach zusammenhängende Gebiete zugelassen sind. Das Innere der Gebiete kann gefüllt werden.

- Punktmengen in der Ebene: Die Darstellung erfolgt über Felder von Bildpunkten (*cell array*).

- Verallgemeinertes Darstellungselement: Es können anwendungsspezifische Grundelemente definiert werden.

2. Erscheinungsbild der Grundelemente

- Markierungen: Art und Farbe von Markierungen sind variabel gestaltbar.

- Linien: Art, Breite und Farbe sind variabel gestaltbar. Die Darstellung der Endpunkte von Linien sowie die Verbindung zweier Linien sind beeinflußbar.

- Flächen: Das Füllgebiet sowie die Umrandung sind variabel darstellbar.

- Farbe: Es gibt ein für alle Informationstypen geltendes und von Ausgabegeräten unabhängiges Farbmodell. Die Farbe ist über einer Fläche veränderbar (Schattierung).

3. **Struktur der graphischen Objekte**

- Flache Struktur: Objekte enthalten keine weiteren Objekte.

- Vernetzte Struktur: Eine mehrstufig hierarchische Struktur erlaubt eine schrittweise Objektbildung aus vorhandenen Objekten.

4. **Manipulation und Präsentation** von graphischen Objekten

- Erzeugen

- Löschen

- Verändern / Editieren

- Namensgebung und - änderung

- Allgemeine Transformationen

- Kopieren, auch in andere Objekte

- Ändern der Eigenschaften der graphischen Objekte: Sichtbarkeit, Hervorhebung, Priorität, Ansprechbarkeit

- Mechanismen für Abschneiden, Ausblenden und Algorithmen für verdeckte Kanten und Flächen

5. **Informationsgehalt** der graphischen Objekte unter dem Gesichtspunkt des Austauschs

- Dimensionalität: 3D-Information bleibt erhalten oder wird in 2D-Information abgebildet.

- Vollständigkeit: Sämtliche zur Erstellung eines Bildes erforderlichen Operationen werden protokolliert oder redundante Operationen werden weggelassen.

- Struktur der graphischen Objekte: Die Strukturen bleiben zwecks Weiterverarbeitung vollständig erhalten oder sie werden bis auf graphische Primitive aufgelöst oder die Gesamtinformation wird bis auf Bildelemente eines Rasterbildes aufgelöst.

- Bilddateien: Mehrere Bilder sind innerhalb einer Bilddatei identifizierbar oder bildübergreifende Beschreibungen beinhalten sogar graphische Objekte (Bibliotheken graphischer Objekte).

3.2 Das Multi-Media-Dokument-Kommunikationsmodell

Das *Kommunikationsmodell* definiert die funktionalen Komponenten, Dienste und Protokolle, die zur Handhabung und Verwaltung der aus den Anforderungen abgeleiteten Eigenschaften notwendig sind.

Für die beiden oben erwähnten Szenarien (*Verteiltes Bearbeiten von Multi-Media-Dokumenten und Multi-Media-Informationsbanken*) wurde eine Beschreibungsweise gewählt, die die Handhabung und Verwaltung eines Multi-Media-Dokuments in **Aktivitäten** gliedert. Diese Beschreibungsweise stützt sich auf das **AMIGO** (*Advanced Messaging In Group Organization*) **Activity Model** /5/. Als Aktivität im Sinn dieses Modells wird ein Informationsaustausch zwischen zwei oder mehreren Instanzen verstanden, der der gemeinsamen Ausführung einer wohldefinierten Aufgabe dient. Die ausgetauschte Information besteht aus einem wohldefinierten **Objekttyp - der Nachricht**. Diese Nachricht ist aus den Informationstypen (Text, Graphik, Rasterbild, Bewegtbild, Audio/Sprache) zusammengesetzt.

Jede von mehreren Instanzen gemeinsam auszuführende Aktivität bedarf einer Koordination. Daher werden **Rollen** und **Regeln** in die Definition der Aktivitäten einbezogen. Beispiele für Rollen sind Autor, Gutachter, Kunde, Projektleiter, Herausgeber, Betreiber u.s.w.. Die Regeln legen fest, welche Funktionen (Operationen) unter welchen Bedingungen von welcher Rolle auf welchen Objekttypen ausgeführt werden dürfen. Beispiele für solche Funktionen sind Senden, Auswerten, Ändern, Ausfüllen, Löschen, Markieren u.s.w.. Eine Aktivität besteht demnach aus der Beschreibung der Rollen, der Objekttypen, der Funktionen und der Regeln.

Die Ausarbeitung des Kommunikationsmodells basierend auf der Beschreibung dieser Aktivitäten berücksichtigt weiterhin Kriterien, die sich aus der synchronen bzw. asynchronen Bearbeitung, aus der räumlich verteilten oder lokalen Bearbeitung, aus der Festlegung unterschiedlicher Bearbeitungsrechte bezüglich des Inhalts oder der Präsentation von Multi-Media-Dokumenten ergeben. Dabei muß das Kommunikationsmodell in enger Verzahnung mit dem Datenmodell Information enthalten, die die Aktivitäten Identifikation, Erstellung und Bearbeitung, Präsentation, Archivierung (Speicherung, Retrieval), Austausch und Verteilung, Koordination und Sicherheit der Multi-Media-Dokumente unterstützt.

4 Schlußbemerkung

Die Zeitplanung des Projektes "Multi-Media-Dokumente im ISDN-B" sieht vor, die Beschreibung des Multi-Media-Dokument-Modells bestehend aus dem Datenmodell und dem Kommunikationsmodell bis zum Ende des Jahres 1988 fertigzustellen. Die Beschreibung des Kommunikationsmodells erfolgt mittels der im *AMIGO Activity Model* beschriebenen Syntax. Für die Beschreibung des Datenmodells werden derzeit verschiedene formale und halbformale Methoden untersucht.

Das in diesem Papier skizzierte Multi-Media-Dokument-Modell wird als verallgemeinertes Telekommunikationsmodell in der nächsten Studienperiode der CCITT (1989-1993) in den Studienkomissionen VII, VIII und XVIII diskutiert werden. Entsprechende Fragestellungen, die sich aus den geschilderten Arbeiten ergeben haben, wurden durch die Deutsche Bundespost in die Gremien der CCITT eingebracht. Parallel dazu wird die Modellbeschreibung mit interessierten Firmen in Arbeitskreisen des Projektes BERKOM diskutiert und außerdem über das Deutsche Institut für Normung (DIN) in die Diskussion der Internationalen Standardisierungsorganisation (ISO) eingebracht werden.

5 Literaturverzeichnis

/1/   International Organization for Standardization (ISO): Information Processing Systems - Text and Office Systems - Office Document Architecture (ODA) and Interchange Formats, ISO DIS 8613, (1987)

/2/   International Organization for Standardization (ISO): Information Processing Systems - Open Systems Interconnection (OSI) - Basic Reference Model, ISO 7498, (1984)

/3/   BERKOM-Referenzmodell, Version 01, Deutsche Telepost Consulting GmbH, Projektleitung BERKOM, Potsdamer Straße 87, 1000 Berlin 30, (1987)

/4/   G. Schürmann, T. Magedanz, E. Moeller, A.Scheller, M. Tschichholz, K.H. Weiß, K.D. Engel: Multi-Media-Dokumente im ISDN-B - Anforderungsanalyse, GMD-FOKUS, Hardenbergplatz 2, 1000 Berlin 12, (1988)

/5/   T. Danielsen, U. Pankoke-Babatz: The AMIGO Activity Model, European Teleinformatics Conference EUTECO 88, Vienna, (1988)

Freiformflächen

Algorithmen zum geometrischen Modellieren mit Freiformflächen

Hans Hagen; Paolo Santarelli*; Guido Schulze
FB Informatik   Universität Kaiserslautern

Abstract: Surfaces designed in a computer graphics environment have many applications, including fitting experimental data; the design of cars, airplanes, shipbodies and modeling robots.
The choice of the surface form depends upon the application. A very usefull and popular tool is the Bezier- and B-Spline technique. The purpose of this paper is to present algorithms for geometric modeling with Bezier- and B-Spline-patches and to present a new automatic smoothing method based on a calculus of variation approach.

1. Grundlagen: Computer Aided Geometric Design ist aus dem Bedarf für Freiformkurven und Freiformflächen in der CAD/CAM-Technologie entstanden und hat sich in den letzten Jahren zu einem der Hauptforschungsschwerpunkte der Informatik mit direkten Anwendungen in den Ingenieurwissenschaften entwickelt. Die Bezier- und B-Splinetechnik spielt dabei eine zentrale Rolle. Die Grundidee dieser Verfahren beruht darauf sowohl Kurven als auch Flächen durch relativ wenige Punkte festzulegen und zu kontrollieren, wobei die Visualisierung durch schnelle Algorithmen erfolgt. Der Unterschied zwischen den beiden Methoden besteht darin, daß Kontrollpunktänderungen bei B-Splinekurven sowie bei B-Splineflächen lediglich lokale Änderungen hervorrufen, wogegen sie bei der Beziertechnik globale Auswirkungen haben!

* part of this research was supported by Steinbeis-Stiftung für Wirtschaftsförderung - Technologietransferzentrum RIM Karlsruhe.

Definition (1.1): (a) $X: [a,b] \to E^3$, definiert durch

$$X(t) := \sum_{i=0}^{m} b_i \cdot B_i^m(t) = \frac{1}{(b-a)^m} \sum_{i=0}^{m} b_i \cdot \binom{m}{i} (t-a)^i (b-t)^{m-i}$$

wird als **Beziersegment** vom Grad m bezeichnet, wobei die $b_i \in E^3$, $i = 0,\ldots,m$ **Bezierpunkte** genannt werden.

(b) Eine **Bezierkurve** ist eine segmentierte Kurve. Die einzelnen Kurvensegmente $X_l(t)$, $l = 0,\ldots,k$ einer Bezierkurve m-ten Grades über dem Parameterintervall $t_l \leq t \leq t_{l+1}$ sind gegeben durch:

(1.1.1) $$X_l(t) := \sum_{i=0}^{m} b_{ml+i} \, B_i^m(t)$$

(c) Als **offene B-Splinekurve** vom Grad M-1 zum B-Splinekontrollpolygon P_n mit den Eckpunkten $d_0,\ldots,d_n$ (wobei $n \geq M-1$) wird bezeichnet:

(1.1.2) $$Y(s) := \sum_{j=0}^{n} d_j \cdot N_{j,M}(s) \quad \text{mit } 0 \leq s \leq \tilde{x}_{n-M+2}$$

und dem "inneren Knotenvektor" $\{\tilde{x}_0,\ldots,\tilde{x}_{n-M+2}\}$

$(\tilde{x}_{i-1} < \tilde{x}_i$ für $i = 1,\ldots,n-M+2)$, der "Kern" des Knotenvektors $\{x_0,\ldots,x_{n+M}\}$ ist, wobei

$$\begin{aligned}
x_i &= \tilde{x}_0 & \text{für } i &= 0,1,\ldots,M-2 \\
x_{i+M-1} &= \tilde{x}_i & \text{für } i &= 0,1,\ldots,n-M+2 \\
x_{i+n+2} &= \tilde{x}_{n-M+2} & \text{für } i &= 0,1,\ldots,M-2
\end{aligned}$$

Eine **geschlossene B-Splinekurve** erhält man, wenn als Knotenvektor $\{x_0,\ldots,x_{n+1}\}$ gewählt wird, mit $x_i := (i-M \text{ div } 2) \text{ mod } n+1$; $i = 0,\ldots,n+1$.

Die Knotenwahl bei einer offenen B-Splinekurve sichert die Übereinstimmung von Anfangs- und Endpunkt mit dem Polygonzug. Die Grundidee bei geschlossenen B-Splinekurven ist "einen mittleren B-Spline" als kanonische Mischfunktion zu benutzen.

Quintische B-Splinekurve:

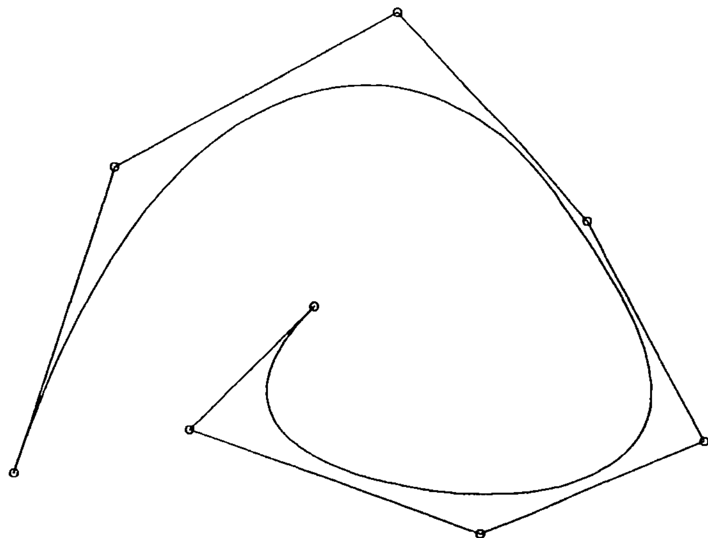

Zur direkten Auswertung sind (1.1.1) und (1.1.2) kaum geeignet.
Man verwendet vielmehr Unterteilungsalgorithmen:

(1.2) Beziersegment-Algorithmus

Input: M = Ordnung der Kurve; N = Anzahl der Pixel pro Kurve
$\{b_0^{(0)},...,b_m^{(0)}\}$ Kontrollpunkte (m := M-1)

```
FOR  p := 0  TO  N  DO
     BEGIN
```
$$t := \frac{p}{N} \cdot (b-a)$$
```
     FOR  K := 1  TO  m  DO
     BEGIN
          FOR  j := k  TO  m  DO
          BEGIN
```
$$b_j^{(k)} := \frac{t-a}{b-a}\, b_j^{(k-1)} + (1- \frac{t-a}{b-a})\, b_{j-1}^{(k-1)}$$
```
          END
     END
```
$$X(t) := b_m^{(m)}$$
```
     END
```

Das geometrische Prinzip eines derartigen Unterteilungsalgo-

rithmus ist im folgenden am Beispiel einer kubischen einseg-
mentigen Bezierkurve dargestellt.

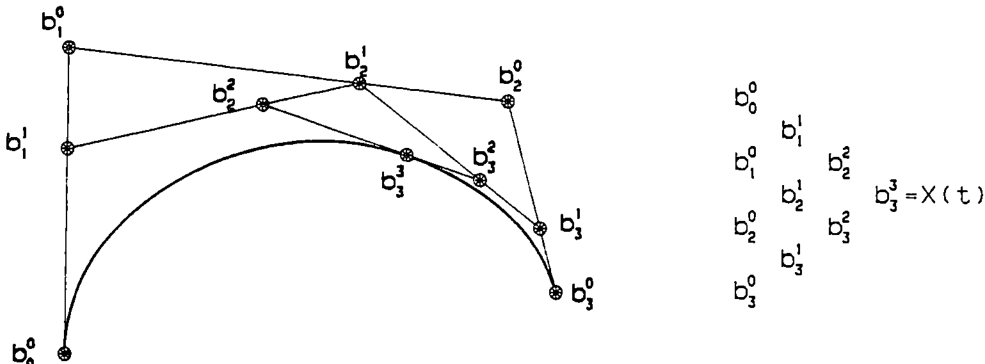

(1.3)   B-Splinekurven-Algorithmus

Input: M = Ordnung der Kurve; N = Anzahl der Pixel pro Kurve

$\{d_0^{(o)},\ldots,d_n^{(o)}\}$ Kontrollpunkte; $n \geq M-1$

Knotenvektor:

geschlossen: $\{x_o,\ldots,x_{n+1}\}$ mit $x_i := (i-M \text{ div } 2)\bmod(n+1)$

offen: $\{\underbrace{0,\ldots,0}_{M},1,2,\ldots,n-M+2,\underbrace{\ldots,n-M+2}_{M}\}$

```
FOR  p := 0  TO  N  DO
     BEGIN
```

$$s := \frac{p}{N}\cdot A \;;\; A := n+1 \quad\text{bzw.}\quad A := n-M+2$$

```
     FOR  k := 1  TO  M-1  DO
          BEGIN
               suche i ≤ s
               FOR  j := i-M+k+1  TO  i  DO
                    BEGIN
```

$$d_j^{(k)} := \frac{s-x_j}{x_{j+M-k}-x_j}\, d_j^{(k-1)} + \left(1-\frac{s-x_j}{x_{j+M-k}-x_j}\right)d_{j-1}^{(k-1)}$$

```
                    END
               END
     END
```

$$y(s) := d_i^{(M-1)}$$

```
END
```

Die Tatsache, daß Bernsteinpolynome $\binom{m}{i}(t-a)^i(b-t)^{m-i}$ ausge-
artete B-Splines mit degeneriertem Knotenvektor

$\{\underbrace{a,\ldots,a}_{M},\underbrace{b,\ldots,b}_{M}\}$ sind, ist der Ausgangspunkt eines Algo-

rithmus von **W. Boehm**, der sehr elegant und effektiv durch reine
Kontrollpolygonkonstruktion B-Splines in Bezier-Splines (segmentierte Bezierkurven mit C^{M-2}-Übergängen) und umgekehrt um-
wandelt (siehe [Boehm et al. '84]). Es ist also nicht nötig,
Matrizenoperationen auf jedem Segment durchzuführen !

(1.4)   **"Convex Hull"- und "Variation Diminishing-Property"**
        von B-Spline- und Bezierkurven:

(1.4.1) Jede Gerade schneidet eine B-Spline- oder eine Be-
        zierkurve nicht öfter als das zugehörige Kontroll-
        polygon.

(1.4.2) Die B-Spline- bzw. Bezierkurve liegt in der konvexen
        Hülle des zugehörigen Kontrollpolygons.

Diese beiden Eigenschaften und die Tatsache, daß die Unterteilungsalgorithmen im jeweils vorletzten Schritt die Tangenten liefern, macht diese Technik für viele Anwendungen sehr
attraktiv.

(1.5)   Geometrische Übergänge

Eine Kurve $X(t)$ im dreidimensionalen Raum ist durch ihre Krümmung $\varkappa(t)$ und ihre Torsion $\tau(t)$ bis auf ihre Lage im Raum festgelegt. Ist $X(t)$ eine segmentierte Kurve mit den Kurvenseg-
menten X_l und den Parameterintervallen $[t_l, t_{l+1}]$; $l = 0,\ldots,k$,
so liegt in den Trennstellen $X_l(t_{l+1}) = X_{l+1}(t_{l+1})$ ein **tan-
gentialer Übergang** vor, wenn gilt:

$$(1.5.1)\qquad \dot{X}_{l+1}(t_{l+1}) = \lambda \cdot \dot{X}_l(t_{l+1}) \quad ; \quad \lambda > 0$$

ein **krümmungsstetiger Übergang** liegt vor, wenn gilt:

$$(1.5.2)\qquad \ddot{X}_{l+1}(t_{l+1}) = \lambda^2\, \ddot{X}_l(t_{l+1}) + \mu\, \dot{X}_l(t_{l+1})$$

ein **torsionsstetiger Übergang** liegt vor, wenn gilt:

(1.5.3) $\qquad \dddot{x}_{l+1}(t_{l+1}) = \lambda^3 \, \dddot{x}_l(t_{l+1}) + \mu^2 \, \ddot{x}_l(t_{l+1}) + \nu \, \dot{x}_l(t_{l+1})$

Dies ist unmittelbar einsichtig, da Berührordnungen ersten,
zweiten und dritten Grades ja tangentialstetige, krümmungs-
und torsionsstetige Übergänge liefern.

Diese Fakten sind mittels Bezier- oder B-Spline Kontroll-
punktkonfigurationen übersichtlich darstellbar. Die erste
Bezierpolygonkonstruktion zur Erzeugung von krümmungsstetigen Bezierkurven wurde von **Farin** angegeben (siehe
[Farin '82]).
Bezierpolygonkonstruktionen, die krümmungs- und torsionsstetige Bezierkurven liefern, findet man in [**Hagen** '86].
Die dort angegebenen Bedingungen ermöglichen Kurvenver-
änderungen (Glättungen) durch Verschiebung von Bezier-
punkten längs geeigneter Geraden, wobei die Krümmungsstetigkeit der Kurve nicht verletzt wird.

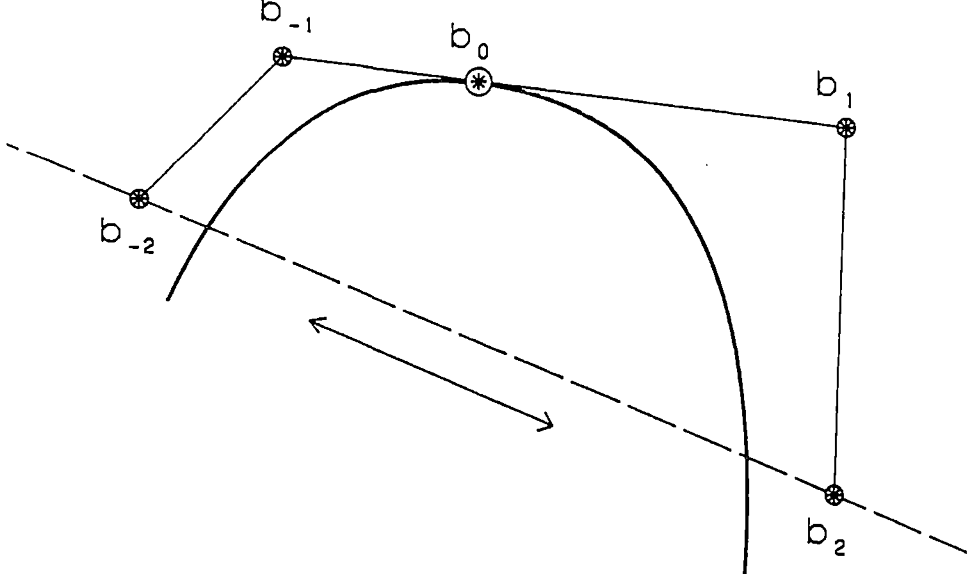

Die möglichen Lagen von b_2 und b_{-2} sind durch die ge-
strichelte Linie gegeben.

Krümmungsstetige Kurven werden auch **visuelle** – C^2-**Kurven**
genannt, denn "optisch" kann man diese Kurven nicht von
C^2-Kurven unterscheiden. Dies ist mathematisch durch die

Tatsache der Reparametrisierbarkeit der krümmungsstetigen Kurven zu C^2-Kurven durch Übergang zur Bogenlängenparametrisierung begründet.

1.6 Bezier- und B-Splineflächen

An die Stelle der Kontrollpolygone tritt nun eine aus hyperbolischen Paraboloiden zusammengesetzte Fläche.

Als **Bezier-Flächensegment** vom Grad (m,n) erhält man somit:

$$(1.6.1) \quad X(u,w) := \sum_{i=0}^{m} \sum_{j=0}^{n} b_{ij} \cdot B_i^m(u) \cdot B_j^n(w)$$

Eine **Bezierfläche** ist eine segmentierte Fläche. Die einzelnen Flächensegmente Xpq; p=0,...,k, q=0,...,r einer Bezierfläche (m,n)-ten Grades über dem Parametergebiet $[u_p, u_{p+1}]$ $[w_q, w_{q+1}]$ sind gegeben durch

$$(1.6.2) \quad Xpq(u,w) := \sum_{i=0}^{m} \sum_{j=0}^{n} b_{ij,pq} \cdot B_i^m(u) \cdot B_j^n(w)$$

Ausgehend von den de Boorpunkten d_{ij} (i=0,...,m;j=0,...,n) wird als **B-Splinefläche** bezeichnet:

$$(1.6.3) \quad Y(u,w) := \sum_{i=0}^{m} \sum_{j=0}^{n} d_{ij} \; N_{i,M}(u) \; N_{j,N}(w)$$

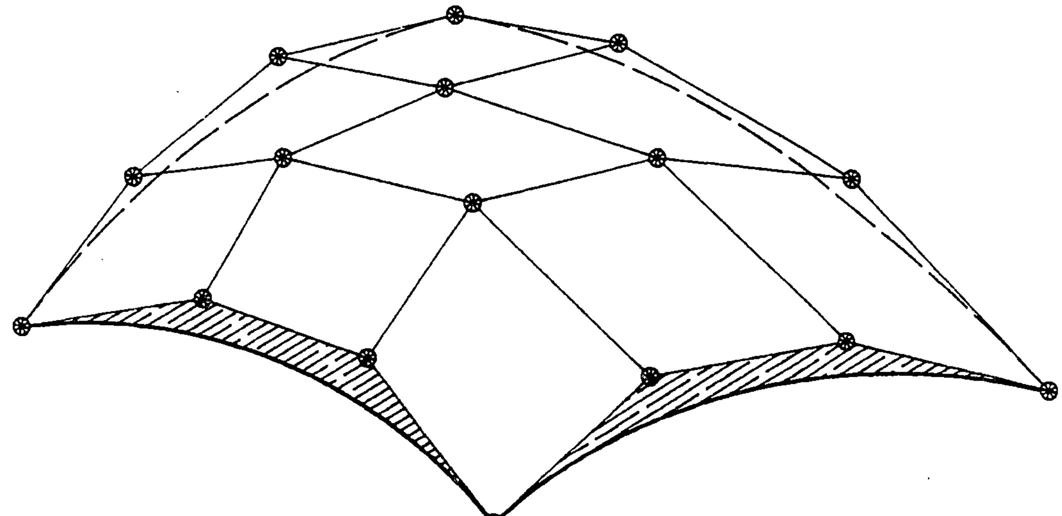

Die Flächengenerierung bei diesem sog. Tensorproduktflächen-
typ erfolgt durch zweimalige Anwendung der Bezier- bzw.
B-Splinekurvenalgorithmen zunächst in u- und dann in w-Rich-
tung. Diese Vorgehensweise ist hier am Beispiel einer bikubischen Bezierfläche dargestellt:

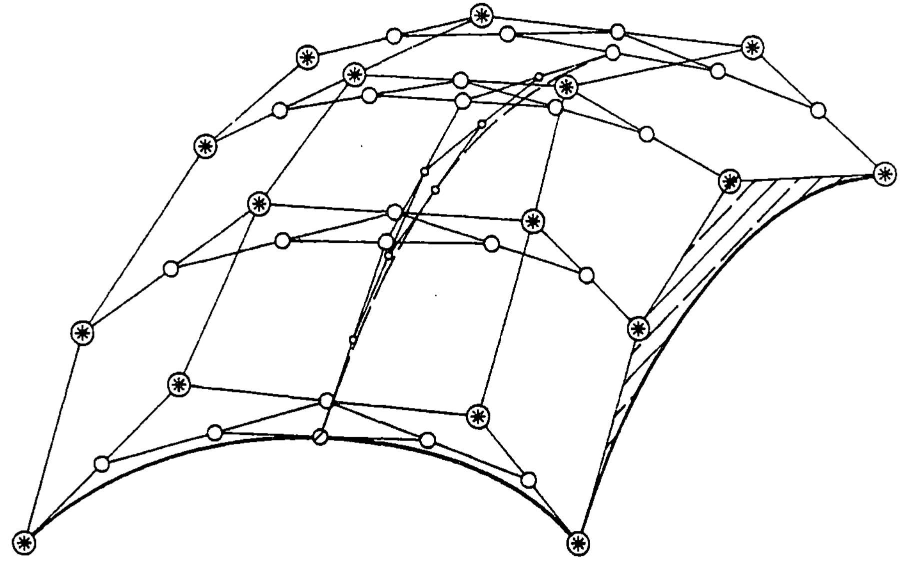

Verwendet man baryzentrische Koordinaten: $0 \leq u,v,w \leq 1$ und
$u + v + w = 1$. So lassen sich **verallgemeinerte Bernsteinpolynome** über Dreiecken wie folgt definieren:

$$(1.6.4) \qquad B_{i,j,k}^{n}(u,v,w) := \frac{n!}{i!\ j!\ k!}\ u^{i}v^{j}w^{k}$$

Mit diesen Blending Functions wiederum ist eine Modellierung
über Dreiecken möglich (siehe [**Farin** '79]).
Als **triangular Bezier-Patch** wird bezeichnet:

$$(1.6.5) \qquad X(u,v,w) := \sum_{\substack{i+j+k\ =\ n \\ i,j,k\ \geq\ 0}} b_{i,j,k}\ B_{i,j,k}^{n}(u,v,w)$$

$$0 \leq u,v,w \leq 1 \quad \text{und} \quad u + v + w = 1$$

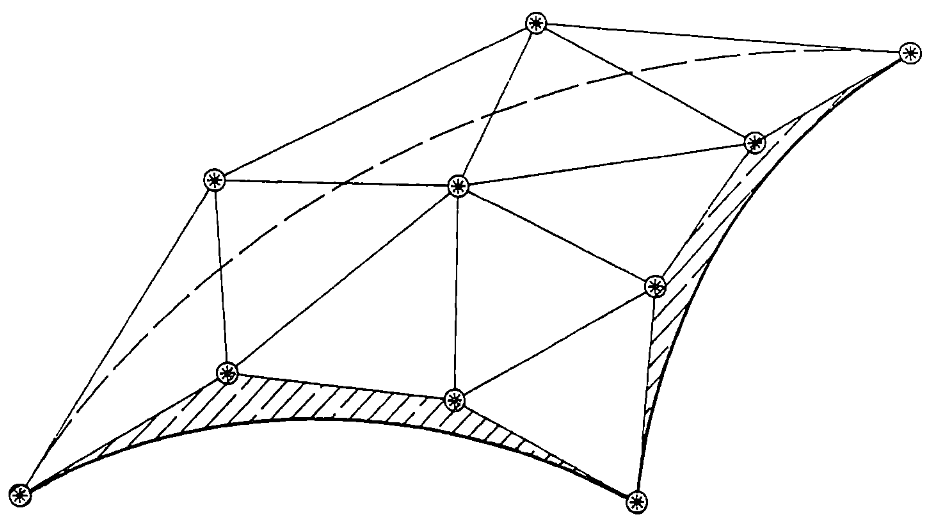

Auch dieser Flächentyp ist durch einen Unterteilungsalgorithmus darstellbar:

(1.6.6)   Dreiecks-Bezier-Flächen-Algorithmus

Input: M = Ordnung der Fläche ; m := M-1
$\{b_{i,j,k}\}$ $\dfrac{(m+1)(m+2)}{2}$ Kontrollpunkte

```
FOR   l := 1  TO  m  DO
    BEGIN
        FOR  j := 0  TO  m-l  DO
          BEGIN
             FOR  i := 0  TO  m-l-j  DO
               BEGIN
                  k := m-l-i-j
```

$$b_{i,j,k}^{(l)} := u\, b_{i+1,j,k}^{(l-1)} + v\, b_{i,j+1,k}^{(l-1)}$$

$$+ w\, b_{i,j,k+1}^{(l-1)}$$

```
               END
          END
    END
```

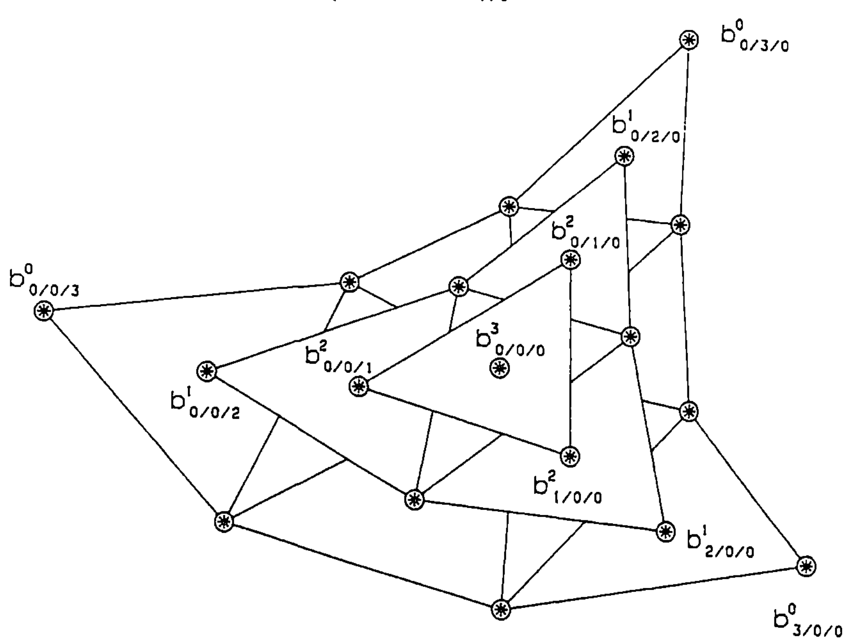

Diese Freiformflächen haben eine zu (1.4) analoge Convex Hull
Property und im jeweils vorletzten Algorithmusschritt werden
die Tangentialebenen "mitgeliefert". Diese Fakten machen diese
Flächentypen sehr attraktiv für Anwendungen. Es ist allerdings
zu beachten, daß eine Variation Diminishing Property im allgemeinen nicht gilt.

2. Design von glatten Kurvennetzen: Lediglich die Seg-
mentendpunkte einer Bezier- bzw. B-Splinekurve sind Kurvenpunkte, also echt interpolierend. Man steht somit vor der
Aufgabe die "mittleren" Kontrollpunkte so zu bestimmen, daß
die Kurve möglichst glatt ist. **P. Santarelli** benutzt als
Glattheitskriterium die Bedingung:

$$(2.1) \qquad \int \|X''\|^2 \, dt \to \min$$

wobei er zunächst das Integral für Bezier- bzw. B-Splinekurven ausrechnet und dann die notwendigen Bedingungen für
ein Minimum im Sinne der Variationsrechnung bestimmt. Für
mehr Details siehe [Santarelli '88].
Der Algorithmus von **G. Schulze** interpoliert nicht nur Punkte,
sondern auch Tangenten in den Punkten. Als Kriterium zur
geeigneten Wahl der Freiheitsgrade wird die folgende Glät-

tungsintegralbedingung benutzt:

$$(2.2) \quad \int x^2(t) \cdot || \, x'(t) \, || \; dt \to \min$$

Als Ergebnis der "zugehörigen" Variationsrechnung erhält man eine Kennzeichnung der minimalen Kurven in Form einer Differentialgleichung für ihre Krümmungsfunktion. Aus diesen Krümmungsinformationen wird die Kurve dann modelliert.

3. Modellierung glatter Flächen: Geht man von einem glatten Kurvennetz aus, so hat man die "inneren" Kontrollpunkte so zu bestimmen, daß die (segmentierte) Fläche möglichst glatt ist. Bei einem bikubischen Bezier-Patch ergibt sich dabei folgende Situation:

$$
\begin{array}{cccc}
b_{03} & b_{13} & b_{23} & b_{33} \\
b_{02} & b_{12} & b_{22} & b_{32} \\
b_{01} & b_{11} & b_{21} & b_{31} \\
b_{00} & b_{10} & b_{20} & b_{30}
\end{array}
$$

b_{11}; b_{12}; b_{21}; b_{22} sind somit noch zu bestimmen.

Das Funktional $\int_S (k_1^2 + k_2^2) \, dS$ ist ein Standard-Glattheitskriterium für Flächendarstellungen in den Ingenieurwissenschaften (siehe [**Nowacki** '83]). k_1 und k_2 sind dabei die Hauptkrümmungen der Fläche. Dieses Funktional ist äquivalent zum Biegungsenergieintegral der Schalentheorie unter Vernachlässigung von Querkontraktionen.

H. Hagen und **G. Schulze** benutzen dieses Funktional im Rahmen eines Variationsrechnungsansatzes zur Formulierung von Glattheitsbedingungen unter der Nebenbedingung orthogonaler Parameterlinien (siehe Hagen-Schulze '88). Kürzlich gelang es **G. Farin** und **H. Hagen** ohne derartige Nebenbedingungen zu zeigen:

Eine Fläche ist glatt im Sinne von $\int_S (k_1^2 + k_2^2) dS \to \min$ **falls gilt:**

$$(3.1) \quad h_{12} := \langle N, X_{uw} \rangle = \frac{g_{12}(g_{11}h_{22} + g_{22}h_{11})}{g_{11}g_{22} + g_{12}^2}$$

wobei $X(u,w)$ die Parameterdarstellung der Fläche ist; $<,>$ das Skalarprodukt des E^3; $X_{uw} := \dfrac{d^2 x}{du\ dw}, \ldots ; g_{11} := <x_u,x_u>$, $g_{12} := <x_u,x_w>$, $g_{22} := <x_w,x_w>$; $h_{11} := <N,X_{uu}>$, $h_{12} := <N,X_{uw}>$, $h_{22} := <N,X_{ww}>$; N ist der Normalenvektor der Fläche.

Die Komponenten h_{11} und h_{22} der zweiten Fundamentalform sowie alle Komponenten g_{ij} $(i,j = 1,2)$ der ersten Fundamentalform werden aus dem glatten Kurvennetz bestimmt. (3.1) liefert somit geeignete Normalenkomponenten der sogenannten Twistvektoren X_{uw}. Da die tangentialen Komponenten der gemischten Ableitungen aus der ersten Fundamentalform vollständig bestimmt werden, hat man somit die Twistvektoren der gewünschten glatten Fläche bestimmt. Die partiellen Ableitungen X_{uw} sind aber direkt in "inneren Kontrollpunkte" von Bezier- und B-Splineflächen umrechenbar.

Im Falle einer bikubischen Bezierfläche ergibt sich:

$$
\begin{aligned}
b_{11} &= -b_{00} + b_{10} + b_{01} + c\cdot X_{uw}(u_i,w_j)\\
b_{21} &= -b_{30} + b_{20} + b_{31} - c\cdot X_{uw}(u_{i+1},w_j)\\
b_{12} &= -b_{03} + b_{02} + b_{13} - c\cdot X_{uw}(u_i,w_{j+1})\\
b_{22} &= -b_{33} + b_{32} + b_{23} + c\cdot X_{uw}(u_{i+1},w_{j+1})\\
c &:= \frac{(u_{i+1}-u_i)(w_{j+1}-w_j)}{9}
\end{aligned}
$$
(3.2)

Im biquintischen Fall ergeben sich analoge Beziehungen.

Man kann das Funktional $\int_S (k_1^2 + k_2^2)dS$ auch diskretisieren, d.h. durch eine Quadraturformel ersetzen.
Mit dieser diskreten Version läßt sich der Variationsrechnungsansatz ebenso durchführen. Es ergibt sich aber bis auf einen unwesentlichen Faktor im Prinzip erneut (3.1) (siehe [**Hagen-Santarelli '88**]).

4. Anwendungen:

Die folgenden Bilder zeigen einen Haartrockner, der mit den
obigen Methoden konstruiert wurde. Als Glattheitstest wurden
die Normalschnittkrümmungen geeigneter Flächenkurven
visualisiert und mit den entsprechenden Normalschnittkrümmungen
bei Eingabe von $X_{uw} = 0$ (eine Art "Standardfehler") verglichen. Weitere Algorithmen zur Qualitätsanalyse von Flächen
findet man in [**Hagen-Hoschek** '88].

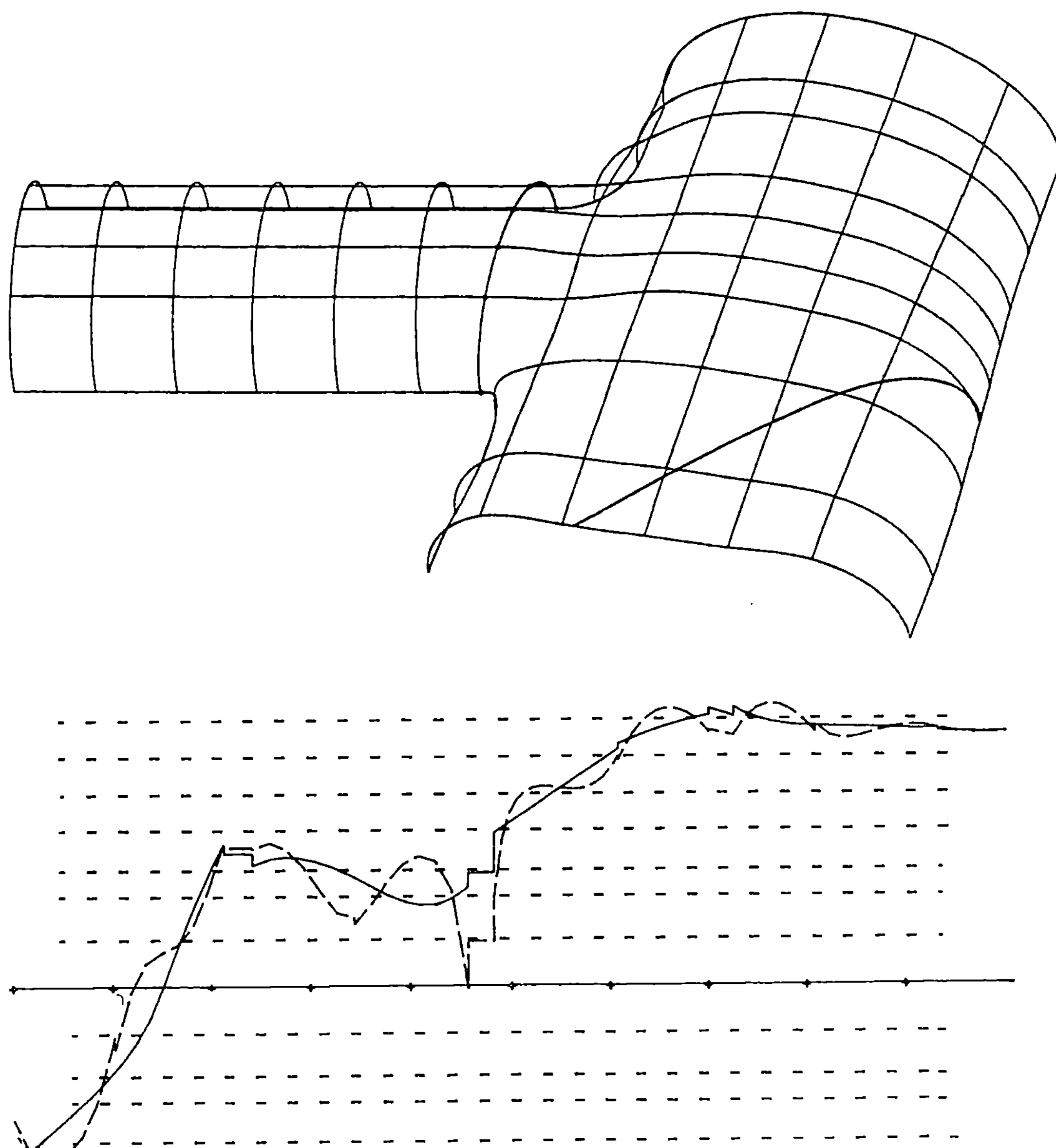

L I T E R A T U R

Boehm, Farin, Kahmann: A survey of curve and surface methods
in C A G D
Computer Aided Geometric Design 1, 1-60 (1984)

Farin: Visually C^2 Cubic Splines
Computer Aided Design 14, 137-139 (1982)

Farin: Subsplines über Dreiecken
Dissertation TU Braunschweig, 1979.

Farin-Hagen: Twist Estimation for Smooth Surface Design
to be published in Computer Aided Geometric
Design.

Hagen: Bezier-Curves with Curvature And Torsion
Continvity
Rocky Mountain Journal of Mathematics 16, 3,
p. 629-638 (1986).

Hagen-Hoschek: Algorithmen zur Qualitätsanalyse von Freiformflächen to be published.

Hagen-Schulze: Automatic Smoothing with Geometric Surface
Patches
Computer Aided Geometric Design 4, 231-235 (1988)

Hagen-Santarelli: Algorithms for designing smooth surfaces
to be published.

Nowacki-Reese: Design and Fairing of Ship Surfaces in Barnhill/
Boehm: Surfaces in CAGD North Holland 1983,
p. 121-134.

Santarelli: Smoothing Bezier- and B-Spline Curves
to be published.

Schulze: Geometric curve modeling under the constraints
of smoothness
to be published.

INTERPOLIERENDE KURVEN UND FLÄCHEN
MIT GEOMETRISCHER STETIGKEIT HÖHERER ORDNUNG

Helmut Pottmann

Institut für Geometrie
Technische Universität Wien

Kurzfassung

Der vorliegende Beitrag behandelt Interpolationsprobleme, bei denen durch eine gegebene Punktmenge eine optisch glatte Kurve oder Fläche zu legen ist. Lösungsmethoden univariater Interpolationsaufgaben, die gewisse Kurvenstücke in den Stützpunkten durch geometrische Glättebedingungen verknüpfen, haben gegenüber den vielfach verwendeten, auf der Einhaltung von Differenzierbarkeitsklassen bezüglich spezieller Parametrisierungen beruhenden Methoden einen entscheidenden Vorteil: Bei gleicher optischer Glätte hat man zusätzliche Formparameter zur Verfügung und kann die erhöhte Flexibilität zur Anpassung an die jeweilige Problemstellung ausnützen. In diese Kategorie von Interpolierenden gehören die sogenannten ν-Splines von G. M. Nielson und ihre Verallgemeinerung nach H. Hagen, welche hier als Ausgangspunkt für das Studium von Splines mit geometrischer Stetigkeit 3. bzw. 4. Ordnung dienen. Die vorgestellten Kurvenklassen werden dann auf verschiedene Arten zur Modellierung interpolierender Flächen benützt.

1. Einleitung

Die Aufgabe, durch eine gegebene Punktfolge $S_1,...,S_n$ des d-dimensionalen reellen euklidischen Raumes R^d ($d \geq 2$) eine glatte Kurve zu legen, wird mit Hilfe der klassischen *kubischen C^2-Splines* auf folgende Weise gelöst: Man ordnet den Punkten S_i Werte u_i eines globalen Parameters u zu ($u_1 < u_2 < ... < u_n$) und setzt die Kurve S(u) aus kubischen Kurvenstücken so zusammen, daß in den Stützpunkten $S_i = S(u_i)$ C^2-Übergänge bezüglich des Parameters u vorhanden sind. Vermöge des lokalen Kurvenparameters $t\in[0,1]$ werden die einzelnen Segmente $S_i S_{i+1}$ etwa in der Hermite-Form

$$S(u) = (2t^3-3t^2+1)S_i + (3t^2-2t^3)S_{i+1}+$$
$$+ \Delta_i(t^3-2t^2+t)\dot{S}_i + \Delta_i(t^3-t^2)\dot{S}_{i+1}, \qquad (1.1)$$
$$\text{mit } \Delta_i=u_{i+1}-u_i, \quad t=(u-u_i)/\Delta_i, \quad u_i \leq u \leq u_{i+1} \;,$$

angesetzt. Hierin bezeichnet $\dot{S}_i$ den Ableitungsvektor dS/du der Kurve an der Stelle $u=u_i$. Die C^2-Bedingung verlangt nun Gleichheit der rechts- und linksseitigen Grenzwerte der zweiten Ableitung in den Stützpunkten $S_2,...,S_{n-1}$:

$$\ddot{S}(u_i{}^+)-\ddot{S}(u_i{}^-) = 0, \qquad i=2,...,n-1. \tag{1.2}$$

Dies liefert mit (1.1) n–2 lineare Gleichungen für die n Ableitungsvektoren $\dot{S}_1,...,\dot{S}_n$, womit sie berechenbar sind, wenn die Randwerte $\dot{S}_1,\dot{S}_n$ (oder ähnliche Rand- bzw. Geschlossenheitsbedingungen) vorgegeben werden.

Derartige kubische Splines weisen gelegentlich unerwünschte Wendepunkte auf, die Schweikert [21] mit Hilfe seiner "splines under tension" der Bauart

$$S(u) = A_i+B_i u+ C_i\cosh(su)+ D_i\sinh(su)$$

durch geeignete Wahl der "Spannung" s auszubügeln versuchte. Solche Splines können auch mit Methoden der Variationsrechnung gefunden werden; sie minimieren eine gewisse, vereinfachte Form der Biegeenergie (vgl. Nielson [18]). Ihre ineffiziente Berechnung veranlaßte G. M. Nielson [18] zur Entwicklung der sogenannten *ν-Splines*, welche ebenfalls eine modifizierte Form der Biegeenergie minimieren. *ν*-Splines sind aus Kubiken zusammengesetzt und können einfach dadurch gewonnen werden, daß man im klassischen Spline-Schema (1.2) durch

$$\ddot{S}(u_i{}^+) - \ddot{S}(u_i{}^-) = \nu_i\dot{S}_i, \quad \nu_i \geq 0, \; i=2,...,n-1, \tag{1.3}$$

ersetzt. Diese Gleichungen garantieren Krümmungsstetigkeit der Kurve $S(u)$ (siehe Kapitel 2) und beinhalten Formparameter ν_i, welche ähnlich wie die Spannung s zur Erzielung der gewünschten Form benützt werden können.

G. M. Nielson hat *ν*-Splines in einer späteren Arbeit [19] zur Modellierung interpolierender Flächen über rechteckigen Parametergebieten herangezogen.

2. Der geometrische Stetigkeitsbegriff

Die Forderung nach Erhaltung einer entsprechend hohen Differenzierbarkeitsklasse bezüglich einer speziellen Parametrisierung führt zwar zu visuell glatten Kurven oder Flächen, ist aber umgekehrt zur Erzielung optischer Glätte nicht notwendig, da die Möglichkeit eines Parameterwechsels in Betracht zu ziehen ist. Man benützt daher folgende geometrische Stetigkeitsdefinition: Eine Kurve (oder eine Fläche) weist visuelle Stetigkeit vom Grad r auf ("ϵVC^r"), wenn sie (in einer Umgebung jedes Punktes) eine reguläre C^r-Parametrisierung gestattet.

Durch Einsetzen eines Parameterwechsels u=u(v) in die ursprüngliche Parameterdarstellung S(u) einer Kurve findet man unter Benützung der Kettenregel leicht folgende Bedingungen für einen VC^r-Übergang (r≤4) an der

Stelle $u=u_i$ (vgl. etwa De Rose und Barsky [8]):

$$\dot{S}(u_i{}^+) = \lambda_1\dot{S}(u_i{}^-),$$

$$\ddot{S}(u_i{}^+) = \lambda_1{}^2\ddot{S}(u_i{}^-) + \lambda_2\dot{S}(u_i{}^-),$$

$$S^{(3)}(u_i{}^+) = \lambda_1{}^3 S^{(3)}(u_i{}^-) + 3\lambda_1\lambda_2\ddot{S}(u_i{}^-) + \lambda_3\dot{S}(u_i{}^-),$$

$$S^{(4)}(u_1{}^+) = \lambda_1{}^4 S^{(4)}(u_i{}^-) + 6\lambda_1{}^2\lambda_2 S^{(3)}(u_i{}^-) + (4\lambda_1\lambda_3+3\lambda_2{}^2)\ddot{S}(u_i{}^-) +$$

$$+ \lambda_4\dot{S}(u_i{}^-), \qquad \lambda_1>0, \qquad \lambda_1,...,\lambda_4 \in R. \tag{2.1}$$

Man beachte die Dimensionsunabhängigkeit und die affine Invarianz dieser Gleichungen. Ist die gesamte Kurve $S(u)$ bereits aus C^2, so reduzieren sich VC^3- und VC^4-Bedingung wegen $\lambda_1=1,\lambda_2=0$ auf

$$S^{(3)}(u_i{}^+)-S^{(3)}(u_i{}^-) = \lambda\dot{S}(u_i),$$

$$S^{(4)}(u_i{}^+)-S^{(4)}(u_i{}^-) = 4\lambda\ddot{S}(u_i)+\mu\dot{S}(u_i), \qquad \lambda,\mu \in R. \tag{2.2}$$

Die Überprüfung der VC^r-Stetigkeit kann auch so erfolgen, daß man die Kurve nach ihrer Bogenlänge s parametrisiert; bezüglich dieser geometrisch ausgezeichneten Parametrisierung muß dann C^r-Stetigkeit vorhanden sein. Dies läßt uns mittels der Ableitungsgleichungen der Kurventheorie (vgl. etwa H. Brauner [5]) erkennen, daß eine VC^2-Kurve Stetigkeit der Tangenten, Schmiegebenen und der ersten Krümmung $\varkappa_1$ aufweist. Eine VC^3-Kurve besitzt zusätzlich eine stetige Schar von dreidimensionalen Schmiegräumen, Stetigkeit der zweiten Krümmung $\varkappa_2$ (=Torsion τ im Fall $d=3$) und der Ableitung $\varkappa_1'$ der ersten Krümmung nach der Bogenlänge. Krümmungs- und torsionsstetige Kurven im R^3, welche etwa von W. Böhm [3,4] und H. Hagen [13,14] betrachtet wurden, sind demnach im allgemeinen keine VC^3-Kurven, da noch zusätzlich die Stetigkeit der Krümmungsableitung $\varkappa_1'$ zu fordern wäre.

Bemerkung: Im CAGD findet man gelegentlich eine andere Definition der geometrischen Stetigkeit ("GC^r-Stetigkeit" ,vgl. M. Eck [9]), welche für eine Kurve des R^d ($d \ge r$) Stetigkeit der Schmiegräume bis zur Dimension r sowie der Hauptkrümmungen $\varkappa_1,...,\varkappa_{r-1}$ bedeutet. Krümmungs- und torsionsstetige Kurven des R^3 sind dann als GC^3-Kurven anzusprechen, aber auch als GC^r-Kurven für alle $r>3$, da ja die Stetigkeit der höheren Schmiegräume und Krümmungen trivialerweise erfüllt ist.

Der Unterschied zwischen den beiden Stetigkeitsbegriffen wird gut ersichtlich, wenn man die Aufgabe betrachtet, an ein gegebenes Kurvenstück k_1 des R^d im Endpunkt P eine *Bezier-Kurve* k_2 mit den Bezier-Punkten $B_0,B_1,...,B_n$ ($n \ge r>2$) VC^r- bzw. GC^r-stetig anzuschließen. In beiden Fällen hat man B_0 in P zu wählen, B_1 auf der positiven Tangente t an k_1 in P (beachte $\lambda_1>0$ in (2.1)), B_2 sodann auf einer bestimmten, zu t parallelen Geraden der Schmiegebene von k_1 in P (aufgrund der freien Wahl von λ_2 in (2.1)). Damit hat man Krümmungsstetigkeit (VC^2,GC^2) erreicht. Nun existiert für GC^r-*Stetigkeit* ein *Anschluß-*

algorithmus der Form: Sind $B_0,...,B_k$ *so gewählt, daß* GC^k-*Stetigkeit vorliegt, dann ist zur Erreichung der Klasse* GC^{k+1} *der Bezier-Punkt* B_{k+1} *in einem wohlbestimmten, zum k-dimensionalen Schmiegraum von* k_1 *in P parallelen und im k+1-dimensionalen Schmiegraum von* k_1 *in P liegenden k-Raum des* R^d *zu wählen* (siehe H. Hagen [14] für k=2). Bei k+1 >d hat man damit für B_{k+1} keine Einschränkung. Der VC^r-*Anschlußalgorithmus* lautet hingegen: *Sind* $B_0,...,B_k$ *so gewählt, daß ein* VC^k-*Übergang vorliegt, so hat man* B_{k+1} *zur Erreichung der Klasse* VC^{k+1} *auf einer wohlbestimmten, zur Tangente t parallelen Geraden des k+1-dimensionalen Schmiegraumes von* k_1 *in P anzunehmen.*

3. Geometrische Spline-Kurven nach H. Hagen

Als Lösungen eines Variationsproblems bestimmte H. Hagen in [13] "geometrische Spline-Kurven" vom Grad 2k-1 ($k \in N$, $k \geq 2$). Für k=2 erhält man die ν-Splines von G. M. Nielson, der Fall k=3 führt im R^3 auf krümmungs- und torsionsstetige Quintiken, im R^d (d>3) auf Quintiken mit stetiger erster, zweiter und dritter Krümmung ("τ-Splines").

Unter Beibehaltung der bereits im ersten Kapitel eingeführten Bezeichnungsweise wollen wir kurz auf die Berechnung der τ-Splines eingehen. Da es sich um C^2-Kurven 5. Grades handelt, bietet sich wieder ein Ansatz in der Hermite-Basis an:

$$S(u) = H_0^5(t)S_i + \Delta_i H_1^5(t)\dot{S}_i + \Delta_i^2 H_2^5(t)\ddot{S}_i + \tag{3.1}$$
$$+ \Delta_i^2 H_3^5(t)\ddot{S}_{i+1} + \Delta_i H_4^5(t)\dot{S}_{i+1} + H_5^5(t)S_{i+1}$$

mit $\Delta_i = u_{i+1} - u_i$, $t = (u-u_i)/\Delta_i$, $u_i \leq u < u_{i+1}$,

$$H_0^5(t) = -6t^5 + 15t^4 - 10t^3 + 1,$$
$$H_1^5(t) = -3t^5 + 8t^4 - 6t^3 + t,$$
$$H_2^5(t) = (-t^5 + 3t^4 - 3t^3 + t^2)/2,$$
$$H_3^5(t) = (t^5 - 2t^4 + t^3)/2,$$
$$H_4^5(t) = -3t^5 + 7t^4 - 4t^3,$$
$$H_5^5(t) = 6t^5 - 15t^4 + 10t^3.$$

$\ddot{S}_i$ ist zweiter Ableitungsvektor an der Stelle $u = u_i$. Als Glättebedingungen benützt man nun

$$S^{(3)}(u_i^+) - S^{(3)}(u_i^-) = \nu^2_i \ddot{S}_i, \tag{3.2}$$
$$S^{(4)}(u_i^+) - S^{(4)}(u_i^-) = -\nu^1_i \dot{S}_i, \qquad \nu^1_i, \nu^2_i \in R, \quad i=2,...,n-1.$$

Bei gegebenen Randwerten $\dot{S}_1, \ddot{S}_1, \dot{S}_n, \ddot{S}_n$ hat man also 2n-4 lineare Gleichungen für die 2n-4 unbekannten Ableitungsvektoren $\dot{S}_2, \ddot{S}_2,...,\dot{S}_{n-1}, \ddot{S}_{n-1}$ zur Verfügung.

Ein Vergleich mit (2.2) zeigt, daß die τ-*Splines bei* $\nu^2{}_i=0$ (i=2,...,n-1) *aus der Klasse* VC^4 sind. Allgemeiner kann man zeigen:

Die in [13] *definierten Spline-Kurven vom Grad* 2k-1 *weisen bei* $\nu^2{}_i=...=\nu^{k-1}{}_i=0$ (i=2,...,n-1) *visuelle Stetigkeit der Ordnung* 2k-2 *auf.*

Weiters läßt sich als Verallgemeinerung der von H. Hagen [13] angeführten Krümmungs- und Torsionsstetigkeit der τ-Splines beweisen, daß die *geometrischen Spline-Kurven vom Grad* 2k-1 *für beliebige Wahl der Formparameter* $\nu^1{}_i,...,\nu^{k-1}{}_i$ *aus der Klasse* GC^{2k-2} *sind.*

4. Quintiken mit geometrischer Stetigkeit dritter oder vierter Ordnung

Lassen wir an die Stelle von (3.2) die VC^4-Bedingungen (2.2) treten, so erhalten wir eine *umfangreichere Familie von* VC^4-*Interpolierenden.*

Die VC^3-Bedingung $S^{(3)}(u_i{}^+)-S^{(3)}(u_i{}^-) = \lambda_i\dot{S}_i$ lautet ausführlich:

$$\ddot{S}_{i-1}(-\Delta_{i-1}{}^{-1}) + \ddot{S}_i 3(\Delta_{i-1}{}^{-1}+\Delta_i{}^{-1}) + \ddot{S}_{i+1}(-\Delta_i{}^{-1}) + \tag{4.1}$$
$$+ \dot{S}_{i-1}(-8\Delta_{i-1}{}^{-2}) + \dot{S}_i[12(\Delta_i{}^{-2}-\Delta_{i-1}{}^{-2})+\lambda_i/3] + \dot{S}_{i+1}8\Delta_i{}^{-2} =$$
$$= 20[S_{i-1}\Delta_{i-1}{}^{-3}-S_i(\Delta_{i-1}{}^{-3}+\Delta_i{}^{-3})+S_{i+1}\Delta_i{}^{-3}] =: 20D_i, \quad i=2,...,n-1.$$

Eine VC^4-Kurve erreichen wir mit $S^{(4)}(u_i{}^+)-S^{(4)}(u_i{}^-) = 4\lambda_i\ddot{S}_i+\mu_i\dot{S}_i$:

$$\ddot{S}_{i-1}2\Delta_{i-1}{}^{-2}+\ddot{S}_i[3(\Delta_i{}^{-2}-\Delta_{i-1}{}^{-2})-\lambda_i/3]+\ddot{S}_{i+1}(-2\Delta_i{}^{-2})+ \tag{4.2}$$
$$+ \dot{S}_{i-1}14\Delta_{i-1}{}^{-3}+\dot{S}_i[16(\Delta_{i-1}{}^{-3}+\Delta_i{}^{-3})-\mu_i/12]+\dot{S}_{i+1}14\Delta_i{}^{-3} =$$
$$= 30[S_{i-1}(-\Delta_{i-1}{}^{-4})+S_i(\Delta_{i-1}{}^{-4}-\Delta_i{}^{-4})+S_{i+1}\Delta_i{}^{-4}]=:30F_i, \quad i=2,..,n-1.$$

Bei gegebenen Datenpunkten $S_1,...,S_n \in R^d$ und zugehörigen Parameterwerten $u_1,...,u_n$ sowie Formparametern λ_i,μ_i hat man also für die 2n Vektoren $\dot{S}_1,...,\dot{S}_n$; $\ddot{S}_1,...,\ddot{S}_n$ 2n-4 lineare Gleichungen. Zusammen mit 2 Anfangs- und 2 Endbedingungen (etwa Angabe von $\dot{S}_1,\ddot{S}_1$, $\dot{S}_n,\ddot{S}_n$) sind dann die gesuchten Ableitungsvektoren im allgemeinen eindeutig berechenbar. Gleiches gilt für die Modellierung geschlossener VC^4-Kurven, denn hier ist zusätzlich $S_1=S_n$, $\dot{S}_1=\dot{S}_n$, $\ddot{S}_1=\ddot{S}_n$, $S^{(3)}(u_1{}^+)-S^{(3)}(u_1{}^-) = \lambda_1\dot{S}_1$, $S^{(4)}(u_1{}^+)-S^{(4)}(u_1{}^-) = 4\lambda_1\ddot{S}_1+\mu_1\dot{S}_1$. Für die Formsteuerung hat man im vorliegenden globalen VC^4-Schema die Randbedingungen (im nichtperiodischen Fall) und die Parameter λ_i,μ_i zur Verfügung.

Wir wollen nun den Einfluß der Formparameter λ_i,μ_i auf die VC^4-Splines diskutieren. Dazu lassen wir den Betrag eines bestimmten λ_j groß werden, während wir die übrigen Formparameter λ_i,μ_i vorerst fest halten. Mit $\lambda_j:=1/\varepsilon_j$ gehen wir in die jeweils j-te Gleichung in (4.1) und in (4.2) und multiplizieren die beiden Gleichungen mit ε_j. Beim Grenzübergang $\varepsilon_j \to 0$ gehen diese Gleichungen in $\dot{S}_j = 0$ und $\ddot{S}_j = 0$ über. Hieraus folgt: *Für* $|\lambda_j| \to \infty$ *und* $|\lambda_{j+1}| \to \infty$ *streben* $\dot{S}_j$, $\ddot{S}_j$, $\dot{S}_{j+1}$, $\ddot{S}_{j+1}$ *gegen Nullvektoren, und damit konvergiert das Kurvensegment* $S_j S_{j+1}$ *gegen die geradlinige Verbindungsstrecke* $H^5{}_0(t)S_j$ $+ H^5{}_3(t)S_{j+1}$. Man meint nun, mit λ_j einen Spannungsparameter von der Art der Werte ν_j in den ν-Splines zur Verfügung zu haben. Dies ist aber nicht der Fall, wie man schon an einem einfachen Beispiel sieht: Wir betrachten geschlossene VC^4-Splines durch die 4 Eckpunkte eines Quadrates und setzen $\Delta_1 = \Delta_2 = \Delta_3 = \Delta_4 = 4$, $\mu_1 = \mu_2 = \mu_3 = \mu_4 =: \mu = 0$, $\lambda_1 = \lambda_2 = \lambda_3 = \lambda_4 =: \lambda$. Während die Interpolierende für $\lambda = 0$ die erwarteten Symmetrien zeigt (Abb.1), wird bei Erhöhung von λ die Symmetrie bezüglich der Quadratdiagonalen zerstört. Hierbei hängt das (drehsymmetrische) Resultat auch noch von der Durchlaufung der Stützpunktfolge ab (Abb.1). Dieses Phänomen ist schon aus den Gleichungen (4.1) und

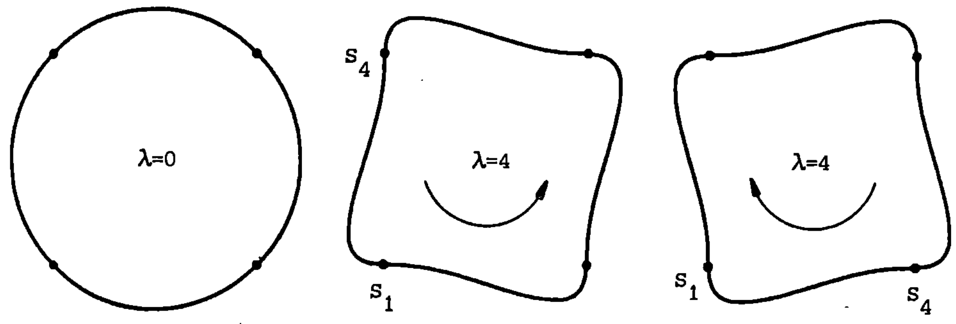

Abb.1. VC^4-Splines zu verschiedenen Werten von λ

(4.2) zu erkennen: Wir nehmen an, daß bereits eine VC^4-Kurve zu bestimmten Parametern und einer Stützpunktfolge $S_1, \ldots, S_n$ konstruiert wurde. Ändert man nun die Durchlaufung der Kurve, so ändert sich das Vorzeichen der Ableitungsvektoren ungerader Ordnung, während die Ableitungen gerader Ordnung unverändert bleiben. Da aber auch die Begriffe "linksseitig" und "rechtsseitig" vertauscht werden, ist für die umorientierte Lösungskurve $\bar{S}(u)$ der Ausdruck $\bar{S}^{(3)}(u_i{}^+) - \bar{S}^{(3)}(u_i{}^-)$ derselbe wie für die ursprüngliche Kurve. Hingegen besitzen die ersten Ableitungvektoren für die verschieden orientierten Kurven verschiedene Vorzeichen. Bei $\lambda_i \neq 0$ ist also die umorientierte Kurve keine Lösung für die umgekehrte Stützpunktfolge $S_n, \ldots, S_1$, selbst bei gleichen Formparametern und sinngemäß geänderten Anfangs und Endbedingungen.

In unserer Formulierung erscheinen die Formparameter λ_i, μ_i den Stützpunkten S_i zugeordnet. Weist man nun jedem Segment $S_i S_{i+1}$ einen Parameter

α_i zu und definiert $\lambda_i:=\alpha_i-\alpha_{i-1}$ sowie $\lambda_1=\lambda_n=0$ an den Enden nichtgeschlossener Kurven, so ist die Abhängigkeit von der Durchlaufung zumindest formal eliminiert.

Für $\lambda_i=0$ ist die Orientierungsabhängigkeit beseitigt, was auch aus den Beispielen in Abb.2 ersichtlich ist. Hier bleiben die Symmetrien erhalten und es ist bemerkenswert, wie groß die Formenvielfalt der erfaßten Kurven bei nur 4 Stützpunkten ist. Es ist auch eine gewisse Spannungserhöhung möglich, aber eine Konvergenz gegen das Quadrat ausgeschlossen. Vielmehr erhält man für $\mu\rightarrow\infty$ und $\mu\rightarrow-\infty$ dieselbe vierspitzige Grenzkurve ($\dot{S}_1=\dot{S}_2=\dot{S}_3=\dot{S}_4=0$).

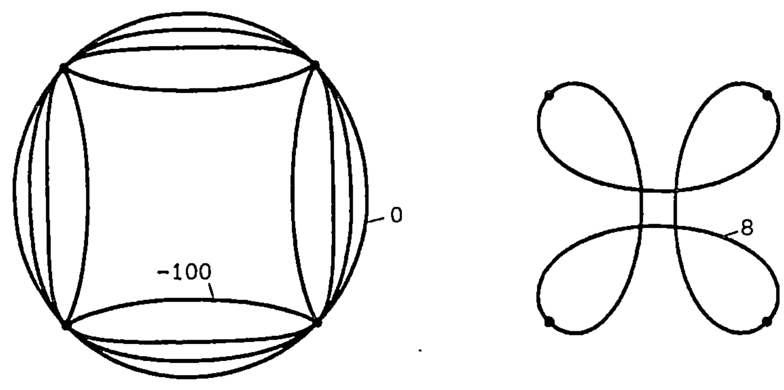

Abb.2. VC^4-Splines zu $\lambda=0$ und verschiedenen Werten von μ ($\mu=0,-1,-3,-100,8$)

Der Fall $\lambda_i=0$ liefert τ-Splines mit $\nu^2{}_i=0$. Man kann nun mit ähnlichen Überlegungen wie vorhin zeigen:

Läßt man in einem τ-Spline die Beträge der Formparameter $\nu^1{}_j, \nu^2{}_j, \nu^1{}_{j+1}, \nu^2{}_{j+1}$ gegen ∞ streben, so konvergiert das Kurvensegment S_jS_{j+1} gegen die geradlinige Verbindungsstrecke der Punkte S_j und S_{j+1}.

Hier sind die Gleichungen (3.2) mit einer Orientierungsumkehr verträglich, sodaß nun mit $\nu^1{}_i, \nu^2{}_i$ brauchbare *Spannungsparameter* vorliegen (vgl. Abb.3). Diese schöne Eigenschaft der τ-Splines zeigt, daß zur Auffindung von Splines mit Spannungsvariablen das Konzept der geometrischen Stetigkeit nicht das richtige sein dürfte. Der Wert der geometrischen Spline-Kurven von H. Hagen liegt also nicht in der hinzugewonnenen Stetigkeit der Torsion, welche sowohl in der Ebene als auch bei der Bildung von Tensorproduktflächen keine Verbesserung gegenüber anderen C^2-Quintiken bringt, sondern in der bei der Spannungsgebung einfachen Handhabung der Formparameter. Die allgemeinen geometrischen Spline-Kurven vom Grad 2k-1 weisen für $|\nu^1{}_j|,...,|\nu^{k-1}{}_j|,$ $|\nu^1{}_{j+1}|,...,|\nu^{k-1}{}_{j+1}| \rightarrow \infty$ ebenfalls Konvergenz des j-ten Segments gegen die geradlinige Strecke S_jS_{j+1} auf.

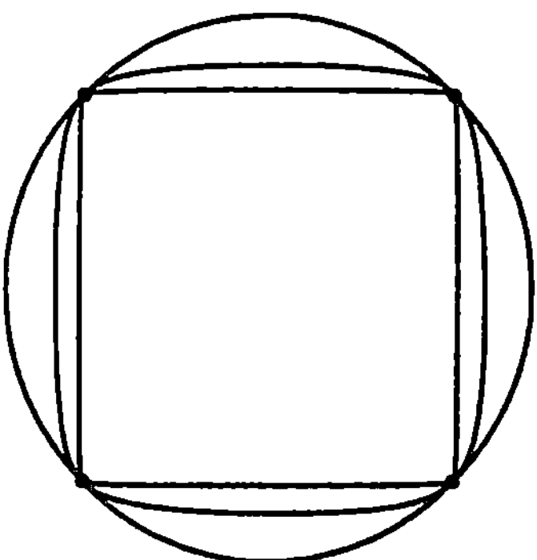

Abb.3. Spannungserhöhung bei τ-Splines $(\nu^1{=}\nu^2{=}0{,}10{,}100)$

Eine andere Formkontrolle bei Quintiken erhalten wir, wenn wir in einem ersten Durchlauf mit lokalen Methoden die Tangentenvektoren $\dot{S}_i$ bestimmen (siehe Kapitel 5), auf die VC^4-Stetigkeit verzichten und im zweiten Durchlauf (4.1) zur Berechnung der zweiten Ableitungsvektoren $\ddot{S}_i$ heranziehen. Natürlich erreichen wir derart bloß VC^3-*Spline-Kurven*. Setzt man für i=2,...,n-1

$$C_i: = 20D_i+\dot{S}_{i-1}8\Delta_{i-1}^{-2}+\dot{S}_i[12(\Delta_{i-1}^{-2}-\Delta_i^{-2})-\lambda_i/3]+\dot{S}_{i+1}(-8\Delta_i^{-2}),$$

und gibt man die Ableitungsvektoren $\ddot{S}_1,\ddot{S}_n$ vor, so besitzt das aufzulösende Gleichungssystem die einfache Matrix-Notation:

$$(4.3)$$

$$
\begin{bmatrix}
3(\Delta_1^{-1}+\Delta_2^{-1}) & -\Delta_2^{-1} & & & \\
-\Delta_2^{-1} & 3(\Delta_2^{-1}+\Delta_3^{-1}) & -\Delta_3^{-1} & & \\
& \ddots & \ddots & \ddots & \\
& & -\Delta_{n-3}^{-1} & 3(\Delta_{n-3}^{-1}+\Delta_{n-2}^{-1}) & -\Delta_{n-2}^{-1} \\
& & & -\Delta_{n-2}^{-1} & 3(\Delta_{n-2}^{-1}+\Delta_{n-1}^{-1})
\end{bmatrix}
\cdot
\begin{bmatrix}
\ddot{S}_2 \\ \ddot{S}_3 \\ \vdots \\ \ddot{S}_{n-2} \\ \ddot{S}_{n-1}
\end{bmatrix}
=
\begin{bmatrix}
C_2+\ddot{S}_1\Delta_1^{-1} \\ C_3 \\ \vdots \\ C_{n-2} \\ C_{n-1}+\ddot{S}_n\Delta_{n-1}^{-1}
\end{bmatrix}
$$

Zur Modellierung natürlicher Splines ("Biegelinien") nimmt man $\ddot{S}_1{=}\ddot{S}_n{=}0$ und erzielt so verschwindende Krümmung in den Randpunkten S_1 und S_n.

Die tridiagonale Koeffizientenmatrix $A{=}(a_{i,k})(i{=}1,...,n{-}2)$ in (4.3) ist symmetrisch, besitzt durchwegs positive Diagonalelemente und erfüllt das starke Spaltensummenkriterium

$$2|a_{k,k}| > \sum_{i=1}^{n-2}|a_{i,k}| \qquad \forall\; k=1,...,n-2.$$

Hieraus kann man schließen, daß A positiv definit und daher regulär ist (vgl. [2], S.27). *Somit hat das System* (4.3) *stets eine eindeutige Lösung.*

5. Methoden zur Bestimmung der Ableitungsvektoren in den Stützpunkten

Für die VC^3-Splines 5. Grades werden Tangentenvektoren $\dot{S}_i$ in den Stützpunkten S_i benötigt. Natürlich kann man zu ihrer Bestimmung jede der bekannten Methoden heranziehen. Die am häufigsten verwendeten Ansätze sind jene, wo $\dot{S}_i$ aus S_i und wenigen benachbarten Stützpunkten, meist aus S_{i-1}, S_i, S_{i+1} und den zugehörigen Parameterwerten u_{i-1}, u_i, u_{i+1} berechnet werden (siehe Böhm, Farin u. Kahmann [1], oder de Boor [7], S.51 ff.) So benützt man etwa nach Bessel den Tangentenvektor im Punkt S_i an jene Parabel, die durch S_{i-1}, S_i, S_{i+1} und u_{i-1}, u_i, u_{i+1} festgelegt ist. In gewissen Fällen liefern die stark lokalen Zugänge Tangenten, die für eine glatte Kurve notwendig überflüssige Wendepunkte hervorrufen (vgl. Abb.4).

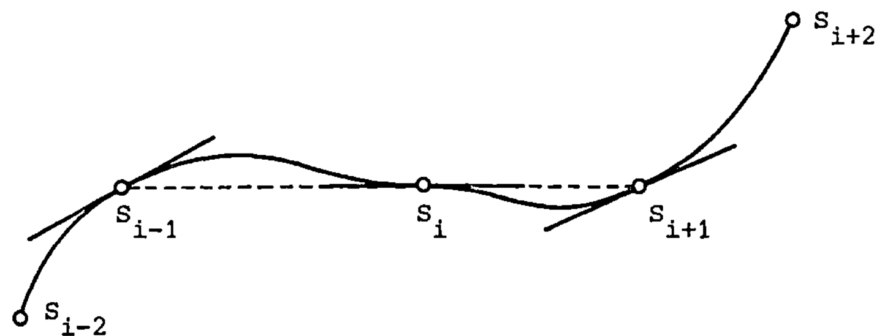

Abb.4. Ungünstige Tangentenwahl nach Bessel in der Nähe eines zu erwartenden Wendepunktes

Abhilfe schaffen die Methoden von Akima oder Renner und Pochop (siehe [1]), wo auch S_{i-2} und S_{i+2} eingehen und ein mögliches geradliniges Stück S_{i-1}, S_i, S_{i+1} im Falle kubischer C^1-Splines reproduziert wird. Derartige Lösungen mindern gelegentlich den für gewisse Anwendungsbereiche wesentlichen ästhetischen Wert der Kurve. In unserem VC^3-Schema würden erneut unnötige Wendepunkte auftreten. Daher sollen hier weitere Methoden vorgestellt werden:

5.1 Aufgrund der erwünschten hohen geometrischen Stetigkeit wollen wir zur Bestimmung von $\dot{S}_i$ die 5 Punkte $S_{i-2},...,S_{i+2}$ heranziehen. Wir interpolieren nun die 3 Punkttripel (S_{i-2}, S_{i-1}, S_i), (S_{i-1}, S_i, S_{i+1}), (S_i, S_{i+1}, S_{i+2}) durch Parabeln zu den jeweiligen Parametern u_j der Spline-Kurve $S(u)$. Von jeder dieser drei Parabeln nehmen wir den Tangentenvektor in S_i und gewinnen schließlich $\dot{S}_i$ durch lineare Interpolation aus diesen 3 Tangentenvektoren.

Eine Parabel durch S_{k-1}, S_k, S_{k+1} zu u_{k-1}, u_k, u_{k+1} besitzt nach Bessel in S_k den Tangentenvektor

$$M_k = \frac{1}{\Delta_{k-1}+\Delta_k} (\Delta_k N_{k-1}+\Delta_{k-1}N_k) \text{ mit } N_i := \frac{S_{i+1}-S_i}{\Delta_i} . \tag{5.1}$$

Wie man von der Bessel'schen Anfangs- oder Endbedingung her weiß, lassen sich die Tangentenvektoren L_k und R_k in S_{k-1} bzw. S_{k+1} durch

$$L_k = 2N_{k-1} - M_k, \quad R_k = 2N_k - M_k, \tag{5.2}$$

berechnen. Damit finden wir mit Gewichten $\gamma_i{}^l, \gamma_i{}^r > 0$ und einem Streckfaktor $\tau_i > 0$ für $\dot{S}_i$ den Wert

$$\dot{S}_i = \frac{\tau_i}{1+\gamma_i{}^l+\gamma_i{}^r} (\gamma_i{}^l R_{i-1}+M_i+\gamma_i{}^r L_{i+1}). \tag{5.3}$$

Man wird meist $\tau_i = \gamma_i{}^l = \gamma_i{}^r = 1$ setzen und diese Werte nur zur Formkorrektur verändern. Erhöhung von $\gamma_i{}^l > 1$ verlagert das Gewicht zu R_{i-1}, also zur "linken" Formparabel, während größere Werte für $\gamma_i{}^r$ mehr den Einfluß der rechten Formparabel geltend machen. Die Annäherung an den Tangentenvektor M_i der "mittleren" Parabel geschieht natürlich durch kleine Werte von $\gamma_i{}^l$ und $\gamma_i{}^r$.

In den Randpunkten S_1, S_2 und S_{n-1}, S_n kann die obige Methode nicht unmittelbar angewendet werden. Man modelliert dann entweder nur mit den definierten Formparabeln oder wählt zusätzliche Hilfsstützpunkte S_{-1}, S_0, S_{n+1}, S_{n+2} an den beiden Kurvenenden. Bei geschlossenen Kurven stellt sich dieses Problem ohnehin nicht.

Man beachte die affine Invarianz der vorgestellten Tangentenbestimmung. Es sei noch vermerkt, daß man hiermit auch recht ansprechende kubische C^1-Splines modellieren kann; eine solcherart erzeugte Kurve ist in Abb.5 dem gewöhnlichen Bessel-Spline gegenübergestellt.

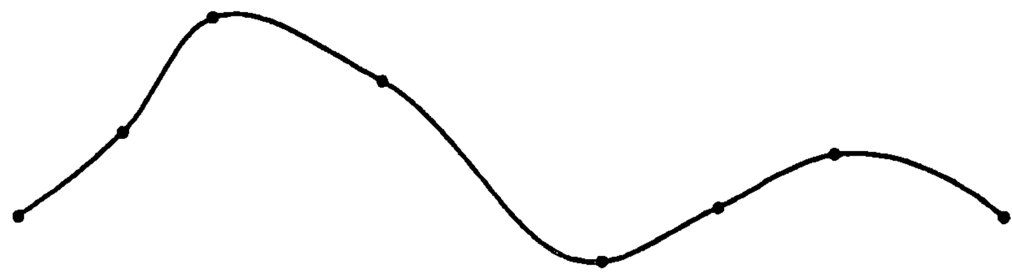

Abb.5a. Kubischer C^1-Spline nach Bessel

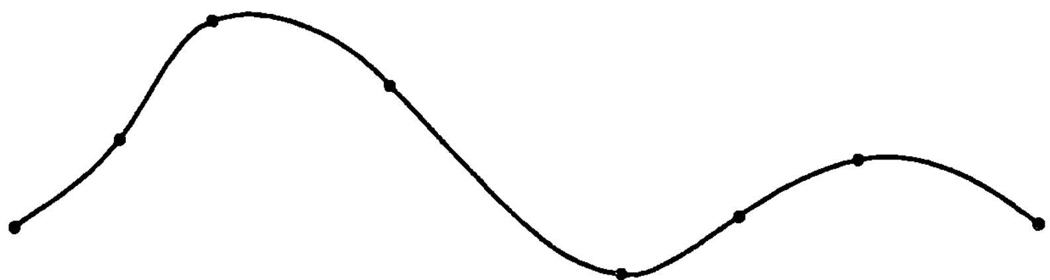

Abb.5b. Kubischer C^1-Spline nach dem verallgemeinerten Bessel-Ansatz (5.3)

5.2 Den Tangentenvektor $\dot{S}_i$ kann man auch von der *natürlichen kubischen Spline-Kurve* durch $S_{i-2}, S_{i-1}, S_i, S_{i+1}, S_{i+2}$ nehmen. Hierzu setzt man (1.1), (1.2) ein und beachtet die Endbedingungen $\ddot{S}(u_{i-2}{}^+)=0$ und $\ddot{S}(u_{i+2}{}^-)=0$. Die Anfangstangenten $\dot{S}_1, \dot{S}_2$ können wir entweder dem Anfangsspline $S_1...S_5$ entnehmen oder zusätzliche Stützpunkte einführen; analog gehen wir am Ende vor.

5.3 Als Lösungen eines Variationsproblems hat der Verfasser in [20] verallgemeinerte Splines under tension aus Segmenten der Bauart

$$S(u) = A_i + B_i u + C_i u^2 + D_i u^3 + L_i \cosh(\alpha_i u) + M_i \sinh(\alpha_i u)$$

bestimmt. Die Kurven sind aus der Klasse C^3, für einen einheitlichen Wert α der Parameter α_i sogar aus VC^4. Die ersten und zweiten Ableitungsvektoren $\dot{S}_i, \ddot{S}_i$ in den Stützpunkten werden aus einem linearen Gleichungssystem bestimmt, wonach man mit einer geeigneten Hermite-Form eine Spline-Darstellung erhält. Die neuen Kurven beinhalten leicht zu handhabende Formparameter. Diese erlauben einerseits die Erhöhung der Spannung, andererseits liefern sie eine Schar von optisch günstigen Kurven, deren Grenzkurven der kubische C^2-Spline und der quintische C^4-Spline sind. Die Methode eignet sich auch sehr gut als globale Abschätzungstechnik für erste und zweite Ableitungsvektoren in den Stüzpunkten in Verbindung mit einer quintischen Hermite-Interpolation. Die erhaltenen Kurven sind dann zwar i.a. nur C^2-Kurven, lassen sich aber optisch von den verallgemeinerten Splines under tension kaum unterscheiden. Diese Methode liefert meist bessere Resultate als die τ-Splines und ist hinsichtlich der Formkontrolle auch leichter zu handhaben als die VC^3- oder VC^4-Quintiken. Als Beispiel zeigen die Abbildungen 6 und 7 eine derartige C^2-Quintik samt Krümmungsdiagramm. Bestimmt man zu denselben Datenpunkten und Parameterintervallen einen kubischen C^2-Spline, so stellt sich ein etwas ungünstigeres Resultat ein, was vor allem im Krümmungsbild (Abb.8) zu sehen ist.

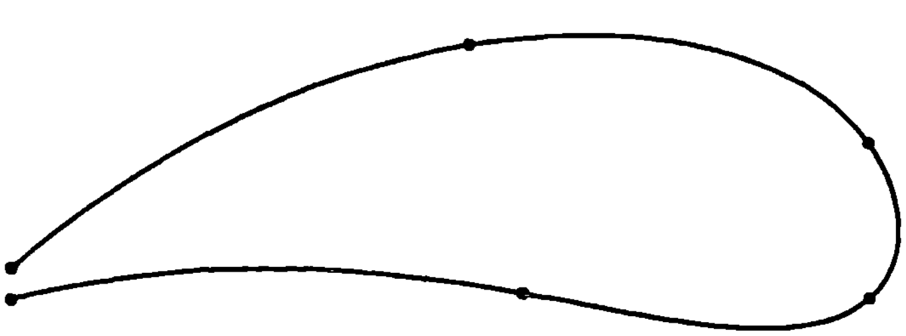

Abb.6. Quintischer C^2-Spline ($\alpha=1$)

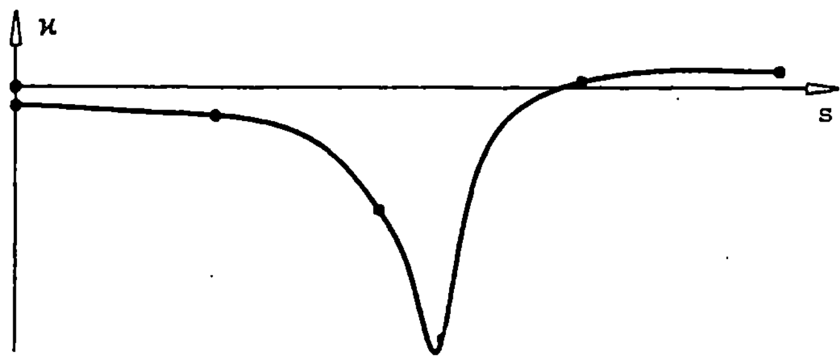

Abb.7. Krümmungsdiagramm zu Abb.6

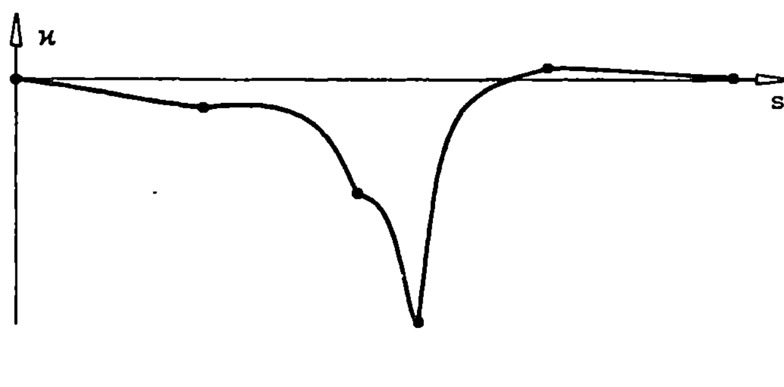

Abb.8

Für die vorgestellten Methoden empfiehlt sich bei unregelmäßig verteilten Stützpunkten die Verwendung einer Parametrisierung, welche die Geometrie der Stützpunktfolge einbezieht. Als Beispiele seien die häufig verwendete *Sehnenlängenparametrisierung:*

$$\Delta u_k = c \, \| S_{k+1} - S_k \| \tag{5.4}$$

(mit einer geeigneten Normierungskonstanten c > 0) sowie die Parametrisierung von E. Lee [16] genannt, wo anstelle der Sehnenlänge in (5.4) die Quadratwurzel der Sehnenlänge zu nehmen ist. Die Methode von Lee wurde auch zur Konstruktion von Abb. 6 benützt; die Sehnenlängenparametrisierung liefert nämlich ein deutlich schlechteres Resultat (vgl. das entsprechende Krümmungsdiagramm in Abb.9).

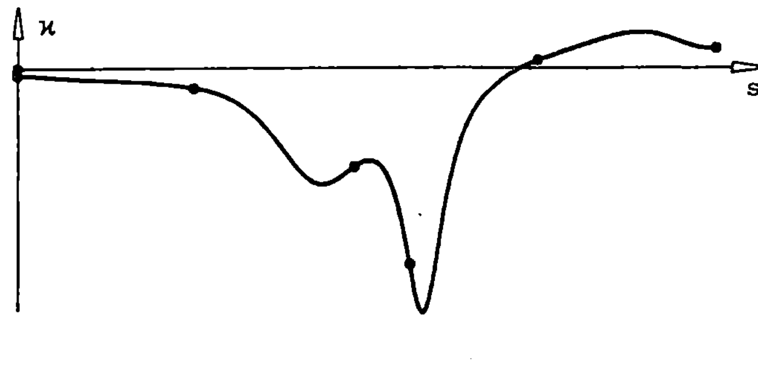

Abb.9

6. Tensorproduktflächen

Bei der folgenden Erweiterung des VC^3-Schemas auf Flächen gehen wir stets von der Annahme aus, daß die Tangentenvektoren mittels einer linearen Konstruktion allein aus den Stützpunkten $S_1,...,S_n$ bestimmt werden (z.B. mit 5.1, 5.2) und die zweiten Ableitungsvektoren an den Enden nicht geschlossener Kurven entweder verschwinden oder ebenfalls linear aus benachbarten Stützpunkten oder ersten Ableitungsvektoren ermittelt werden. Zusammen mit (4.3) ist damit die Bestimmung sämtlicher erster und zweiter Ableitungsvektoren ein linearer Prozeß.

Wir betrachten nun verschiedene Stützpunktfolgen $(S_1,...,S_n)$, $(\bar{S}_1,...,\bar{S}_n)$,... zu denselben Parametern $u_1,...,u_n$ und denselben Formparametern $\lambda_i, \gamma_i^l, \gamma_i^r, \tau_i$. Anstelle der getrennten Berechnung der Spline-Kurven $S(u), \bar{S}(u),...$ kann man auch folgendermaßen vorgehen: Man löst zuerst das Interpolationsproblem mit obigen Parametern für die n eindimensionalen Stützpunktfolgen $(B_i^1,...,B_i^n)$ $(i=1,...,n)$:

$$B_i^j = B_i(u_j) = \delta_{ij} = \begin{cases} 1 & \text{für } i=j \\ 0 & \text{für } i \neq j \end{cases}, \tag{6.1}$$

und erhält Lösungsfunktionen $B_i(u)$, $i=1,...,n$. Dann läßt sich jede Spline-Kurve $S(u)$ in R^d mit denselben Knoten u_i und Formparametern als Linearkombination dieser *Basis-Splines* schreiben:

$$S(u) = \sum_{i=1}^{n} S_i B_i(u).$$

(6.2)

Der Beweis liegt unmittelbar in der linearen Spline-Berechnung begründet.

$B_i(u)$ ist eine C^2-Funktion des globalen Parameters u, wobei in den Knoten u_k (k=2,...n-1) gilt:

$$B_i{}^{(3)}(u_k{}^+) - B_i{}^{(3)}(u_k{}^-) = \lambda_k \dot{B}_i(u_k), \quad i=1,...,n.$$

(6.3)

Hieraus schließt man auf die Existenz eines (für alle i einheitlichen) Parameterwechsels $u=u(\tilde{u})$, so daß

$$\tilde{B}_i(\tilde{u}):=B_i(u(\tilde{u}))$$

eine C^3-Funktion bezüglich des neuen Parameters $\tilde{u}$ ist.

Die Existenz von Basis-Splines mit einer Kurvendarstellung (6.2) erlaubt eine Erweiterung des Kurvenschemas auf ein Flächenschema mit Hilfe der *Tensorproduktbildung* (vgl. Böhm, Farin, Kahmann [1] oder de Boor [7], S.332). Gegeben sei ein Feld von n.m Stützpunkten $S_{i,k} \in R^d$ (d $\geq$ 3; i=1,...,n; k=1,...,m). Weiters seien $B_1(u),...,B_n(u)$ Basis-Splines zu Knoten $u_1,...,u_n$ und Formparametern $\lambda_i, \gamma_i{}^l, \gamma_i{}^r, \tau_i$; analog seien $C_1(v),...,C_m(v)$ Basis-Splines zu $v_1,...,v_m$ und Formparametern $\bar{\lambda}_k, \bar{\gamma}_k{}^l, \bar{\gamma}_k{}^r, \bar{\tau}_k$. Die *Tensorproduktfläche*

$$T(u,v) = \sum_{i=1}^{n} \sum_{k=1}^{m} S_{i,k} B_i(u) C_k(v)$$

(6.4)

erfüllt dann die Interpolationsbedingungen:

$$S_{i,k} = T(u_i,v_k); \quad i=1,...,n; \quad k=1,...,m.$$

(6.5)

Ein brauchbares Resultat kann man natürlich nur bei einer entsprechenden, mit der Tensorproduktstruktur verträglichen Anordnung der Stützpunkte $S_{i,k}$ erwarten. Von den Eigenschaften der Tensorproduktflächen (6.4) wollen wir einige hervorheben:

(i) Die *u-Linien* v=const =: v_0 sind VC^3-*Splines* 5. *Grades* mit den Stützpunkten

$$S_i(v_0) = \sum_{k=1}^{m} S_{i,k} C_k(v_0) \; ; \; i=1,...,n.$$

Eine analoge Aussage besteht für die v-Linien. Insbesondere sind die Randkurven $u=u_1, u=u_n, v=v_1, v=v_m$ VC^3-Splines.

(ii) *Zur Berechnung der Flächenpunkte* T(u,v) benötigt man keine explizite Darstellung der Basis-Splines. Um etwa $T(u_0,v_0)$ zu berechnen, kann man den

Algorithmus für VC^3-Kurven zuerst in u-Richtung auf die m Spalten der Stützpunktmatrix $(S_{i,k})$ anwenden und erhält an der Stelle $u=u_0$ die m Punkte $T(u_0,v_k)$; $k=1,...,m$. Nun wird $T(u_0,v_1),...,T(u_0,v_k)$ dem Kurvenalgorithmus in v-Richtung unterworfen, wodurch man an der Stelle $v=v_0$ den gewünschten Flächenpunkt $T(u_0,v_0)$ erhält. Selbstverständlich kann man auch zuerst in v-Richtung und dann in u-Richtung arbeiten.

(iii)   Die Flächen (6.4) sind *VC^3-Flächen*. Denn für die Basis-Splines $B_i(u)$, $C_k(v)$ existieren bezüglich geeigneter Parametrisierungen $u=u(\tilde{u}),v=v(\tilde{v})$ C^3-Darstellungen $\tilde{B}_i(\tilde{u}),\tilde{C}_k(\tilde{v})$, so daß nun die Fläche bezüglich dieser neuen Parameter aus C^3 ist. Damit ist jeder ebene Schnitt der Fläche eine VC^3-Kurve. Die Isophoten (Kurven konstanter Helligkeit) sind aus VC^2, was solchen Flächen eine sehr glatte optische Wirkung verleiht.

(iv)   Die *Änderung eines Formparameters* wirkt sich in der Umgebung einer ganzen u-Linie oder v-Linie aus. Beim interaktiven Design macht sich diese Eigenschaft gelegentlich recht unangenehm bemerkbar, weil man keine lokale Formkorrektur in der Nähe eines einzelnen Stützpunktes vornehmen kann.

Natürlich können aus den VC^4-Splines 5. Grades bei geeigneten Randbedingungen ebenfalls Tensorproduktflächen gebildet werden; diese sind dann sogar aus der Klasse VC^4! Die Verwendung von τ-Splines liefert bloß C^2-Flächen.

7. Ausfüllen eines Netzes geometrischer Spline-Kurven 5. Grades

Die Eigenschaft (iv) der Tensorproduktflächen erfordert das Studium von interpolierenden Flächen, bei denen eine lokalere Formkontrolle möglich ist. Angeregt durch eine Methode von R.L. Carmichael [6] und G.M. Nielson [19], benützen wir hierfür folgenden Zugang: Zuerst werden den Stützpunkten $S_{i,k}$ Parameterwerte u_i,v_k zugewiesen; für die gesuchte Fläche $F(u,v)$ sollen die Interpolationsbedingungen $F(u_i,v_k) = S_{i,k}$ gelten. Dann wenden wir ein C^2-Kurvenschema 5.Grades (τ-Splines, Quintiken mit Ableitungsvektoren der verallgemeinerten Splines under tension, VC^3- oder VC^4-Methode) in u-Richtung auf die m Spalten der Stützpunktmatrix $(S_{i,k})$ an. Hierbei können im Gegensatz zur Tensorproduktbildung für jede Spalte eigene Formparameter gewählt werden. So ergeben sich m Kurven $F(u,v_k)$, $k=1,...,m$. Analog gehen wir in v-Richtung vor und erhalten n Kurven $F(u_i,v)$, $i=1,...,n$. Das so gebildete *Kurvennetz* soll nun durch *biquintische Flächenstücke* der Form

$$F(u,v) = \sum_{i=0}^{5} \sum_{k=0}^{5} a_{ik} r^i s^k, \quad r=(u-u_i)/\Delta u_i, \tag{7.1}$$

$$s = (v-v_k)/\Delta v_k, \quad u_i \leqslant u < u_{i+1}, \quad v_k \leqslant v < v_{k+1},$$

ausgefüllt werden. Hierin sind $r\in[0,1]$, $s\in[0,1]$ die lokalen Flächenparameter. Die Flächen (7.1) können unter Benützung der Eckpunkte $F(u_i,v_k) =: 00$, $F(u_{i+1},v_k) =: 10$, $F(u_i,v_{k+1}) =: 01$, $F(u_{i+1},v_{k+1}) =: 11$ und der ersten und zweiten Ableitungsvektoren nach u und v in den Eckpunkten ($F_u(u_i,v_k)=:00_u,...$) in der nachstehenden "Hermite-Form" dargestellt werden:

$$
F(u,v) =
\begin{bmatrix}
H^5_0(r) \\
H^5_5(r) \\
\Delta u_i H^5_1(r) \\
\Delta u_i H^5_4(r) \\
\Delta u_i^2 H^5_2(r) \\
\Delta u_i^2 H^5_3(r)
\end{bmatrix}^T
\cdot
\begin{bmatrix}
00 & 01 & 00_v & 01_v & 00_{vv} & 01_{vv} \\
10 & 11 & 10_v & 11_v & 10_{vv} & 11_{vv} \\
00_u & 01_u & 00_{uv} & 01_{uv} & 00_{uvv} & 01_{uvv} \\
10_u & 11_u & 10_{uv} & 11_{uv} & 10_{uvv} & 11_{uvv} \\
00_{uu} & 01_{uu} & 00_{uuv} & 01_{uuv} & 00_{uuvv} & 01_{uuvv} \\
10_{uu} & 11_{uu} & 10_{uuv} & 11_{uuv} & 10_{uuvv} & 11_{uuvv}
\end{bmatrix}
\cdot
\begin{bmatrix}
H^5_0(s) \\
H^5_5(s) \\
\Delta v_k H^5_1(s) \\
\Delta v_k H^5_4(s) \\
\Delta v_k^2 H^5_2(s) \\
\Delta v_k^2 H^5_3(s)
\end{bmatrix}
\qquad (7.2)
$$

Die reinen Ableitungsvektoren F_u,F_{uu},F_v,F_{vv} in den Knoten werden vom Kurvennetz geliefert. Es bleiben noch die "Twist-Vektoren" F_{uv} sowie die höheren Twists F_{uuv},F_{uvv},F_{uuvv} zu berechnen. Die Ableitungskurve $F_u(u_i,v)$, $v\in[v_k,v_{k+1}]$ ist eine Quintik ($k=1,...,m-1$). Zur Berechnung der Ableitungen $F_{uv}(u_i,v_k),F_{uvv}(u_i,v_k)$ wenden wir daher auf die Stützpunktfolge $F_u(u_i,v_k)$ $k=1,...,m$ ein C^2-Schema 5. Grades an. Analog kann man aus der Spline-Kurve $F_{uu}(u_i,v)$ ($v\in[v_1,v_m]$) die Vektoren F_{uuv} und F_{uuvv} in den Stützpunkten gewinnen. Es ist allerdings zu bedenken, daß die "dualen" Twistberechnungen aus den Kurven F_v,F_{vv} im allgemeinen auf andere Resultate führen werden. Derartige Twistprobleme sind im CAGD wohlbekannt (vgl. etwa Gregory [12]). Im vorliegenden Fall könnte man etwa den Mittelwert dualer Lösungen heranziehen. Da die Twists theoretisch noch beliebig vorschreibbar sind, ist dies allerdings nicht notwendig. Eine andere Möglichkeit wird in Farin-Hagen [10] und Hagen-Schulze [15] aufgezeigt, wo die Twistvektoren F_{uv} aus einem Variationsansatz bestimmt und die höheren Twists $F_{uuv},F_{uvv},F_{uuvv}=0$ gesetzt werden.

Die Spannungserhöhung in einem Patch (7.2) geschieht durch Erhöhung der Spannung bei den vier Randkurven der Netzmasche (Verkleinerung der Ableitungsvektoren F_u,F_v,F_{uu},F_{vv} in den Ecken der Masche) und Einsatz von Formparametern, welche auch $F_{uv},F_{uuv},F_{uvv},F_{uuvv}$ kleiner werden lassen (vgl. Abb.10). Es ist allerdings zu beachten, daß für $F_u,F_v,...,F_{uuvv} \to 0$ das Fächenstück (7.1) nur dann gegen ein ebenflächiges Stück konvergieren kann, wenn die vier Maschenecken komplanar liegen. Ansonsten erhält man als Grenzfläche ein durch ein Erzeugendenvierseit begrenztes Stück eines hyperbolischen Paraboloides.

Die C^2-Stetigkeit der benützten Kurvenschemata garantiert insgesamt eine C^2-stetige Interpolationsfläche. Die im Vergleich zu den Tensorproduktflächen

höhere Anzahl an Formparametern und die damit verbundene bessere Formkontrolle bewirkt also den Verlust visueller Differentiationsklassen. Wenn man
aber in Betracht zieht, daß Carmichael und Nielson mit ν-Splines nur
C^1-Flächen erreichen, ist doch eine wesentliche Verbesserung der optischen
Glätte gelungen.

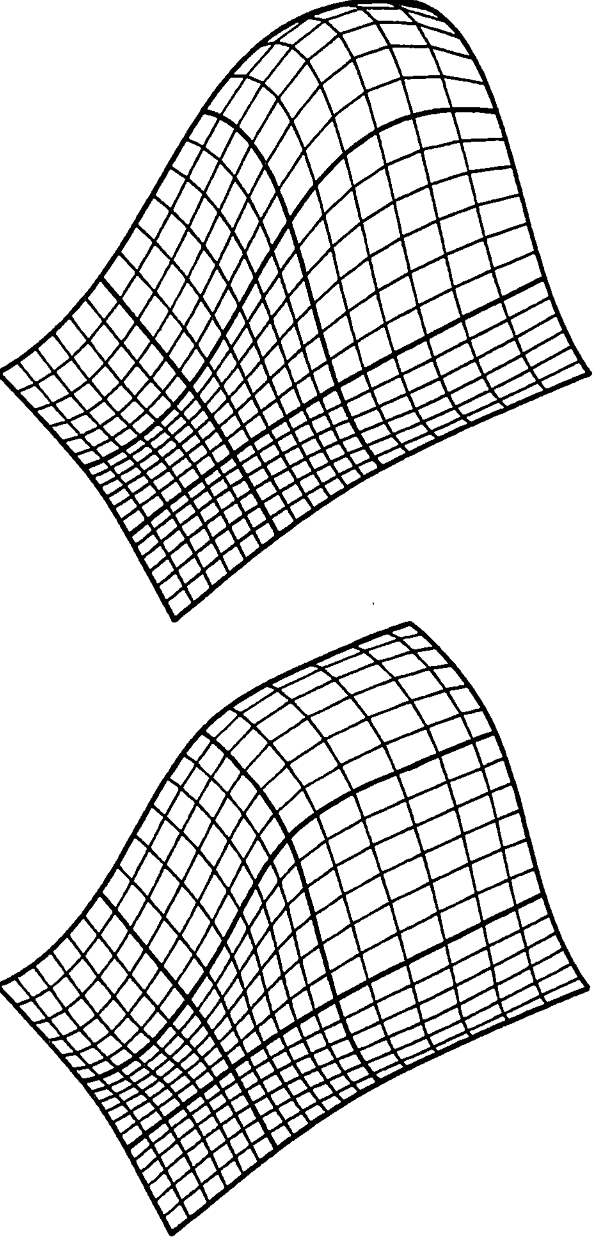

Abb.10. Spannungserhöhung in einem Patch einer τ-Spline-Fläche

8. Spline-Flächen nach der Methode der Booleschen Summenbildung

Das im vorigen Kapitel verwendete Netz geometrischer Spline-Kurven kann
- einer Idee von W.J. Gordon [11] folgend (vgl. Böhm, Farin, Kahmann [1];
Nielson [19]; oder Mortenson [17], S. 211) - auch unter Benützung Boolescher
Summen von Interpolationsoperatoren ausgefüllt werden.

Es seien $F(u,v_k)$, $k=1,...,m$, und $F(u_i,v)$, $i=1,...,n$, die nach einem C^2-Schema
5.Grades ermittelten Kurven des Netzes durch die Stützpunkte $S_{i,k}$. Dann läßt
sich mit quintischen C^2-Basis-Splines $B_i(u)$ zu den Knoten $u_1,...,u_n$ eine
Fläche

$$F_1(u,v) = \sum_{i=1}^{n} B_i(u)F(u_i,v) \tag{8.1}$$

konstruieren, welche die Netzkurven $F(u_i,v)$ enhält. Die Fläche besteht aus
$(m-1)(n-1)$ biquintischen Patches und stellt natürlich bereits eine Lösung des
ursprünglichen Interpolationsproblems dar, da sie sämtliche Stützpunkte $S_{i,k}$
enthält. F_1 besitzt mehr Formparameter als die Tensorproduktflächen, welche
in (8.1) als Sonderfälle enthalten sind. Analog erhält man mit quintischen
C^2-Basis-Splines $C_k(v)$ zu $v_1,...,v_m$ eine C^2-Interpolierende der ergänzenden
Netzkurvenschar:

$$F_2(u,v) = \sum_{k=1}^{m} C_k(v)F(u,v_k). \tag{8.2}$$

Durch Bildung der Booleschen Summe der beiden Interpolationsoperatoren
(8.1) und (8.2) stellt sich schließlich die krümmungsstetige *Gordon-Fläche* der
Form

$$F(u,v) = \sum_{i=1}^{n} B_i(u)F(u_i,v) + \sum_{k=1}^{m} C_k(v)F(u,v_k) - \sum_{i=1}^{n}\sum_{k=1}^{m} B_i(u)C_k(v)S_{i,k}$$

ein. Von der Summe aus (8.1) und (8.2) ist also noch die Tensorproduktfläche
zu den Basis-Splines B_i,C_k und den Stützpunkten $S_{i,k}$ abzuziehen.

Die Berechnung von Gordon-Flächen (oder auch von (8.1),(8.2)) gründet
sich auf die Ermittlung der Eintragungen in den Hermite-Matrizen (7.2) der
$(m-1)(n-1)$ biquintischen Patches. Der Kurvenalgorithmus, angewendet auf die
Zeilen und Spalten der Matrix $(S_{i,k})$, liefert die reinen Ableitungsvektoren. Die
Twist-Vektoren können dann aus

$$F_{uv}(u_j,v_l) = \sum_{i=1}^{n} \dot{B}_i(u_j)F_v(u_j,v_l) + \sum_{k=1}^{m} \dot{C}_k(v_l)F_u(u_j,v_l) -$$
$$- \sum_{i=1}^{n}\sum_{k=1}^{m} \dot{B}_i(u_j)\dot{C}_k(v_l)S_{i,k}$$

berechnet werden. Entsprechend geht man bei den höheren Twists vor.

Für *äquidistante Knoten* ($u_i=i,v_k=k$) hängt das Feld $\dot{B}_{i,j}:=\dot{B}_i(j)$ nur von n

199

ab, sofern man den Basis–Splines die einfachen Formparameter $\tau_i = \gamma_i^{\ l} = \gamma_i^{\ r} = 1$, $\lambda_i = 0$, $\mu_i = 0$ zugrunde legt. Analog ist $\dot{C}_{k\,l} := \dot{C}_k(l)$ nur von m abhängig. Damit können diese Felder für alle Flächen über dem Parameterrechteck $[1,n] \times [1,m]$ benützt werden und brauchen bloß ein einziges Mal berechnet zu werden. Gleiches gilt für die Felder $\ddot{B}_{i\,j} := \ddot{B}_i(j)$, $\ddot{C}_{k\,l} = \ddot{C}_k(l)$, die bei den höheren gemischten Ableitungen auftreten.

Literatur

[1] **Böhm, W., Farin, G., Kahmann, J.:** A Survey of Curve and Surface Methods in CAGD. Computer Aided Geometric Design 1 (1984), 1–60.

[2] **Böhm, W., Gose, G., Kahmann, J.:** Methoden der Numerischen Mathematik. Vieweg, Braunschweig 1985.

[3] **Böhm, W.:** Smooth Curves and Surfaces. In: Farin, G. (Ed.): Geometric Modeling, Applications and New Trends, SIAM, Philadelphia 1987.

[4] **Böhm, W.:** Rational Geometric Splines. Computer Aided Geometric Design 4 (1987), 67–77.

[5] **Brauner, H.:** Differentialgeometrie. Vieweg, Wiesbaden 1981.

[6] **Carmichael, R. L.:** A Collection of Procedures for Defining Airplane Surfaces for Input to PANAIR. In: Shoosmith, J. N., Fulton, R. E. (Eds.): Computer Aided Geometric Modeling. NASA Conference Publication 2272, 1984.

[7] **De Boor, C.:** A Practical Guide to Splines. Springer–Verlag, New York 1978.

[8] **De Rose, T. D., Barsky, B. A.:** An Intuitive Approach to Geometric Continuity for Parametric Curves and Surfaces. In: Magnenay N., Thalmann D. (Eds.): Computer Generated Images – The State of the Art, Springer, Berlin 1985.

[9] **Eck, M.:** Allgemeine Konzepte geometrischer Bezier- und B–Spline-Kurven. Diplomarbeit, Darmstadt 1987.

[10] **Farin, G., Hagen, H.:** Twist Estimation for Smooth Surface Design. To be published.

[11] **Gordon, W. J.:** Blending–Function Methods of Bivariate and Multivariate Interpolation and Approximation. SIAM Journal of Numerical Analysis 8 (1971), 158–177.

[12] **Gregory, J. A.:** Smooth Interpolation Without Twist Constraints. In: Barnhill, R. E., Riesenfeld, R. F. (Eds.): Computer Aided Geometric Design, Academic Press, New York 1974.

[13] **Hagen, H.:** Geometric Spline Curves. Computer Aided Geometric Design 2 (1985), 223–227.

[14] **Hagen, H.:** Bezier-Curves with Curvature and Torsion Continuity. Rocky Mountain J. Math. **16** (1986), 629-638.

[15] **Hagen, H., Schulze, G.:** Automatic Smoothing with Geometric Surface Patches. Computer Aided Geometric Design **4** (1987), 231-235.

[16] **Lee, E.T.Y.:** A Heuristic Method for Data Parametrization. To be published.

[17] **Mortenson, M. E.:** Geometric Modeling. John Wiley & Sons, 1985.

[18] **Nielson, G. M.:** Some Piecewise Polynomial Alternatives to Splines under Tension. In: Barnhill, R. E., Riesenfeld, R. F. (Eds.): Computer Aided Geometric Design, Academic Press, New York 1974.

[19] **Nielson, G. M.:** Rectangular ν-Splines. IEEE Computer Graphics and Applications **6** (1986), 35-40.

[20] **Pottmann, H.:** Smooth Curves Under Tension. To be published.

[21] **Schweikert, D. G.:** An Interpolating Curve Using a Spline in Tension. J.Math. Physics **45** (1966), 312-317.

KONVERTIERUNG POLYNOMIALER KURVEN- UND FLÄCHENDARSTELLUNGEN

W. Schwarz

EDS Electronic Data Systems

Deutschland GmbH

6090 Rüsselsheim

1. Einleitung - Die Bedeutung des Datenaustausches

Die Einführung von CAD-Systemen beeinflußt die Arbeitsweise der Konstrukteure in mehrfacher Hinsicht. Die Auswirkungen reichen aber weiter in die Zusammenarbeit verschiedener Abteilungen einer Firma und auch über einzelne Firmen hinaus. Gerade in der Automobilindustrie ist es eine große Erleichterung, wenn der Konstrukteur einer Zulieferfirma direkt auf den Konstruktionsdaten eines Automobilherstellers aufbauen kann. Der Austausch von CAD-Daten trägt zu einer erheblichen Zeitersparnis bei. Und die Qualität verbessert sich durch die Vermeidung von Ungenauigkeiten.

Mittlerweile gibt es jedoch eine große Anzahl verschiedener CAD-Systeme, die ihre Stärken in unterschiedlichen Anwendungsbereichen haben. Da sich die CAD-Systeme eigener Formate zur Abspeicherung der geometrischen und nichtgeometrischen Daten bedienen, ist ein Datenaustausch nur auf der Basis neutraler Formate sinnvoll. Abbildung 1 verdeutlicht, daß für fünf (allgemein n) CAD Systeme zehn (n*(n-1)/2) direkte Datenaustauschprogramme zu erstellen wären gegenüber fünf (n) Prozessoren, die ein neutrales Format bedienen. Aus diesen Gründen gibt es schon seit geraumer Zeit nationale und internationale Bestrebungen zur Definition neutraler Schnittstellen.

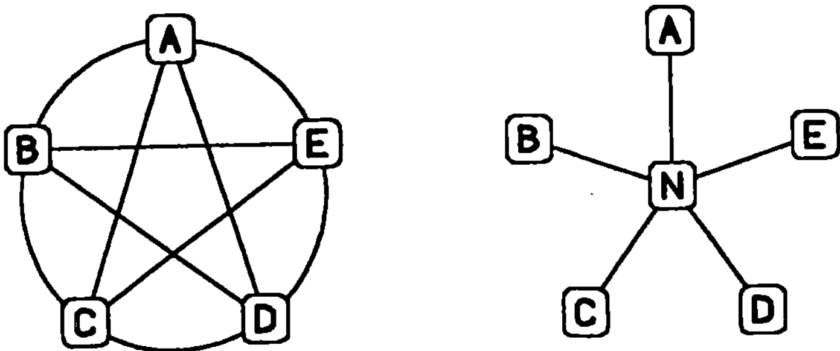

Abbildung 1: Der Vorteil einer neutralen Schnittstelle

2. Die VDA-Flächenschnittstelle

Die VDA-Flächenschnittstelle (VDAFS) wurde vom Verband der Automobilindustrie (VDA) ins Leben gerufen. Sie zeichnet sich durch eine übersichtliche Handhabung aus und findet im europäischen Raum immer mehr Verbreitung. Die Version 1.0 ist 1985 als DIN Norm 66301 erschienen. Die darin definierten Elemente sind in der folgenden Tabelle aufgeführt.

Element	Befehlswort	Beschreibung durch
Geometrische Elemente		
Punkt	POINT	Koordinatentripel
Punktfolge	PSET	Folge von Koordinatentripel
Punkt-Vektor-Folge	MDI	Folge von Punktkoordinaten und Vektorkomponenten
Freiformkurve	CURVE	Polynomkoeffizienten
Freiformfläche	SURF	Polynomkoeffizienten
Nichtgeometrische Elemente		
Anfangskennung	HEADER	Text
Kommentar	$$	Textzeile
Strukturierung	BEGINSET	
	ENDSET	
Endkennung	END	

Inzwischen sind in einer Version 2.0 weitere Elemente definiert worden:

Kreisbogen	CIRCLE	
Flächenkurve	CONS	
berandete Fläche	FACE	
Flächenverband	TOP	
Gruppe	GROUP	
Transformation	TMAT	
	TLIST	

Für die genauen Formatbeschreibungen der einzelnen Elemente sei auf die DIN Norm 66301 [7] bzw. den VDA Bericht [8] verwiesen. Beispielhaft sei hier nur das CURVE-Element angeführt, da sich die nachfolgend beschriebenen Verfahren auf dieses und das SURF-Element bez ehen.

Die Beschreibung einer Kurve im VDA-Format basiert auf einer segmentierten, polynomialen Parameterdarstellung.

Eine Kurve, die in einem segmentierten Parameterintervall

$$t_0 < t_1 < \cdots < t_i < t_{i+1} < \cdots < t_n$$

durch Polynome

$$x_i(u) - a_0 u^0 + a_1 u^1 + \cdots + a_k u^k + \cdots + a_{m_i} u^{m_i}$$

$$y_i(u) - b_0 u^0 + b_1 u^1 + \cdots + b_k u^k + \cdots + b_{m_i} u^{m_i}$$

$$z_i(u) - c_0 u^0 + c_1 u^1 + \cdots + c_k u^k + \cdots + c_{m_i} u^{m_i}$$

bezogen auf einen lokalen Parameter

$$u - \frac{t - t_{i-1}}{t_i - t_{i-1}}$$

beschrieben wird, hat im VDA Format die Darstellung:

```
name  -  CURVE  /  n , ((n+1)) * [ t_i ] ,
                    (n) * [ (m_i + 1) ,
                          ((m_i + 1)) * [ a_k ] ,
                          ((m_i + 1)) * [ b_k ] ,
                          ((m_i + 1)) * [ c_k ] ]
```

3. Hindernisse in der Praxis des Datenaustausches via VDAFS

Da die meisten CAD-Systeme für die interne Darstellung von Kurven und Flächen eine polynomiale Form verwenden, ist mit der obigen Definition des CURVE- bzw. SURF-Elementes gewährleistet, daß diese Daten ohne größeren Aufwand und Genauigkeitsverlust in das VDA-Format umgeschrieben werden können. Andererseits läßt diese Beschreibung große Freiheiten, was die globale Parameterverteilung, den Polynomgrad und die Segmentierung anbelangt. Und in der Tat sind hier gravierende Unterschiede zwischen den CAD-Systemen zu bemerken. Während einige

von Grad 3 bis Grad 21 unterstützen, benutzen andere grundsätzlich nur Grad 3 . Im Hinblick
auf die Segmentierung gibt es strikte Ein-Segment-Systeme, wogegen andere hier keine Beschränkung kennen.

Beim Datenaustausch wird der Benutzer eines Ein-Segment-Systems mit mehrsegmentigen Kurven
und Flächen Schwierigkeiten haben. Ebensowenig kann der Benutzer eines 3-Grad-Systems mit
Kurven und Flächen eines höheren Polynomgrades anfangen.

Hier kann nur eine Konvertierung, i.e. eine Veränderung der Darstellung gemäß nachfolgendem
Schema Abhilfe schaffen.

Polynomgrad	Segmentzahl	
	größer	kleiner
niedriger	Fall A	Fall C
höher	Fall D	Fall B

Der Fall A geht von einer Kurve oder Fläche aus, die mit einem hohen Polynomgrad dargestellt
wird. Das Ziel der Konvertierung ist eine Darstellung mit einem niedrigeren Polynomgrad. Die Erhöhung der Segmentzahl gleicht den Genauigkeits- und Informationsverlust aus.

Das Ziel im Fall B ist eine Reduktion der Segmentzahl. Ein höherer Polynomgrad gewährleistet
eine annehmbare Genauigkeit.

Eine Konvertierung wie in Fall C mit dem Ziel, den Polynomgrad zu senken und die Segmentzahl
zu erniedrigen, wird in der Praxis wegen des Genauigkeitsverlustes zu keinen annehmbaren Ergebnissen führen.

Der Fall D ist in der Praxis nicht relevant, weil hier das Datenvolumen unnötig aufgebläht wird.

4. Approximation einer neuen Darstellung für eine gegebene Kurve

In der vorgegebenen Problemstellung ist bereits eine gültige Darstellung der Kurve gegeben, und
es kommt darauf an, möglichst viel Information daraus in der Berechnung der neuen Darstellung
zu verwenden. Das hier vorgestellte Verfahren deckt die Fälle A , B , C und in der Theorie auch
den Fall D ab.

In einem ersten Schritt wird eine neue Segmentierung bestimmt. Im zweiten Schritt kommt ein ge-
mischtes Interpolations- und Approximationsverfahren zum Zuge, dessen Mischungsverhältnis
durch die Übergangsstetigkeiten an den Segmentknoten bestimmt ist. Bei der Interpolation wird
die gegebene Kurveninformation direkt übernommen, während ihr Einfluß bei der Approximation
eher indirekt ist.

4.1 Segmenteinteilung

Die Segmenteinteilung ist für die Güte der Approximation von entscheidender Bedeutung. Eine optimale Segmenteinteilung für die Kurve wird durch das Hölzle-Verfahren [6] gewährleistet. Es greift eine Idee von de Boor [4] auf, den zu erwartenden Fehler gleichmäßig auf die neuen Segmente zu verteilen. In einer ersten Stufe wird zunächst eine Fehlerabschätzung längs der Kurve ermittelt und wie im unteren Teil der Abbildung 2 über dem Parameterintervall aufgetragen.

Im Fall A gewinnt Hölzle eine apriori Fehlerabschätzung mit Hilfe der Formel

$$\alpha_i = \frac{1}{2^{n+1} (m+1)!} \ * \ \max_{t \in [t_{i-1}, t_i]} \left(\ |p^{(m+1)}(t)| \ \right)$$

wobei

i   die einzelnen Segmente durchläuft

m   den neuen Polynomgrad bezeichnet

p(t) eine gegebene Parametrisierung der Kurve ist.

Im Fall B liefert obige Formel wegen des niedrigen, gegebenen Polynomgrades keine brauchbaren Werte. Hier kann nach einem ersten Iterationsschritt der aposteriori Fehler an die Stelle der α_i treten. Durch die α_i ist eine Treppenfunktion α gegeben, die auf jedem Segment einen konstanten Fehlerwert annimmt.

In einer zweiten Stufe wird diese Treppenfunktion zu einer kumulativen Fehlerfunktion integriert:

$$g(t) = \int_{t_0}^{t} \sqrt[(n+1)]{\alpha(s)} \ ds$$

Die stückweise lineare Funktion g ist im oberen Teil der Abbildung 2 dargestellt. Die Linearität von g ermöglicht es, in einfacher Weise Parameterwerte s_k zu gegebenen Funktionswerten g_k zu berechnen. Eine gleichmäßige Einteilung der Ordinate liefert die gewünschte, neue Segmenteinteilung.

Die Anzahl der neuen Segmente ñ berechnet sich aus einer vorgegebenen Fehlerschranke δ durch

$$ñ = \left[\frac{g(t_n)}{(n+1)\sqrt{\delta}} \right] + 1$$

Die neuen Segmentgrenzen s_k berechnen sich aus der Bedingung

$$g(s_k) = \frac{k\ g(t_n)}{\tilde{n}}$$

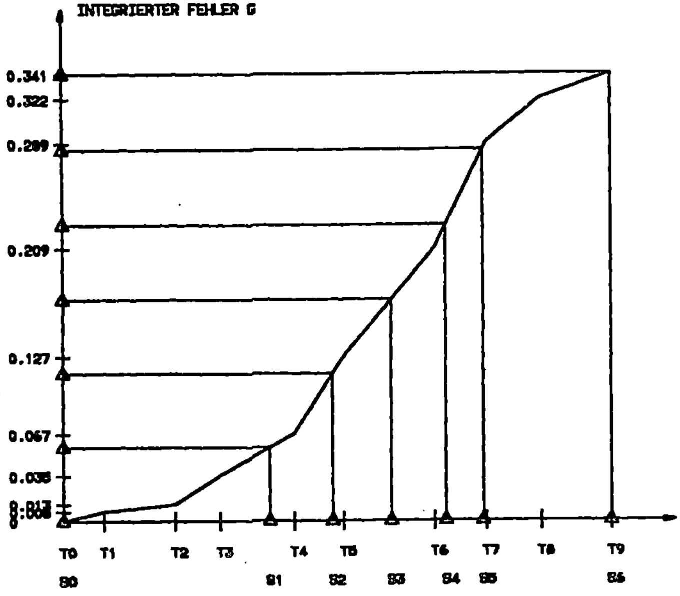

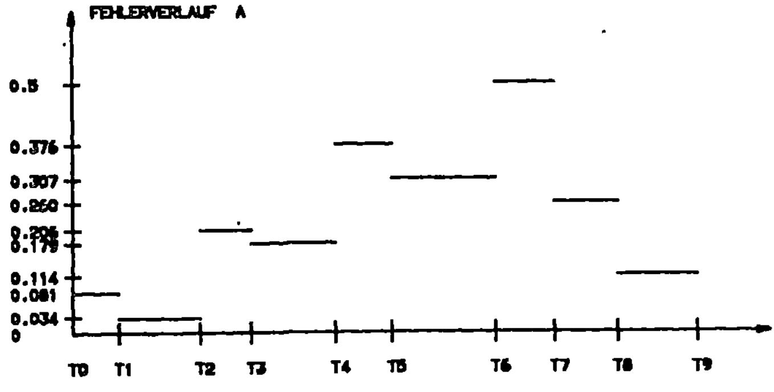

Abbildung 2: Segmenteinteilung nach dem Hölzle Verfahren

4.2 Gemischtes Interpolations- und Approximationsverfahren

Das hier beschriebene Verfahren geht bei der Berechnung der neuen Darstellung der Kurve segmentweise vor. Die an den Segmentgrenzen erreichbare Stetigkeitsordnung k ist durch die Stetigkeitsordnung der gegebenen Darstellung und den neuen Polynomgrad m begrenzt.

$$k <- \max ((malt - 1) , \frac{m-1}{2})$$

Eine Stetigkeitsordnung k innerhalb dieser Grenzen kann durch die Übernahme der k ersten Ableitungen an den Segmentgrenzen gewährleistet werden. Um Umrechnungen zu sparen, beziehen sich die folgenden Formeln daher auf die Hermite-Basis im Polynomraum. Die Hermite-Koeffizienten stimmen ja gerade mit den Ableitungswerten an den Stellen 0 und 1 überein. Die restlichen Koeffizienten werden mit Hilfe des Gaußschen Fehlerquadratverfahrens bestimmt.

Gegeben sei die Parameterdarstellung

$$p(t) \qquad\qquad t \in [0 , 1]$$

einer Kurve , wobei der Parameter t bereits das auf das Einheitsintervall transformierte Definitionsintervall des betrachteten neuen Segments durchlaufe. Im Fall A, wo die bestehenden Segmente weiter unterteilt werden, ist p die Einschränkung der gegebenen Polynome auf das betrachtete neue Segment. Dagegen besteht p im Fall B aus der Aufreihung der Polynome der alten Segmente, die zu dem betrachteten neuen Segment zusammengefaßt wurden.
Die einzelnen Komponenten der gesuchten Kurve werden in der Hermite-Basis durch

$$r(t) \ - \ t^T \, H \, A$$

dargestellt. Dabei ist H die Hermitematrix vom Grad m , t definiert durch

$$t^T \ - \ (1 , t , t^2 , \ldots , t^m)$$

ist der Vektor der Monome bis zum Grad m, und A ist der Koeffizientenvektor. Dieser spaltet sich gemäß

$$A \ - \ C \ + \ D$$

auf in einen interpolativ bestimmten Teil

$$
C - \left\{ \begin{array}{l} p(0) \\ p(1) \\ p'(0) \\ p'(1) \\ \cdot \\ \cdot \\ \cdot \\ p^{(k)}(0) \\ p^{(k)}(1) \\ 0 \\ \cdot \\ 0 \end{array} \right\}
$$

und einen approximativ zu bestimmenden Teil

$$
D^T - (\; 0 \; , \; \cdots \; , \; 0 \; , \; d_{2*(k+1)} \; , \; \cdots \; , \; d_m \;) \; .
$$

Wenn man für das Gaußsche Fehlerquadratverfahren die L^2-Norm verwendet, erhält man für den zu minimierenden Fehler die Funktion

$$
Q - \int_0^1 (\; p(t) - t^T H (\; C + D \;) \;)^2 \; dt
$$

Gesucht ist nun das Minimum der Funktion Q in Abhängigkeit von den unbekannten Koeffizienten d_q.

Die notwendigen Bedingungen

$$
\frac{\partial Q}{\partial d_q} - \int_0^1 (\; p(t) - t^T H (\; C + D \;) \;) \; t^T h_q \; dt \; \overset{!}{-} \; 0
$$

führen auf das lineare Gleichungssystem

$$
\sum_{i-2(k+1)}^m (\int t^T h_q \; t^T h_i \; dt \;) \; d_i \; -
$$

$$
\int (\; p(t) - t^T H C \;) \; t^T h_q \; dt
$$

$$
q - 2(k+1) \; , \; \ldots \; , \; m
$$

wobei h_q die q-te Spalte der Hermitematrix **H** und damit den q-ten Hermite-Basisvektor darstellt. Die linken Seiten bilden eine symmetrische, positiv definite Koeffizientenmatrix, deren Einträge nur vom gewählten neuen Polynomgrad m und von der gewählten Übergangsstetigkeit k abhängen. Sie kann unverändert für verschiedene Komponenten und Segmente verwendet werden.

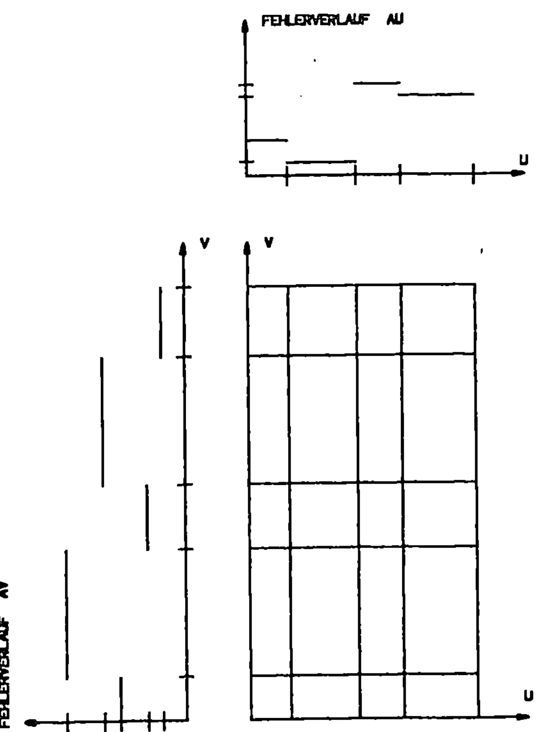

Abbildung 3: Segmentierung für Flächen

5. Approximation einer neuen Darstellung für eine gegebene Fläche

Bei der Bestimmung einer neuen Darstellung einer Fläche kommen dieselben Verfahren zur Anwendung wie für die Kurvenapproximation.

Eine neue Segmentierung findet man wie oben, nachdem man, wie in Abbildung 3 gezeigt, aus einem Netz konstanter Fehler in jede Parameterrichtung das Maximum gebildet hat.

Um eine vorgegebene Stetigkeitsordnung k längs der Segmentgrenzen zu gewährleisten, müssen die entsprechenden Ableitungen aus den beiden benachbarten Segmenten längs der gesamten Segmentgrenze bis zur Ordnung k übereinstimmen.

Wenn **q** die Fläche im Nachbarsegment von **p** in u-Richtung und **r** in v-Richtung beschreibt, so muß gelten:

$$\frac{\partial^i}{\partial u^i}\, p(1,v) \;=\; \frac{\partial^i}{\partial u^i}\, q(0,v) \qquad \text{für alle } v \in [0,1]$$

$$\frac{\partial^i}{\partial v^i}\, p(u,1) \;=\; \frac{\partial^i}{\partial v^i}\, r(u,0) \qquad \text{für alle } u \in [0,1]$$

$$\text{für } \quad i = 0\,,\,\cdots\,,\,k$$

Die gesuchte Flächendarstellung lautet in der Hermite Basis

$$u^T\, H^{(u)}\, A\, H^{(v)T}\, v$$

Die Hermite Koeffizienten **A** bilden nun für jede Komponente eine Matrix. Sie sind in Abbildung 4 symbolisch angeordnet. In der 0-ten Stetigkeitsordnung werden die Segmentgrenzkurven nach obigem Verfahren bestimmt. Dann ist in Abbildung 4 der äußere Ring der Koeffizienten bekannt. Die Ergebnisse werden jeweils in beide Nachbarsegmente eingebracht.

$$
\begin{array}{c|cccccc}
 & & & & & & & \uparrow v\\
dv^0|_{v=1} & \circ & \circ & \circ & \circ & \circ & \circ\\
dv^1|_{v=1} & \circ & \circ & \circ & \circ & \circ & \circ\\
dv^2|_{v=1} & \circ & \circ & \circ & \circ & \circ & \circ\\
dv^2|_{v=0} & \circ & \circ & \circ & \circ & \circ & \circ\\
dv^1|_{v=0} & \circ & \circ & \circ & \circ & \circ & \circ\\
dv^0|_{v=0} & \circ & \circ & \circ & \circ & \circ & \circ\\
 & du^0|_0 & du^1|_0 & du^2|_0 & du^2|_1 & du^1|_1 & du^0|_1 & \rightarrow u
\end{array}
$$

Abbildung 4: Schema der Flächenkoeffizienten

Im nächsten Schritt werden die 1. Querableitungen dieser Segmentgrenzen berechnet, das heißt, das in 4.2 beschriebene Verfahren wird auf die Kurven

$$
\begin{array}{ccc}
& P_v(u,1) & \\
P_u(0,v) & & P_u(1,v) \\
& P_v(u,0) &
\end{array}
$$

angewendet. Das entspricht dem 1. inneren Ring in Abbildung 4. So fortfahrend füllt sich das Schema von außen bis zum k-ten inneren Ring. Die Matrix A der Hermite-Koeffizienten spaltet sich analog dem Kurvenfall auf in einen bekannten Teil C und einen noch zu bestimmenden Teil D.

Zur Berechnung der restlichen Flächenkoeffizienten d_{ij} verwenden wir wieder das Gaußsche Fehlerquadratverfahren. Die Bestimmung eines Minimums der Funktion

$$
Q = \iint (p(u,v) - u^T H^{(u)} A H^{(v)T} v)^2 \, du \, dv
$$

führt zu dem linearen Gleichungssystem

$$
\sum_{i,j} (\int u^T h_q^{(u)} \, u^T h_i^{(u)} \, du) *
$$

$$
* (\int v^T h_r^{(v)} \, v^T h_j^{(v)} \, dv) * d_{ij} =
$$

$$
- \iint (p(u,v) - u^T H^{(u)} C H^{(v)T} v) \, u^T h_q^{(u)} \, h_r^{(v)T} v \, du \, dv
$$

$$
i,q = 2(k_u+1) , \ldots , m_u
$$

$$
j,r = 2(k_v+1) , \ldots , m_v
$$

Die Einträge der Matrix auf der linken Seite lassen sich einfach aus Produkten der Einträge in den bereits aus der Kurvenapproximation bekannten Matrices berechnen.

6. Programmtechnische Realisierung

6.1 Basis im Polynomraum

Aus numerischen Gründen ist eine Realisierung obiger, auf die Hermite-Basis bezogener Formeln nicht empfehlenswert. So lautet zum Beispiel die Matrix des Gleichungssystems aus dem Approximationsverfahren für Kurven für den Polynomgrad 5 und die Stetigkeitsordnung 1 in der Hermite-Basis

$$\frac{1}{55\ 440} \left\{ \begin{array}{cc} 6 & 5 \\ 5 & 6 \end{array} \right\}$$

Die entsprechende Matrix in der Bezier-Basis

$$\frac{1}{198} \left\{ \begin{array}{cc} 10 & 9 \\ 9 & 18 \end{array} \right\}$$

läßt im Vergleich dazu eine höhere numerische Stabilität erwarten.

6.2 Steuerparameter

Zur Steuerung des Progamms empfiehlt es sich, folgende Daten über eine Benutzerschnittstelle abzufragen:

  den Namen der Eingabedatei
  den Namen der Ausgabedatei
  die neuen Polynomgrade
  Übergangsstetigkeiten
  Grenzen für Segmentzahlen
  Fehlerschranken für die Approximation
  Ausführlichkeit eines Protokolls.

6.3 Fehlerkontrolle und Iteration

Das Ergebnis sollte in jedem Fall einer Fehlerkontrolle unterzogen werden. Wenn die angegebene Toleranzgrenze nicht eingehalten wurde, können weitere Approximationsversuche mit höherer Segmentzahl folgen.

6.4 Beispiel

Abbildung 5 zeigt ein Beispiel für die Wirkungsweise eines Konvertierungsprogramms. Die Fläche wird jeweils durch das Netz ihrer Bezierpunkte dargestellt. Auf der rechten Seite wird die Fläche in einem Segment mit dem Polynomgrad 5 beschrieben. Das Beziernetz besteht demzufolge aus 36 Punkten. Das Verfahren Fall A konvertiert diese Beschreibung der Fläche in eine Beschreibung mit 9 Segmenten und dem Polynomgrad 3. Das Beziernetz jedes Segmentes besteht nun aus 16 Punkten. Zählt man die mehrfachen Bezierpunkte an den internen Segmentgrenzen ab, bleibt noch das auf der linken Seite dargestellte Beziernetz von 100 Punkten.

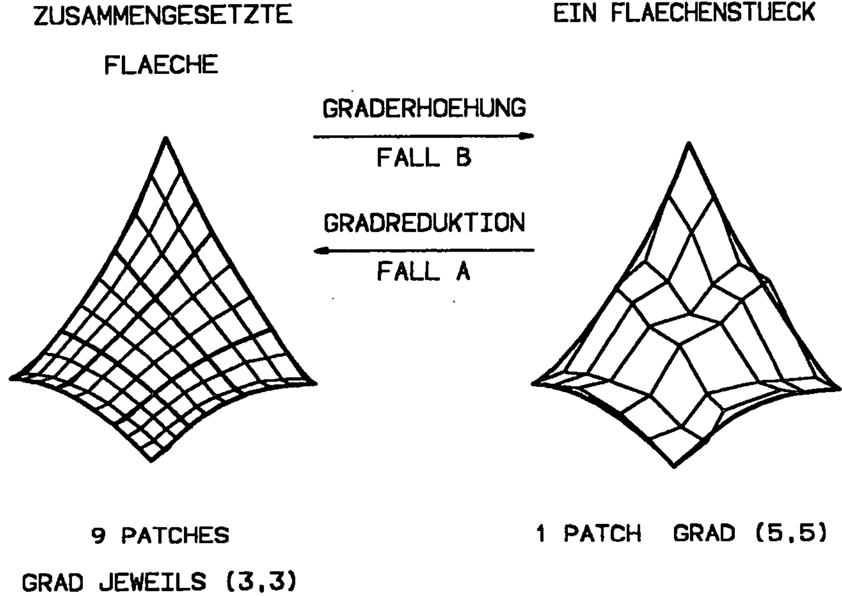

Abbildung 5: Beispiel für zwei Darstellungen einer Fläche

Das Verfahren im Fall B geht den umgekehrten Weg. Ausgehend von der Beschreibung der Fläche mit dem Polynomgrad 3 in mehreren Segmenten, wie auf der linken Seite dargestellt, wird eine neue Beschreibung mit Polynomgrad 5 berechnet. Das Ergebnis ist das einsegmentige Flächenstück auf der rechten Seite. Bereits in diesem einfachen Beispiel ist erkennbar, daß durch eine Graderhöhung (Fall B) der Datenumfang vermindert werden kann.

7. Zusammenfassung

Die unterschiedlichen Darstellungen für Kurven und Flächen in den verschiedenen CAD-Systemen erfordern ein neutrales Format für den Datenaustausch. Der Datenaustausch über das VDA-Format macht ein Konvertierungsprogramm unumgänglich, wenn Sender und Empfänger inkompatible Polynomgrade oder Segmentierungen verwenden. Es wurde ein Verfahren vorgestellt, das alle Fälle der Konvertierung abdeckt, auf Kurven und Flächen anwendbar ist und vorgegebene Stetigkeitsordnungen erhält.

Literatur

(1)   L. Dannenberg, B. Lachmann, C. Volber, S.-H. Zimmermann:
        Datenverarbeitungstechnisches Handbuch zum Approximationsprogramm
        VDAAPP
        (1986)

(2)   L. Dannenberg, B. Lachmann, C. Volber, S.-H. Zimmermann:
        Anwenderhandbuch zum Approximationsprogramm VDAAPP
        (1986)

(3)   L. Dannenberg, H. Nowacki:
        Approximate conversion of surface representations with polynomial basis
        Computer Aided Geometric Design , 2 (1985)
        123-132

(4)   C. de Boor:
        Splines with variable knots
        in: Spline Functions and Approximation Theorie
        Birkhäuser (1972)

(5)   K. Böhmer:
        Spline-Funktionen
        Teubner (1974)

(6)   G. E. Hölzle:
        Knot placement for piecewise polynomial approximation of curves
        Computer Aided Design, volume 15 number 5 (September 1983)

(7)
        VDA-Flächenschnittstelle, Version 1.0
        DIN 66 301 , Beuth Verlag (1985)

(8)
        VDA-Flächenschnittstelle, Version 2.0
        VDA Bericht (1987)

Geometrische Algorithmen

Hierarchische Darstellungsformen für Kurven

Oliver Günther and Eugene Wong
International Computer Science Institute
1947 Center St., Suite 600
Berkeley, CA 94704

Zusammenfassung

Diese Arbeit beschreibt den *Kurvenbaum*, eine neue hierarchische Datenstruktur zur Darstellung beliebiger Kurven. Der Kurvenbaum ist ein ausgeglichener Binärbaum, der eine Kurve der Länge l so repräsentiert, dass jeder Teilbaum mit Wurzel auf der k-ten Baumstufe eine Teilkurve der Länge $l/2^{k-1}$ darstellt. Jeder Baumstufe entspricht eine Approximation der dargestellten Kurve; höheren Baumstufen entsprechen gröbere Approximationen. Ausgehend von einer solchen Detailhierarchie können Mengen- und Suchoperatoren (wie z.B. Schnittpunkte oder Punktanfragen) hierarchisch berechnet werden. Wir präsentieren die Ergebnisse einer praktischen Analyse des Kurvenbaums und geben Beispiele für das Laufzeitverhalten unserer Algorithmen zur Berechnung unterschiedlicher Mengen- und Suchoperatoren. Die Vor- und Nachteile des Kurvenbaums im Vergleich mit verwandten Datenstrukturen werden ebenfalls ausführlich diskutiert.

Abstract

This paper introduces the *arc tree*, a hierarchical data structure to represent arbitrary curved shapes. The arc tree is a balanced binary tree that represents a curve of length l such that any subtree whose root is on the k-th tree level is representing a subcurve of length $l/2^{k-1}$. Each tree level is associated with an approximation of the curve; lower levels correspond to approximations of higher resolution. Based on this hierarchy of detail, queries such as point search or intersection detection and computation can be solved in a hierarchical manner. We present the results of a practical performance analysis for various kinds of set and search operators. Several related schemes are also discussed.

1. Einführung

Die exakte Darstellung gekrümmter geometrischer Objekte in endlichen Automaten ist nur möglich, wenn die Objekte durch endliche mathematische Ausdrücke beschrieben werden können. Typische Beispiele für derartige Objekte sind Paraboloide oder Ellipsen, die durch Funktionsgleichungen wie z.B. $x^2/a^2 + y^2/b^2 = 1$ eindeutig definiert sind. In zahlreichen Anwendungsgebieten, insbesondere auch in der Computervision und Robotik, ist dies jedoch nicht möglich. Die auftretenden Objekte können beliebige Formen annehmen und sind nur mit Hilfe geeigneter

Approximationsmethoden darstellbar. Ein endlicher Automat kann nur approximative Repräsentationen der eigentlichen Objekte abspeichern; auch die Antworten auf Anfragen werden mit Hilfe dieser approximativen Repräsentationen berechnet und sind daher ebenfalls nur annähernd korrekt.

Die rechnerinterne Repräsentation eines gekrümmten geometrischen Objekts stammt üblicherweise von einer Kamera, einem Sensor, einer Maus, oder einem Digitalisierer, und ist daher von Anfang an approximativ. In den meisten Fällen handelt es sich bei der Repräsentation um eine Folge von Kurvenpunkten oder um einen Spline, d.h. eine stückweise polynomiale Funktion, die stetig und differenzierbar ist. Um Mengen- und Suchoperationen effizient zu unterstützen, ist es jedoch vorteilhafter, die Objekte durch eine *Detailhierarchie* [Same84, Hopc87] zu repräsentieren, d.h. durch eine Hierarchie von Approximationen, in der höhere Hierarchieebenen gröberen Näherungen entsprechen. Geometrische Operatoren können dann mit Hilfe hierarchischer Algorithmen berechnet werden: zunächst wird versucht, eine Anfrage mit Hilfe grober Approximationen zu beantworten; falls dies nicht möglich ist, wird die Auflösung dort vergrössert, wo notwendig. Anders ausgedrückt, Algorithmen konzentrieren sich auf diejenigen Kurvensegmente, die für die Beantwortung einer gegebenen Anfrage von Bedeutung sind.

Diese Arbeit befasst sich mit Detailhierarchien zur Darstellung von Kurven, und insbesondere mit dem *Kurvenbaum*, einer neuartigen Approximationsmethode zur Darstellung beliebiger Kurven. Kapitel 2 enthält die Definition des Kurvenbaumes. Kapitel 3 verallgemeinert dieses Konzept und diskutiert verwandte Darstellungsformen wie z.B. Streifenbäume [Ball81] und Bezierkurven [Bezi74, Pavl82]. In Kapitel 4 und 5 wird beschrieben, wie sich Punktanfragen und Mengenoperationen mit Hilfe hierarchischer Darstellungsformen berechnen lassen. Beide Kapitel enthalten auch Angaben zum Laufzeitverhalten unserer Implementierung des Kurvenbaums.

2. Der Kurvenbaum

Eine *Kurve* ist eine eindimensionale kontinuierliche Punktmenge im d-dimensionalen Euklidischen Raum E^d. Der Einfachheit halber beschränken wir uns in dieser Arbeit auf den Fall $d=2$; die Verallgemeinerung auf beliebiges d ist trivial. Eine Kurve ist *offen*, wenn sie zwei voneinander verschiedene Endpunkte hat, andernfalls ist sie *geschlossen*.

Ein Kurvenbaum approximiert eine Kurve durch eine Folge von Polygonzügen. Eine Kurve C mit Länge l sei gegeben durch eine Funktion $C(t):[0,1]\rightarrow E^2$, sodass die Teilkurve von $C(0)$ nach $C(t_0)$ die Bogenlänge $t_0 \cdot l$ hat. Die *k-te Approximation* C_k ($k=0,1,2...$) von C ist ein Polygonzug, bestehend aus 2^k Kanten $e_{k,i}$ ($i=1..2^k$), sodass $e_{k,i}$ die beiden Kurvenpunkte $C(\frac{i-1}{2^k})$ und $C(\frac{i}{2^k})$ verbindet. Jede Kante $e_{k,i}$ repräsentiert eine Teilkurve $a_{k,i}$ von C, deren Bogenlänge $\frac{l}{2^k}$ ist. Die gemeinsamen Endpunkte von $e_{k,i}$ und $a_{k,i}$ sind $C(\frac{i-1}{2^k})$ und $C(\frac{i}{2^k})$. Die k-te Approximation C_k ($k \geq 1$) ist eine Verfeinerung der $(k-1)$-ten Approximation C_{k-1} insofern als die Eckenmenge von C_{k-1} eine echte Teilmenge der Eckenmenge von C_k ist.

Für jede Approximation C_k gibt es eine wohldefinierte Fläche, die die Kurve C vollständig einschliesst:

Lemma 1: $E_{k,i}$ bezeichne die Ellipse, deren Brennpunkte mit den Endpunkten der Kante $e_{k,i}$, $C(\frac{i-1}{2^k})$ and $C(\frac{i}{2^k})$, zusammenfallen und deren grosse Halbachse die Länge $\frac{l}{2^k}$ hat. Dann liegt die Teilkurve $a_{k,i}$ vollständig innerhalb der Ellipse $E_{k,i}$.

Beweis: (indirekt) $X \in a_{k,i}$ bezeichne einen Punkt ausserhalb der Ellipse $E_{k,i}$. Dann ist

$$d(X,C(\frac{i-1}{2^k})) + d(X,C(\frac{i}{2^k})) > \frac{l}{2^k}$$

D.h., die Länge der Teilkurve $a_{k,i}$ wäre grösser als $\frac{l}{2^k}$. Widerspruch! $\square$

Korollar 2: Die Kurve C liegt vollständig innerhalb der Vereinigung der einschliessenden Ellipsen $\bigcup_{i=0}^{2^k} E_{k,i}$ $(k=0, 1, ..)$. $\square$

Hierzu vgl. Abb. 1.

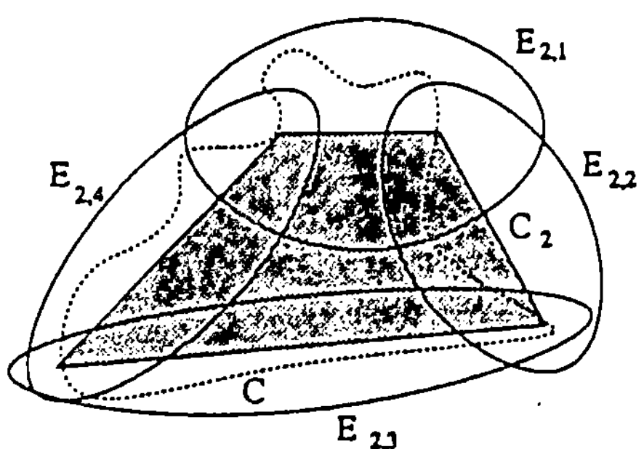

Abb. 1: Eine geschlossene Kurve C mit ihrer zweiten Approximation C_2 und Ellipsen $E_{2,i}$.

Die Approximationen einer gegebenen Kurve C können effizient in einem ausgeglichenen Binärbaum abgespeichert werden. Die Wurzel des Baumes enthält die drei Kurvenpunkte $C(0)$, $C(1/2)$ und $C(1)$ und liegt auf Stufe 1. Jeder Knoten auf Stufe 1 enthält einen Kurvenpunkt $C(\frac{x}{2^i})$ $(x=1..2^i-1)$; sein linker Nachfolger enthält den Kurvenpunkt $C(\frac{2x-1}{2^{i+1}})$, und sein rechter Nachfolger den Kurvenpunkt $C(\frac{2x+1}{2^{i+1}})$. Dieser Baum ist der *Kurvenbaum* für die Kurve C; jeder Teilbaum repräsentiert eine Teilkurve von C. Man erhält eine geordnete Eckenliste der k-ten Approximation durch einen *inorder* Durchlauf der ersten k Stufen des Kurvenbaumes (vgl. Abb. 2).

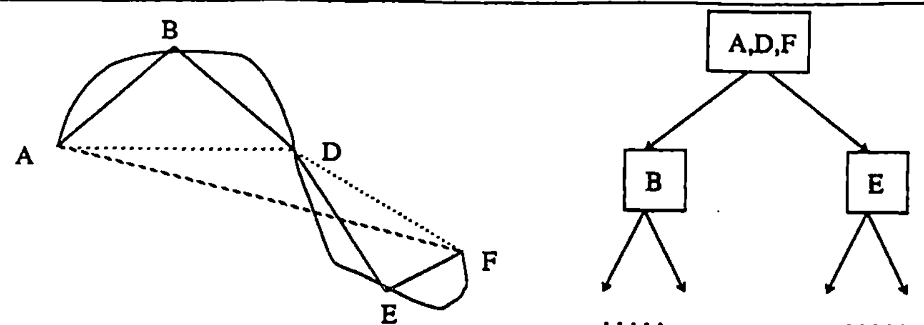

Abb. 2: Eine offene Kurve mit Approximationen und Kurvenbaum.
Für geschlossene Kurven gilt $A = F$.

In der Praxis wird natürlich nur eine begrenzte Anzahl von Baumstufen abgespeichert. Ein Kurvenbaum der Höhe r wird auch als Kurvenbaum der Auflösung r bezeichnet. Ein solcher ausgeglichener Binärbaum repräsentiert die 0-te bis r-te Approximation der Kurve C.

Ein Kurvenbaum der Auflösung r kann in zwei Durchläufen einer gegebenen Kurve C konstruiert werden. Im ersten Durchlauf wird die Länge l von C ermittelt. Sofern es sich bei C um einen Spline (oder um einen Polygonzug) handelt, erfolgt dies mit Hilfe der Standardformeln für die Bogenlänge einer analytischen Kurve. Im zweiten Durchlauf werden die Kurvenpunkte $C(\frac{i}{2^r})$ ($i \in \{0,1..2^r\}$) berechnet und im Zuge eines *inorder* Durchlaufs des Kurvenbaums in die entsprechenden Baumknoten eingefügt.

Jede Kurve, die in Abhängigkeit von ihrer Bogenlänge parametrisiert werden kann, ist mit Hilfe eines Kurvenbaums darstellbar. Die Einschränkung betrifft in der Praxis hauptsächlich Kurven, die von hochfrequentigen Störungen überlagert sind. In diesem Fall ist das Konzept der Bogenlänge nutzlos; es ist notwendig, die Störungen herauszufiltern, bevor die Parametrisierung durchgeführt werden kann.

3. Verallgemeinerung

Im Kurvenbaum wird eine gegebene Kurve in Abhängigkeit von ihrer Bogenlänge parametrisiert und mit Hilfe von einschliessenden Ellipsen lokalisiert. Die Anzahl der Ellipsen nimmt mit zunehmender Auflösung ebenfalls zu; gleichzeitig nimmt die Gesamtfläche der Ellipsen ab, was die Genauigkeit der Lokalisierung erhöht.

Der Kurvenbaum ist ein neuer Vertreter einer Klasse von Näherungsverfahren, die alle auf der Idee einer *Detailhierarchie* [Same84, Hopc87] beruhen. Höhere Hierarchiestufen entsprechen gröberen Näherungen. Jeder Näherung entspricht eine *einschliessende Fläche*, die die gegebene Kurve vollständig enthält. Mengen- und Suchoperationen werden mit Hilfe von hierarchischen Algorithmen berechnet: man beginnt nahe der Wurzel und versucht das gegebene Problem mit Hilfe grober

Approximationen zu lösen. Falls dies nicht gelingt, wird die Auflösung dort erhöht, wo notwendig.

In diesem Kapitel beschreiben wir einige andere hierarchische Darstellungsformen für Kurven. Wie der Kurvenbaum, implementieren diese Strukturen eine Detailhierarchie; sie benutzen hierzu jedoch andere Parametrisierungen oder einschliessende Flächen.

Die erste Möglichkeit, den Kurvenbaum zu modifizieren, betrifft die einschliessenden Flächen. Die Ellipsen $E_{k,i}$ sind zwar die kleinstmöglichen einschliessenden Flächen, andererseits sind Ellipsen aber recht kompliziert zu verarbeiten, was das Laufzeitverhalten negativ beeinflusst. Es kommt zum Beispiel sehr häufig vor, dass zwei einschliessende Flächen auf Überschneidung getestet werden müssen; für Ellipsen ist dieser Test relativ aufwendig. Unsere praktischen Erfahrungen haben gezeigt, dass es in der Tat oft effizienter ist, die Ellipsen durch ihre Umkreise zu ersetzen (vgl. Kap. 5.1). Die Kreise verschlechtern zwar die Qualität der Lokalisierung, sind aber einfacher zu verarbeiten, was insgesamt einen positiven Einfluss auf das Laufzeitverhalten hat. Eine weitere Möglichkeit wäre die Verwendung von einschliessenden Rechtecken, deren Seiten parallel zu den Koordinatenachsen oder zu den Achsen der Ellipsen sind. In der Praxis schneiden diese Alternativen jedoch schlechter ab als die Verwendung der Umkreise.

Wenn es sich bei den zu repräsentierenden Kurven um Polygonzüge mit relativ wenigen Ecken handelt, ist es effizienter, diese Polygonzüge an ihren Ecken zu unterteilen anstatt neue "künstliche" Ecken $C(1/2^k)$ einzuführen. Gegeben sei ein Polygonzug mit $n+1$ Ecken $v_1 .. v_{n+1}$. Dieser Polygonzug lässt sich durch einen *Polygon-Kurvenbaum* der Höhe $\lceil \log_2 n \rceil$ wie folgt *exakt* darstellen. Die Wurzel des Polygon-Kurvenbaums enthält die Ecken v_1, $v_{\lceil n/2 \rceil + 1}$, und v_{n+1}. Ihr linker Nachfolger enthält die Ecke $v_{\lceil n/4 \rceil + 1}$, ihr rechter Nachfolger die Ecke $v_{\lceil 3/4 \cdot n \rceil + 1}$, und so weiter, bis alle Ecken abgespeichert sind. Man beachte, dass die einem Knoten entsprechende Bogenlänge nun nicht mehr implizit ist und daher explizit abgespeichert werden muss. Abb. 3 zeigt einen Polygon-Kurvenbaum, in dem in jedem Knoten N die Bogenlängen derjenigen Teilkurven abgespeichert sind, die N's linkem und rechten Teilbaum entsprechen.

Es ist leicht einsehbar, dass die Information über die Bogenlänge teilweise redundant ist. Es ist in der Tat möglich, mit *einem* Bogenlängendatum pro Knoten auszukommen. Der Speicherbedarf des Polygon-Kurvenbaums liegt daher zwischen 20% und 40% über dem Speicherbedarf für einen normalen Kurvenbaum gleicher Höhe.

Eine andere Kurvenrepräsentation, die ebenfalls auf der Idee der Detailhierarchie basiert, ist Ballard's *Streifenbaum (strip tree)* [Ball81]. Wie der Kurvenbaum, repräsentiert auch der Streifenbaum eine gegebene Kurve C durch einen Binärbaum, sodass jeder Teilbaum T einer kontinuierlichen Teilkurve C_T entspricht. C_T wird approximiert durch die Linie, die die beiden Endpunkte von C_T, (x_b, y_b) und (x_e, y_e), verbindet. Die Wurzel von T enthält diese beiden Endpunkte und zwei Breiten w_l und w_r, wodurch ein einschliessenden Rechteck S_T (der *Streifen*) definiert ist. S_T ist so lang wie die Linie $((x_b, y_b), (x_e, y_e))$ und die Seiten von S_T sind parallel oder orthogonal zu dieser Linie (Abb. 4). Man

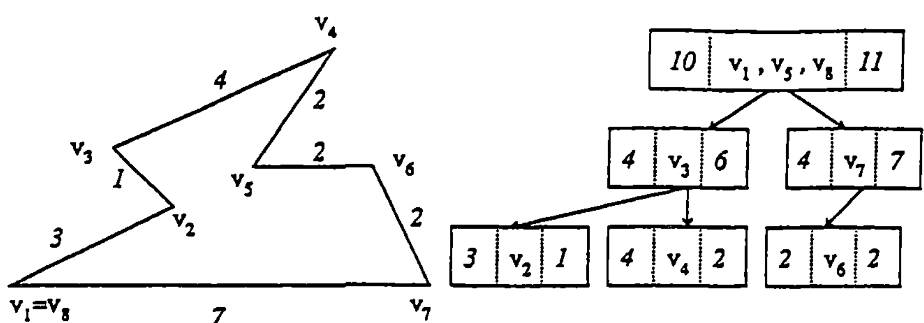

Abb. 3: Ein Polygon mit zugehörigem Polygon-Kurvenbaum.
Die kursiven Ziffern bezeichnen die Bogenlänge.

beachte, dass dieser Ansatz nicht ausreicht, um geschlossene Kurven und Kurven, die über ihre Endpunkte hinausgehen (Abb. 5), zu behandeln; es ist jedoch möglich, den Streifenbaum entsprechend zu erweitern.

Bei der Konstruktion eines Streifenbaumes für eine gegebene Kurve C wird eine Teilkurve C_T rekursiv unterteilt bis die Streifenbreite $w_l + w_r$ unterhalb einer gegebenen Grenze liegt. Für die Unterteilung von C_T kann jeder Punkt auf C_T gewählt werden, der auch auf dem Rand des zugehörigen Streifens S_T liegt. Die Berechnung des zugehörigen Streifens für eine gegebene Teilkurve C_T (und daher auch die Konstruktion eines Streifenbaums für eine gegebene Kurve) ist relativ aufwendig. Man beachte, dass ein Streifenbaum nicht unbedingt ausgegeglichen ist. Kurvenbäume sind dagegen stets ausgeglichen; wir erwarten daher für Kurvenbäume im Durchschnitt ein besseres Laurzeitverhalten.

Der Speicherbedarf eines Streifenbaums ist ungefähr doppelt so hoch wie der Speicherbedarf eines Kurvenbaums gleicher Höhe: während ein Kurvenbaumknoten zwei reelle Zahlen und zwei Zeiger enthält, sind in einem Streifenbaumknoten sechs reelle Zahlen und zwei Zeiger abgespeichert. Es ist allerdings möglich, Streifenbäume zu modifizieren, um den Speicherbedarf zu minimieren. Erstens gehören sämtliche Unterteilungspunkte zu mehr als einem Streifen und sind daher mehrfach abgespeichert. Die redundanten Daten können gelöscht oder durch Zeiger ersetzt werden (wobei manche Algorithmen u.U. entsprechend angepasst werden müssen). Zweitens, anstatt zwei Breiten w_l und w_r abzuspeichern, könnte man nur das Maximum der beiden Breiten speichern. Der entsprechende Streifen ist breiter, was die Lokalisierung der Kurve (und damit das Laufzeitverhalten) etwas verschlechtert.

Eine weitere Möglichkeit, Kurven durch Detailhierarchien zu repräsentieren, sind Spline-Techniken wie z.B. Bezier-Kurven [Bezi74] oder B-splines [Debo78]; vgl. auch [Pavl82] für eine gute Darstellung dieser und verwandter Techniken. Eine Bezierkurve des m-ten Grades ist ein Polynom m-

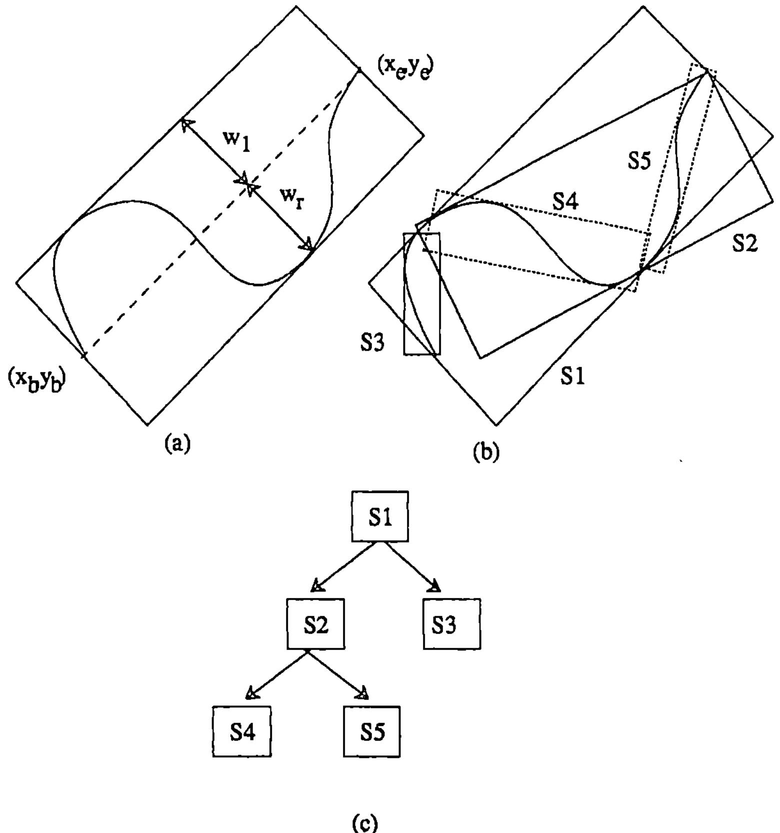

Abb. 4: Eine Kurve mit Streifen, eine Streifenhierarchie, und der zugehörige Streifenbaum.

ten Grades, das durch $m+1$ *Leitpunkte* $P_1 .. P_{m+1}$ definiert ist. Die Punkte P_1 und P_{m+1} sind die Endpunkte der Kurve, und die Punkte $P_2 .. P_m$ können interaktiv verschoben werden, um die Bezierkurve in die gewünschte Form zu bringen (vgl. Abb. 6).

Man kann leicht zeigen, dass eine Bezierkurve innerhalb ihres *charakteristischen Polygons*, d.h. der konvexen Hülle ihrer Leitpunkte liegt. Eine Bezierkurve kann unterteilt werden in zwei Bezierkurven B_1, B_2 gleichen Grades. Die charakteristischen Polygone von B_1 und B_2 sind disjunkte Teilmengen von B's charakteristischem Polygon; man erzielt daher eine bessere Lokalisierung von B (vgl. Abb. 7).

Eine hierarchische Darstellung einer gegebenen Bezierkurve B lässt sich daher wie folgt ableiten. Die erste Approximation ist die Verbindungslinie zwischen B's Endpunkten; die einschliessende Fläche ist B's charakteristisches Polygon. Die zweite Approximation ist der Polygonzug, der die Endpunkte von B_1 und B_2 verbindet; die einschliessende Fläche ist die Vereinigung der charakteristischen Polygone von B_1 und B_2, und so weiter. Für die Berechnung der Teilkurven B_1 und B_2 gibt es einige

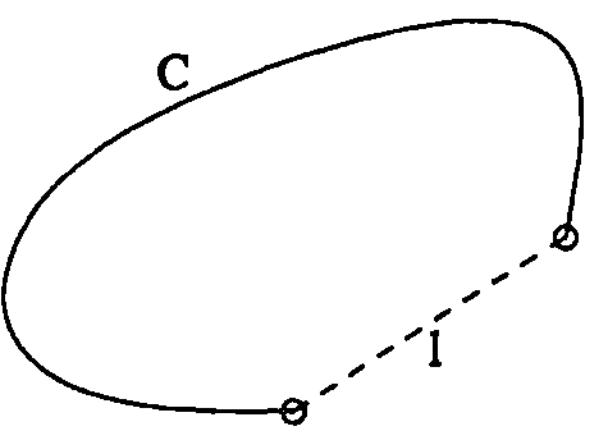

Abb. 5: Eine Kurve C, die über ihre Endpunkte hinausgeht.
Es gibt kein einschliessendes·Rechteck der Länge l.

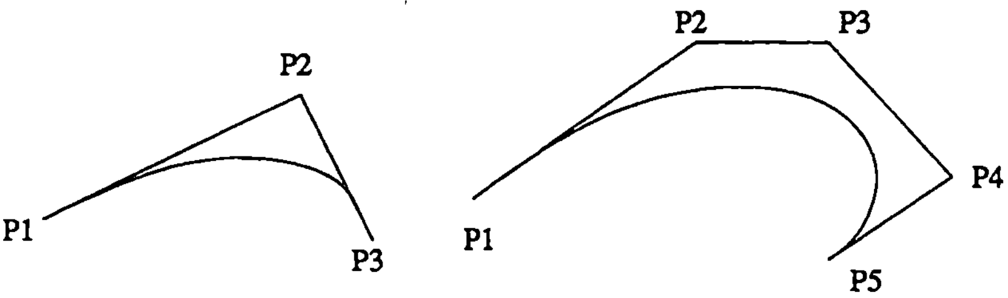

Abb. 6: Zwei Bezierkurven mit drei und fünf Leitpunkten.

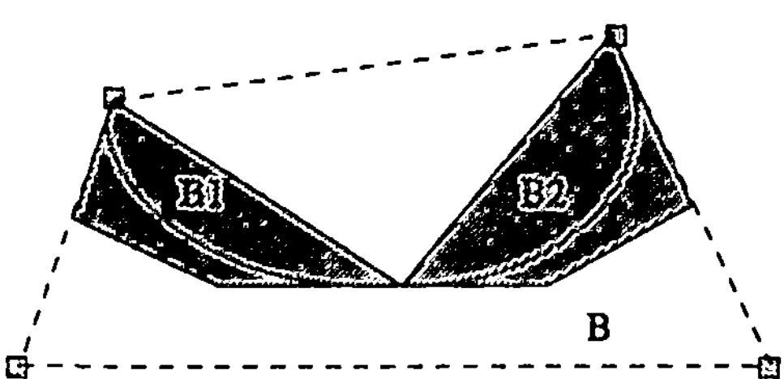

Abb. 7: Eine Bezierkurve B, unterteilt in zwei Kurven B_1 und B_2 mit charakteristischen Polygonen.

effiziente Unterteilungsalgorithmen; vgl. [Pavl82], S. 221-230.

Das Hauptproblem bei diesem Ansatz ist, dass nicht jede Kurve gut durch eine Bezierkurve niedrigen Grades approximiert werden kann. Eine Bezierkurve höheren Grades ist jedoch schwieriger zu unterteilen und hat ein komplizierteres charakteristisches Polygon, was negative Auswirkungen auf das Laufzeitverhalten hat. In der Praxis werden solche komplexe Kurven oft durch eine *Folge* von Bezierkurven dritten Grades angenähert. In diesem Fall wäre die einschliessende Fläche der ersten Approximation eine Vereinigung von konvexen Polygonem; weitere Approximationen erhält man durch eine Unterteilung jedes dieser konvexer Polygone.

Wir erwarten, dass Kurven- und Streifenbäume den Bezierkurven überlegen sind, wenn die zu repräsentierende Kurve als lange Folge von Kurvenpunkten gegeben ist und nur als Spline höheren Grades (oder als Folge von zahlreichen Splines niedrigeren Grades) dargestellt werden kann. In der Praxis ist dies oft der Fall, wenn die Kurve mit Hilfe eines Digitalisierers oder einer Maus eingegeben wurde. Andererseits, wenn eine Kurve von Anfang an als eine Folge von wenigen einfachen Splines gegeben ist, wird es meist effizienter sein, diese Repräsentation beizubehalten und die Detailhierarchie wie oben gezeigt mit Hilfe von Splineunterteilungen zu implementieren.

Neben den diskutierten Darstellungsformen gibt es sicherlich noch zahlreiche weitere Möglichkeiten, eine Detailhierarchie als Baumstruktur zu implementieren. Man beachte, dass es in all diesen Fällen möglich ist, Speicherplatz mit Laufzeit zu erkaufen und umgekehrt. Anstatt sämtliche Approximationen explizit abzuspeichern, könnte man nur die ursprügliche *Quellenbeschreibung* der Kurve im Hauptspeicher behalten und die Approximationen *ad hoc* berechnen. Sämtliche Approximationen sind nur prozedural, d.h. mit Hilfe der entsprechenden Unterteilungsalgorithmen definiert. Dieser Ansatz scheint besonders gut geeignet zu sein für die Approximation durch Bezierkurven, da hier hocheffiziente Unterteilungsalgorithmen zur Verfügung stehen. Im Falle der Kurven- und Streifenbäume ist der Aufwand für die Berechnung der feineren Approximationen wahrscheinlich zu gross, als das man diese Prozedur bei jedem Baumdurchlauf erneut durchführen sollte.

Die Algorithmen für Mengen- und Suchoperationen sind für alle diese Darstellungsformen im wesentlichen identisch. Die folgenden beiden Kapitel diskutieren diese Algorithmen für den Kurvenbaum. In den meisten Fällen lassen sich die entsprechenden Algorithmen für andere Strukturen ableiten, indem man die Ellipsen $E_{k,i}$ durch die entsprechenden einschliessenden Flächen (d.h. die Streifen oder charakteristischen Polygone) ersetzt.

4. Hierarchische Algorithmen für Punktanfragen

Um die Effizienz der hierarchischen Darstellungsformen zu demonstrieren, zeigen wir zunächst, wie sich Punktanfragen mit Hilfe des Kurvenbaums beantworten lassen. Eine Punktanfrage testet einen gegebenen Punkt $A \in E^2$ und eine einfache[*] geschlossene Kurve C, ob A in der einfachen Punktmenge $P(C)$ liegt, die von C umschlossen wird.

Eine Punktanfrage wird mit Hilfe des hierarchischen Algorithmus *HPOINT* beantwortet. *HPOINT* betrachtet zunächst eine grobe Approximation C_{app} von C. Für jede Kante $e_{k,i}$ von C_{app} ($i=1..2^k$), wird geprüft, ob die Substitution von $e_{k,i}$ durch die Teilkurve $a_{k,i}$ die Klassifizierung von A (innerhalb/ausserhalb) verändern könnte. Falls es keine derartige Kante $e_{k,i}$ gibt, dann ist $A \in P(C_{app})$ äquivalent zu $A \in P(C)$; *HPOINT* benutzt einen konventionellen Algorithmus für Polygone, um die Punktanfrage $A \in P(C_{app})$? zu beantworten und terminiert. Ansonsten ersetzt *HPOINT* in C_{app} jede

---

[*] Eine Punktmenge ist einfach, wenn sie kontinuierlich und abgeschlossen ist und sich nicht selbst überschneidet. In zwei und mehr Dimensionen heisst dies insbesondere, dass die Punktmenge keine Löcher hat.

Kante $e_{k,i}$, deren Substitution durch $a_{k,i}$ die Klassifizierung von A verändern könnte, durch die zwei Kanten $e_{k+1,2i-1}$ und $e_{k+1,2i}$. Das resultierende Polygon ist eine feinere Approximation von C und wird von *HPOINT* von neuem verarbeitet.

Es ist durchaus möglich, dass die höchste Auflösung erreicht wird, ohne dass die Punktanfrage beantwortet werden konnte. In diesem Fall gibt es drei Möglichkeiten, fortzufahren: (a) der Algorithmus terminiert ohne Ergebnis, (b) der Algorithmus terminiert und betrachtet den Punkt als Randpunkt, und (c) die Punktanfrage wird mit Hilfe der Quellenbeschreibung gelöst. Wir haben für *HPOINT* die Alternative (b) gewählt, d.h. der Rand von $P(C)$ hat eine von Null verschiedene Breite. Da $P(C)$ in unserer Definition eine geschlossene Punktmenge ist, ist das korrekte Ergebnis in diesem Fall $A \in P(C)$.

Um schnell herauszufinden, ob die Substitution einer Kante $e_{k,i}$ durch die Teilkurve $a_{k,i}$ die Klassifizierung von A verändern könnte, ist das folgende Lemma von Nutzen.

Lemma 3: $C_{k,i}$ bezeichne die Kurve, die man erhält, wenn man in der Kurve C die Teilkurve $a_{k,i}$ durch die Kante $e_{k,i}$ ersetzt. Wenn A ausserhalb der Ellipse $E_{k,i}$ liegt, dann ist $A \in P(C)$ äquivalent zu $A \in P(C_{k,i})$.

Beweis: Da A ausserhalb von $E_{k,i}$ liegt, kann A weder auf noch zwischen $a_{k,i}$ und $e_{k,i}$ liegen. Die Substitution von $a_{k,i}$ durch $e_{k,i}$ hat daher keinen Einfluss auf die Klassifizierung von A. $\square$

Es genügt daher zu prüfen, ob A innerhalb von $E_{k,i}$ liegt. Nur dann könnte die Substitution von $e_{k,i}$ durch $a_{k,i}$ die Klassifizierung von A verändern. Wir geben nun eine exakte Beschreibung von *HPOINT*.

Algorithmus HPOINT

Eingabe: Ein Punkt $A \in E^2$. Der Kurvenbaum T_C einer einfachen geschlossenen Kurve C.

Ausgabe: $A \in P(C)$?

(1) $C_{app} := C_0$; $k := 0$

(2) Für jede Kante $e_{k,i}$ ($i \in \{1..2^k\}$) von C_{app}, teste ob A innerhalb der Ellipse $E_{k,i}$ liegt. Wenn ja, markiere $e_{k,i}$.

(3) Wenn C_{app} keine markierten Kanten hat, benutze einen konventionellen Algorithmus für Polygone, um die Punktanfrage $A \in P(C_{app})$? zu beantworten, und terminiere mit diesem Resultat.

(4) Ansonsten, wenn k kleiner ist als die höchste Auflösung, *Höhe* (T_C), ersetze jede markierte Kante $e_{k,i}$ durch die zwei Kanten $e_{k+1,2i-1}$ und $e_{k+1,2i}$, erhöhe k um eins und gehe nach (2).

(5) Ansonsten terminiere ($A \in P(C)$)

Die Schritte (2) und (4) können während eines *top–down* Durchlaufs des Kurvenbaums durchgeführt werden. Die Teilbäume können unabhängig voneinander verarbeitet werden, d.h. eine Parallelisierung des Algorithmus ist möglich. Die Bedingung in Schritt (2) lässt sich leicht testen, indem man die Entfernungen von A zu den beiden Brennpunkten von $E_{k,i}$ berechnet. Wenn C_{app} keine markierten Kanten mehr hat, werden die Teilergebnisse im Rahmen eines *bottom–up* Durchlaufs vereinigt, um den Rand des Approximationspolygons C_{app} zu ermitteln. Zu diesem Zeitpunkt ist $A \in P(C)$ äquivalent zu $A \in P(C_{app})$.

Für Schritt (3) lässt sich z.B. Shamos' Algorithmus [Prep85] einsetzen: man konstruiert eine horizontale Linie L durch A und zählt die Überschneidungen zwischen L und den Kanten von C_{app}, die links von A liegen. A liegt in $P(C)$ genau dann, wenn die Anzahl der Überschneidungen ungerade ist.

Wir haben *HPOINT* auf einer VAX 8800 implementiert und getestet, wie das Laufzeitverhalten des Algorithmus mit der Komplexität der gegebenen Kurve C und der Anordnung von C und A korreliert. Die Laufzeiten lassen sich sicher noch verbessern, da die Optimierung unserer Programme nicht im Vordergrund unserer Experimente stand. Die Ergebnisse eignen sich jedoch gut für vergleichende Messungen. Abb. 8 und 9 enthalten einige unserer Resultate. t bezeichnet die Laufzeit in CPU-*ms*, und r bezeichnet die Auflösung, bei der die Anfrage beantwortet werden konnte. Die gepunkteten Polygone sind die jeweils r-ten Approximationen von C.

Die Verwendung anderer hierarchischer Darstellungsformen wird das Laufzeitverhalten unserer Algorithmen kaum verbessern. Einen gegebenen Punkt auf Inklusion in einer Ellipse zu testen, hat ungefähr die gleiche Komplexität wie die entsprechenden Tests für ein charakteristisches Polygon (üblicherweise ein konvexes Viereck) oder einen Streifen. Der Test ist etwas einfacher für Kreise oder für achsenparallele Rechtecke. In beiden Fällen ist die Lokalisierung der Kurve jedoch etwas schlechter als im Fall der Ellipse.

Unser Algorithmus *HPOINT* basiert auf der Idee der *Detailhierarchie*. Eine Punktanfrage wird beantwortet, indem man zunächt grobe Näherungen der Kurve C betrachtet und feinere Näherungen nur dort einführt, wo notwendig. Der Algorithmus konzentriert sich auf diejenigen Segmente von C, die die Klassifizierung des Punktes A bei höheren Auflösungen noch verändern könnten. Wie unsere Beispiele zeigen, terminiert *HPOINT* sehr schnell, wenn A vergleichsweise weit von C entfernt ist. Je geringer die Entfernung zwischen A und C, desto höher ist die Auflösung, die zur Beantwortung der Anfrage notwendig ist. Wegen der effizienten Lokalisierung der signifikanten Segmente von C kommt es nicht zu dem quadratischen Anstieg der Laufzeiten, den eine *worst–case* Analyse voraussagen würde.

5. Hierarchische Algorithmen für Mengenoperationen

In diesem Kapitel wird beschrieben, wie sich die Überschneidungen zweier einfacher Kurven durch einen hierarchischen Algorithmus ermitteln lassen. Wie im Falle der Punktanfrage, werden auch hier die Approximationen der Kurven nach zunehmender Auflösung inspiziert, um diejenigen

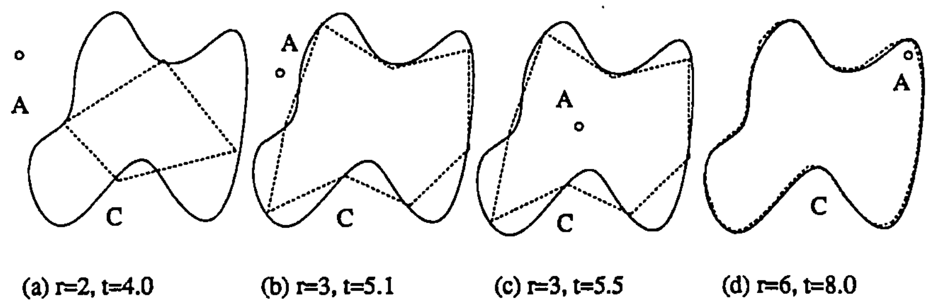

(a) r=2, t=4.0   (b) r=3, t=5.1   (c) r=3, t=5.5   (d) r=6, t=8.0

Abb. 8: C ist ein Spline mit 12 Knoten.

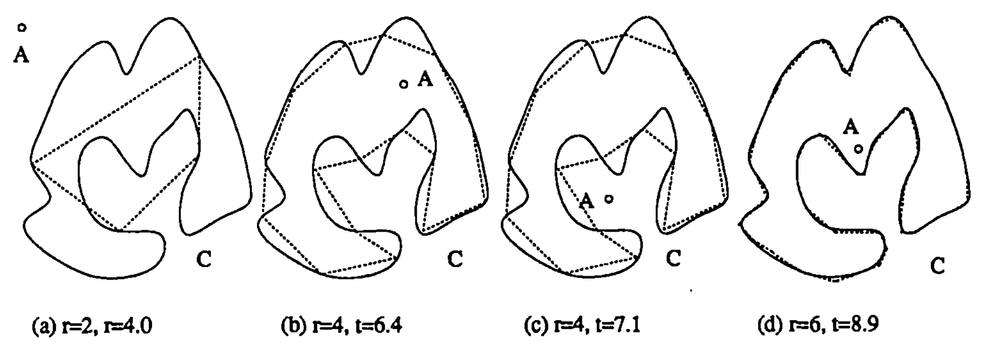

(a) r=2, r=4.0   (b) r=4, t=6.4   (c) r=4, t=7.1   (d) r=6, t=8.9

Abb. 9: C ist ein Spline mit 36 Knoten.

Kurvensegmente zu ermitteln, die an einer Überschneidung beteiligt sein könnten. Ein Entscheidungsproblem (*Gibt es eine Überschneidung?*) kann oft auf den ersten vier bis fünf Baumstufen gelöst werden. Im Falle eines Berechnungsproblems (*Berechne die Schnittpunkte!*) muss Genauigkeit des Resultats mit einer längeren Laufzeit erkauft werden: je mehr Baumstufen in die Berechnung einbezogen werden, desto genauer das Resultat, desto höher die Laufzeit.

Andere Mengenoperationen (wie z.B. Überschneidungen oder Vereinigungen von Flächen) lassen sich auf ähnliche Weise berechnen (vgl. [Gunt87]).

5.1. Überschneidungen zweier Kurven - Entscheidungsproblem

Wir zeigen zunächst, wie getestet werden kann, ob sich zwei gegebene Kurven C und D schneiden. Der hierarchische Algorithmus *HCURVES* beginnt mit groben Approximationen C_{app} und D_{app} von C und D und verfeinert die Auflösung, wo notwendig.

Lemma 4: Die Teilkurven $a_{k,i}$ und $b_{k,j}$, die den Kanten $e_{k,i}$ von C_{app} und $f_{k,j}$ von D_{app} entsprechen, schneiden sich, wenn die folgenden drei Bedingungen erfüllt sind:

(i) $e_{k,i}$ schneidet $f_{k,j}$,

(ii)   die zwei Endpunkte von $e_{k,i}$ liegen ausserhalb der zu $f_{k,j}$ gehörigen Ellipse $F_{k,j}$,

(iii)   die zwei Endpunkte von $f_{k,j}$ liegen ausserhalb der zu $e_{k,i}$ gehörigen Ellipse $E_{k,i}$,

Beweis: Sämtliche Arrangements, in denen alle drei Bedingungen zutreffen, sind in topologischem Sinne äquivalent zu dem Arrangement in Abb. 10.

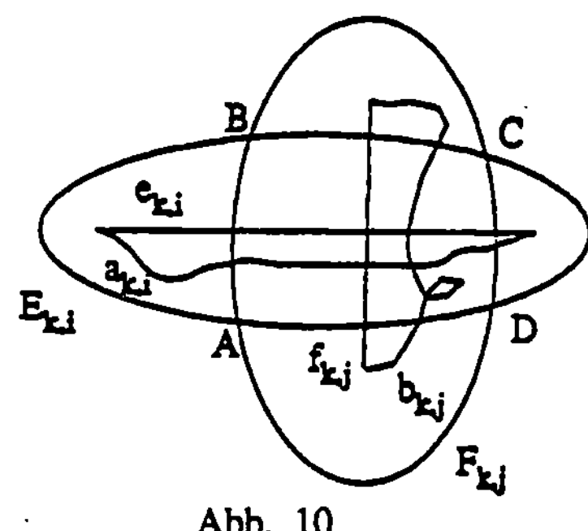

Abb. 10

Der Schnitt der Ellipsen $E_{k,i}$ und $F_{k,j}$ ist ein Viereck ABCD mit gekrümmten Kanten AB, BC, CD, und DA. Das Segment der Teilkurve $a_{k,i}$, das innerhalb von ABCD liegt, verbindet einen Punkt der Kante AB mit einem Punkt der Kante CD. Das Segment der Teilkurve $b_{k,i}$, das innerhalb von ABCD liegt, verbindet einen Punkt der Kante BC mit einem Punkt der Kante DA. Dies ist offensichtlich nur möglich, wenn sich die beiden Segmente schneiden.   □

Der Algorithmus *HCURVES* überprüft jedes Kantenpaar $(e_{k,i}, f_{k,j})$ $(i,j \in \{0,1..2^k\})$, ob sich die zugehörigen Teilkurven möglicherweise schneiden. Nach Lemma 1 kann dies ermittelt werden, indem man prüft, ob sich die zugehörigen Ellipsen $E_{k,i}$ und $F_{k,j}$ schneiden. Falls ja, werden die beiden Kanten $e_{k,i}$ und $f_{k,j}$ markiert und es wird mit Hilfe von Lemma 4 geprüft, ob sich die entsprechenden Teilkurven schneiden. In diesem Fall berichtet *HCURVES* die Überschneidung und terminiert. Wenn nach der Überprüfung sämtlicher Kantenpaare keinerlei markierte Kanten existieren, dann terminiert *HCURVES* mit dem Ergebnis, dass sich C und D nicht schneiden. Ansonsten substituiert *HCURVES* sämtliche markierten Kanten durch die entsprechenden Kanten der nächsthöheren Auflösung, erhöht k um eins, und verarbeitet die verfeinerten Approximationspolygone C_{app} und D_{app} von neuem. Wenn bei der höchsten Auflösung immer noch markierte Kanten existieren, dann wird angenommen, dass sich C und D berühren. Es folgt eine exakte Beschreibung von *HCURVES*.

Algorithmus HCURVES

Eingabe: Die Kurvenbäume T_C und T_D zweier Kurven C und D.

Ausgabe: $C \cap D \neq \phi$?

(1) $C_{app} := C_0, D_{app} := D_0, k := 0.$

(2)   Für jedes Kantenpaar $(e_{k,i}, f_{k,j})$ $(e_{k,i} \in C_{app}, f_{k,j} \in D_{app})$

    (2a) Überprüfe, ob sich die beiden Ellipsen $E_{k,i}$ und $F_{k,j}$ überschneiden.

    (2b) Falls ja, markiere $e_{k,i}$ und $f_{k,j}$; wenn die Bedingungen (i) bis (iii) in Lemma 4 erfüllt sind, oder wenn $e_{k,i}$ und $f_{k,j}$ einen oder zwei gemeinsame Endpunkte haben, terminiere $(C \cap D \neq \phi)$.

(3)   Wenn C_{app} und D_{app} keine markierten Kanten haben, terminiere $(C \cap D = \phi)$.

(4)   Wenn k kleiner ist als die höchste Auflösung, *min (Höhe* (T_C)*, Höhe* (T_D)*)*, substituiere jede markierte Kante $e_{k,i}$ von C_{app} durch die zwei Kanten $e_{k+1,2i-1}$ und $e_{k+1,2i}$. Dto. für jede markierte Kante $f_{k,j}$ von D_{app}. Erhöhe k um eins und gehe nach (2).

(5)   Ansonsten ist die höchste Auflösung erreicht; terminiere $(C \cap D \neq \phi)$.

Wir haben diesen Algorithmes auf einer VAX 8800 mit einigen kleinen Abänderungen implementiert. Erstens wurde der Test, ob sich die Ellipsen $E_{k,i}$ und $F_{k,j}$ überschneiden, ersetzt durch einen Test, ob sich die beiden Umkreise der Ellipsen überschneiden. Wenn dies nicht der Fall ist, dann überschneiden sich auch die beiden Ellipsen nicht. Ansonsten gehen wir von einer Überschneidung aus und verfahren entsprechend. In Experimenten mit exakteren Tests (z.B. unter Verwendung der einschliessenden Rechtecke der Ellipsen, oder der Ellipsen selbst) waren die Laufzeiten stets zwischen 25% und 60% höher. Die genaueren Tests erforderten teilweise erheblich mehr Rechenzeit, haben aber die Anzahl der markierten Kanten nur unwesentlich reduziert.

Zweitens, anstatt Schritt (2) für jedes Kantenpaar $(e_{k,i}, f_{k,j})$ auszuführen, werden die Ergebnisse des Überschneidungstests in Schritt (2a) in Matrizen abgespeichert. Schritt (2) wird nur für diejenigen Kantenpaare $(e_{k,i}, f_{k,j})$ ausgeführt, für die sich die Ellipsen $E_{k-1,\lceil i/2\rceil}$ und $F_{k-1,\lceil j/2\rceil}$ (vom vorhergehenden Durchlauf) überschnitten haben. Falls dies nicht der Fall ist, können sich auch die Ellipsen $E_{k,i}$ und $F_{k,j}$ nicht überschneiden.

Abb. 11 und 12 sind Beispiele für das Laufzeitverhalten des Algorithmus. r bezeichnet die Auflösung, bei der die Anfrage beantwortet werden konnte, und t bezeichnet die Laufzeit in CPU-*ms*.

Auch hier ist zweifelhaft, ob man mit Hilfe anderer hierarchischer Darstellungsformen ein besseres Laufzeitverhalten erzielen könnte. Die entscheidende Operation in *HCURVES* ist der Test, ob sich die

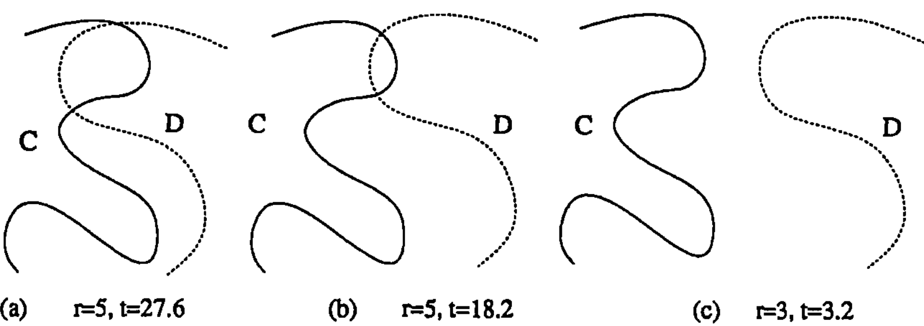

(a)   r=5, t=27.6   (b)   r=5, t=18.2   (c)   r=3, t=3.2

Abb. 11: C ist ein Spline mit 13 Knoten, D ein Spline mit 8 Knoten.

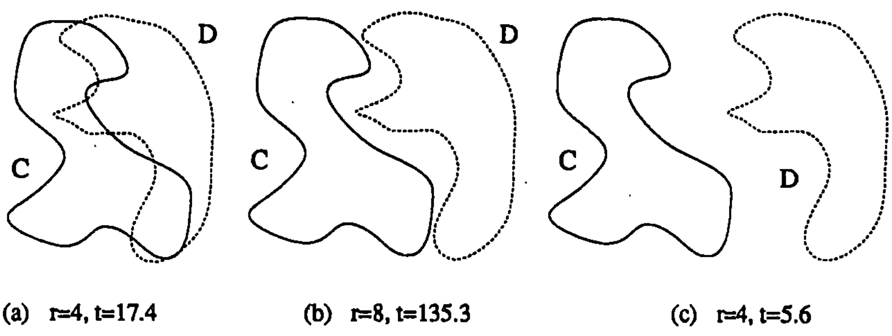

(a)   r=4, t=17.4   (b)   r=8, t=135.3   (c)   r=4, t=5.6

Abb. 12: C ist ein Spline mit 24 Knoten, D ein Spline mit 23 Knoten.

beiden einschliessenden Flächen überschneiden. Für die beiden Umkreise ist dies eine triviale Operation: zwei Kreise schneiden sich genau dann, wenn die Entfernung der beiden Mittelpunkte nicht grösser ist als die Summe der Radien. Die entsprechenden Tests für Rechtecke oder charakteristische Polygone (z.B. konvexe Vierecke) sind um ein Vielfaches komplexer.

Auch hier kommt es nicht zu einem quadratischen Anstieg der Laufzeiten in Abhängigkeit von der Komplexität der Kurven. Das Beispiel in Abb. 12(b) ist sehr CPU-intensiv, da die beiden Kurven sich zwar sehr nahe kommen, sich aber nicht schneiden. Es ist daher notwendig, ziemlich hohe Auflösungen zu betrachten, bevor eine Entscheidung möglich ist. Wir vermuten, dass ein solcher Fall auch unter Verwendung anderer Darstellungsformen und Algorithmen relativ viel Rechenzeit benötigt.

5.2. Überschneidungen zweier Kurven - Berechnung der Schnittpunkte

Die Schnittpunkte werden *berechnet* mit Hilfe des Algorithmus *HCRVCRV*, einer Variante des Algorithmus *HCURVES*. *HCRVCRV* prüft nicht, ob sich zwei Teilkurven überschneiden (vgl. *HCURVES*, Schritt (2b)), sondern verfeinert die Approximationen C_{app} und D_{app} bis eine der folgenden Bedingungen zutrifft: (a) es gibt keine markierten Kanten mehr, oder (b) die höchste Auflösung ist erreicht. Im Fall (a) gibt es keine Schnittpunkte. Im Fall (b) wird jede markierte Kante von C_{app} mit jeder markierten Kante von D_{app} geschnitten und die Schnittpunkte werden ausgegeben.

Algorithmus HCRVCRV

Eingabe: Die Kurvenbäume T_C und T_D zweier Kurven C und D.

Ausgabe: $C \cap D$

(1) $C_{app} := C_0, D_{app} := D_0, k := 0.$

(2) Prüfe für jedes Kantenpaar $(e_{k,i}, f_{k,j})$ $(e_{k,i} \in C_{app}, f_{k,j} \in D_{app})$, ob sich die beiden Ellipsen $E_{k,i}$ und $F_{k,j}$ überschneiden. Falls ja, markiere $e_{k,i}$ und $f_{k,j}$.

(3) Wenn es keine markierten Kanten mehr gibt, terminiere (keine Schnittpunkte).

(4) Ansonsten, wenn k kleiner ist als die höchste Auflösung, *min (Höhe (T_C), Höhe (T_D))*, substituiere jede markierte Kante $e_{k,i}$ von C_{app} durch die beiden Kanten $e_{k+1,2i-1}$ und $e_{k+1,2i}$. Dto. für jede markierte Kante $f_{k,j}$ von D_{app}. Erhöhe k um eins und gehe nach (2).

(5) Ansonsten ist die höchste Auflösung erreicht. Schneide jede markierte Kante $e_{k,i}$ mit jeder markierten Kante $f_{k,j}$, gib die Schnittpunkte aus, und terminiere.

Wir haben diesen Algorithmus mit den gleichen Modifikationen wie im Falle von *HCURVES* auf einer VAX 8800 implementiert. Abb. 13 und 14 sind zwei Beispiele für das Laufzeitverhalten des Algorithmus bei unterschiedlichen Auflösungen r. P ist ein Schnittpunkt, d bezeichnet den Fehler, d.h. den Abstand zwischen P und der Näherung. C_r und D_r sind C's und D's r-te Approximationen, und t bezeichnet die Laufzeit für die Berechnung aller Schnittpunkte (in CPU-*ms*).

Man beachte, dass es nicht zu einem quadratischen Anstieg der Laufzeiten in Abhängigkeit von der Anzahl der Kanten, 2^r, oder der Komplexität der gegebenen Kurven kommt. Der Anstieg der Laufzeiten ist stattdessen ungefähr kubisch in r, d.h. polylogarithmisch in der Anzahl der Kanten. Der Graph in Abb. 15 zeigt den Anstieg der Laufzeiten für Abb. 13 und 14 und für die Auflösungen $r=2$ bis $r=7$. Die gestrichelten Linien bezeichnen den Fehler d, d.h. den Abstand zwischen P und dem Schnittpunkt, der von *HCRVCRV* berechnet wurde.

6. Zusammenfassung und Schlussfolgerungen

Diese Arbeit beschreibt den Kurvenbaum, einen ausgeglichenen Binärbaum, der zur hierarchischen Darstellung von Kurven dient. Der Kurvenbaum ist ein neuer Vertreter einer Klasse von Darstellungsformen, die auf der Idee der Detailhierarchie basieren. Wir präsentieren mehrere Beispiele für das Laufzeitverhalten unserer Algorithmen zur Berechnung unterschiedlicher Mengen- und Suchoperatoren

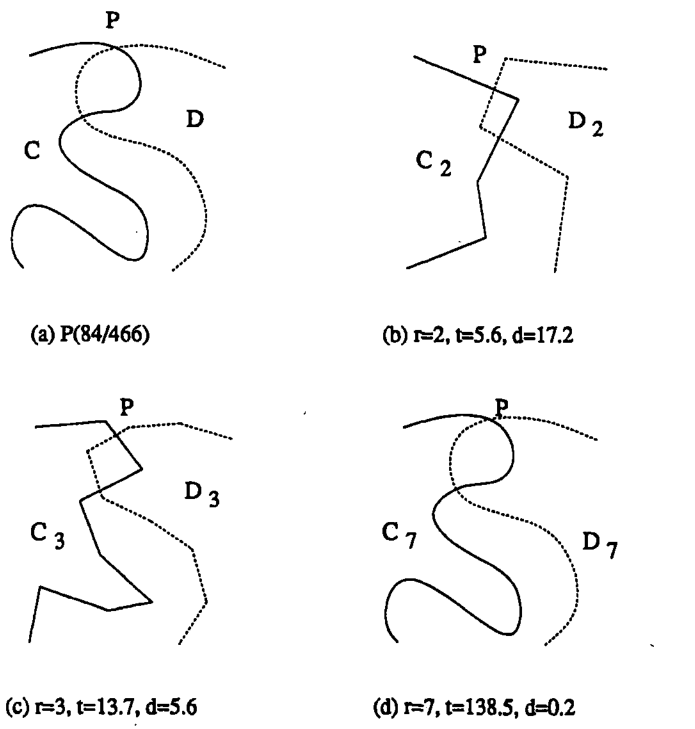

(a) P(84/466)

(b) r=2, t=5.6, d=17.2

(c) r=3, t=13.7, d=5.6

(d) r=7, t=138.5, d=0.2

Abb. 13: C ist ein Spline mit 13 Knoten, D ein Spline mit 8 Knoten.

(wie z.B. Schnittberechnungen oder Punktinklusion). Die Experimente zeigen, dass Entscheidungsprobleme (wie z.B. Punktinklusion) oft auf den ersten vier bis fünf Baumstufen gelöst werden können. Für andere Operatoren (wie z.B. Schnittberechnung) lassen sich unter Verwendung der ersten Baumstufen bereits recht genaue Ergebnisse erzielen. Eine systematische vergleichende Studie der diskutierten hierarchischen Darstellungsformen und Algorithmen ist geplant.

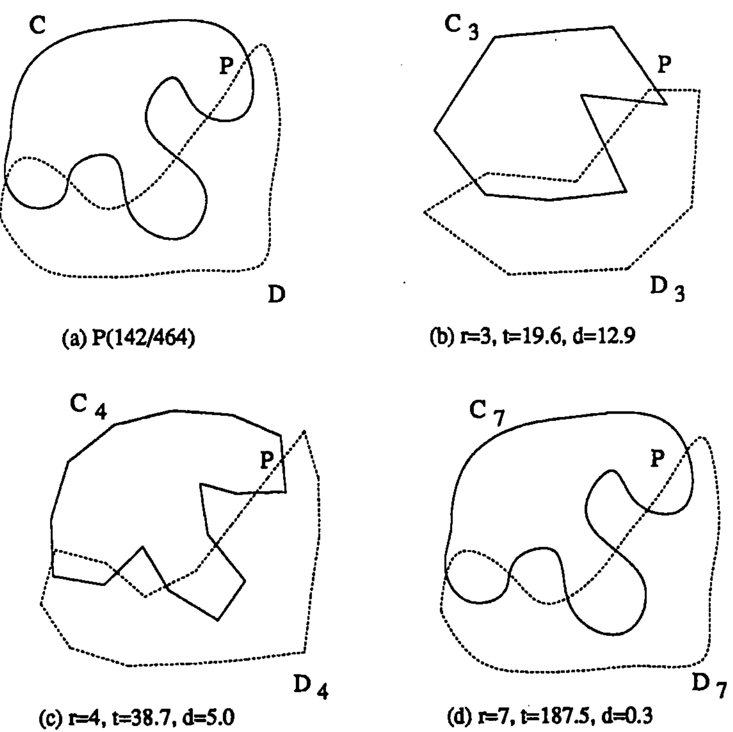

(a) P(142/464)

(b) r=3, t=19.6, d=12.9

(c) r=4, t=38.7, d=5.0

(d) r=7, t=187.5, d=0.3

Abb. 14: C und D sind Splines mit jeweils 20 Knoten.

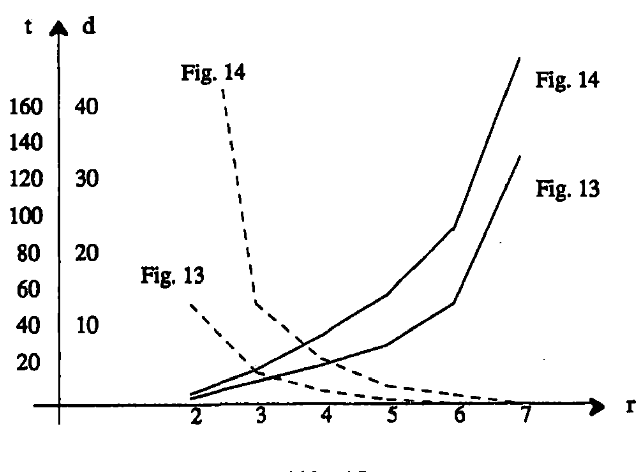

Abb. 15

Literatur

[Ball81]   Ballard, D. H., Strip trees: A hierarchical representation for curves, *Comm. of the ACM* 24, 5 (May 1981), pages 310-321.

[Bezi74]   Bezier, P. E., Mathematical and practical possibilities of UNISURF, in *Computer Aided Geometric Design*, Academic Press, New York, NY, 1974, pages 127-152.

[Debo78]   Deboor, C., *A practical guide to splines,* Springer-Verlag, Heidelberg, West Germany, 1978.

[Gunt87]   Gunther, O., *Efficient structures for geometric data management,* Ph.D. Dissertation, U.C. Berkeley Memorandum No. UCB/ERL/M87/77 (to be published in the Springer-Verlag Lecture Notes in Computer Science series), Nov. 1987.

[Hopc87]   Hopcroft, J. E. and D. B. Krafft, The challenge of robotics for computer science, *Advances in Robotics*, 1987.

[Pavl82]   Pavlidis, T., *Algorithms for graphics and image processing,* Computer Science Press, Rockville, MD, 1982.

[Prep85]   Preparata, F. P. and M. I. Shamos, *Computational geometry,* Springer-Verlag, New York, NY, 1985.

[Same84]   Samet, H., The quadtree and related hierarchical data structures, *Computing Surveys* 16, 2 (June 1984), pages 187-260.

DIE AUSWERTUNG VON POLYNOMEN MEHRERER
VERÄNDERLICHER AUF PUNKTRASTERN

Wolfgang Volk
Sietec – Siemens Systemtechnik
Nonnendammallee 101
D-1000 Berlin 13

Zusammenfassung: Das wohl bekannteste Vorgehen zur Auswertung eines Polynoms einer reellen Veränderlichen an einer vorgegebenen Stelle ist
das Horner-Verfahren, da es mit den wenigsten wesentlichen Operationen auskommt. Ist jedoch ein Polynom an vielen gleichverteilten
Punkten auszuwerten, so sind aus der Literatur andere Methoden bekannt, die den rechnerischen Aufwand weiter reduzieren. Diese Verfahren werden kurz skizziert und auf Polynome mehrerer Veränderlicher
übertragen, wobei das Hauptaugenmerk auf Polynome zweier Variablen
gelegt wird.

1. Einleitung

In vielen Anwendungen, insbesondere bei Approximationsaufgaben,
sind Polynome zweier oder mehrerer Variablen auf Punktrastern auszuwerten. Hierbei wird im eindimensionalen Fall unter einem Punktraster eine
Menge der Form $\{t_0+i\cdot h\,|\,i=0(1)N\}$, wobei t_0, h reelle Zahlen und $h>0$ sei-
en, verstanden, d. h. eine Menge von gleichverteilten Punkten in einem
Intervall.

In Analogie dazu kann der Begriff des Punktrasters auf den mehr-
dimensionalen Fall übertragen werden. Es sei darauf hingewiesen, daß
die "Hauptachsen" nicht notwendigerweise aufeinander senkrecht stehen
müssen. Ein Punktraster im q-dimensionalen Raum wird durch eine Menge
der Form $\{\vec{t}_0+\sum_{j=1}^{q} i_j\cdot\vec{h}_j\,|\,i_j=0(1)N_j$ für $j=1(1)q\}$ definiert, wobei die
Vektoren $\{\vec{h}_j\,|\,j=1(1)q\}$ linear unabhängig seien.

Die Überlegungen, die in der vorliegenden Arbeit angestellt werden,
basieren auf der Voraussetzung, daß die Funktionswerte eines Polynoms
für eine große Anzahl von im Sinne eines Rasters gleichverteilten Punk-

ten zu ermitteln sind. Aus Gründen der Vollständigkeit soll auch definiert werden, was unter einem Polynom - oder präziser, was unter einer ganzrationalen Funktion - verstanden werden soll.

<u>1.1 Definition:</u> Seien $a_0, \ldots, a_m$ reelle Zahlen. Dann heißt die Funktion

$$p: \mathbb{R} \to \mathbb{R}$$
$$t \mapsto \sum_{i=0}^{m} a_i \cdot t^i$$

<u>ganzrationale Funktion</u> vom Grad m zu den Koeffizienten (a_i).

Polynome mehrerer Veränderlicher sind als sogenannte Tensorprodukte definiert.

<u>1.2 Definition:</u> Seien $\{a_{i_1, \ldots, i_j} \mid i_j = 0(1)m_j \text{ für } j = 1(1)q\}$ reelle Zahlen. Dann heißt die Funktion

$$p: \mathbb{R}^q \to \mathbb{R}$$
$$\vec{t} = (t_1, \ldots, t_q) \mapsto \sum_{i_1=0}^{m_1} \cdots \sum_{i_q=0}^{m_q} a_{i_1, \ldots, i_q} \cdot t_1^{i_1} \cdot \ldots \cdot t_q^{i_q}$$

<u>ganzrationale Funktion</u> vom Grad $m = (m_1, \ldots, m_q)$ zu den Koeffizienten $(a_{i_1, \ldots, i_q})$.

<u>1.3 Beispiel:</u> Für den nachfolgend wichtigen Fall $q=2$ ergibt sich speziell

$$p(t,s) = \sum_{i=0}^{m} \sum_{j=0}^{n} a_{i,j} \cdot t^i \cdot s^j = (1, t, \ldots, t^m) \begin{pmatrix} a_{0,0} & \cdots & a_{0,n} \\ \vdots & & \vdots \\ a_{m,0} & \cdots & a_{m,n} \end{pmatrix} \begin{pmatrix} 1 \\ s \\ \vdots \\ s^n \end{pmatrix} .$$

Für eine bessere Lesbarkeit wurde hier auf eine doppelte Indizierung verzichtet. Soweit möglich wird auch in den nachfolgenden Abschnitten diese Form der Darstellung verwendet.

Im nächsten Abschnitt des vorliegenden Aufsatzes werden die aus der Literatur bekannten Methoden zur Auswertung ganzrationaler Funktionen skizziert und die Komplexität dieser Verfahren für eindimensionale Punktraster angegeben. In den Abschnitten 3 und 4 werden diese Methoden auf den Fall eines mehr- und primär zweidimensionalen Definitionsbereich übertragen. Wo keine wesentliche Beeinträchtigung der Lesbarkeit zu befürchten ist, sind die Aussagen allgemein für den q-dimensionalen Fall formuliert. Abschnitt 5 enthält Betrachtungen bezüglich Komplexität und

Stabilität der präsentierten Algorithmen.

2. Die Auswertung von Polynomen einer Veränderlichen

Die klassische Auswertungsmethode für Polynome einer Veränderlichen ist das _Horner-Verfahren_. Es basiert auf einer Umordnung der in Definition 1.1 angegebenen Summe in der Form

$$(\ldots ((a_m \cdot t + a_{m-1}) \cdot t + a_{m-2}) \cdot t + \ldots + a_1) \cdot t + a_0 \, .$$

So unhandlich dieser Ausdruck erscheinen mag, so elegant läßt sich dessen Auswertung algorithmisch beschreiben:

$$v := a_m ;$$
$$\underline{for} \; i \cdot \underline{from} \; m-1 \; \underline{by} \; -1 \; \underline{to} \; 0 \; \underline{do} \; v := v * t + a_i \; \underline{od};$$

Dieses Vorgehen ist für beliebige Werte von t individuell anwendbar. Es macht von den Eigenschaften eines Punktrasters keinerlei Gebrauch.

In der Literatur ist eine alternative Vorgehensweise bekannt (vgl. Schumaker [3] und Volk [5]), die nur auf Punktraster anwendbar ist und im Vergleich zu Horner mit wesentlich weniger Gleitpunktoperationen die gewünschten Ergebnisse erzielt. In der Literatur ist dieser Ansatz unter dem Namen TEM (Tabellenerweiterungsmethode) bekannt. Dieses Verfahren basiert auf dem Begriff der Vorwärtsdifferenzen und deren Eigenschaften.

2.1 Definition: Seien t_0 und $h>0$ reelle Zahlen, $f: \mathbb{R} \rightarrow \mathbb{R}$ vorgegeben und $f_i := f(t_0 + i \cdot h)$ für beliebiges ganzzahliges i. Dann sind die _Vorwärtsdifferenzen_ zur Schrittweite h induktiv durch die folgenden Zuordnungen definiert:

$$\Delta_h^0 f_i := f_i$$

und für $k \geq 1$

$$\Delta_h^k f_i := \Delta_h^{k-1} f_{i+1} - \Delta_h^{k-1} f_i \, .$$

Den Exponenten (k) bezeichnet man als _Ordnung_ der Vorwärtsdifferenz.

Den Zusammenhang zwischen Vorwärtsdifferenzen und Ableitungen zeigt der folgende Hilfssatz auf (vgl. Schumaker [2] S. 54).

<u>2.2 Lemma:</u> *Seien t_0 und $h>0$ reelle Zahlen, $k \in \mathbb{N}$ und f im Intervall $(t_0, t_0+k \cdot h)$ k-mal stetig differenzierbar. Dann existiert $\tau \in (t_0, t_0+k \cdot h)$ mit*

$$\Delta_h^k f(t_0) = h^k \cdot D^k f(\tau) \ .$$

Polynome m-ten Grades zeichnen sich nun gerade dadurch aus, daß ihre m-te Ableitung konstant ist und damit die Ableitungen noch höherer Ordnung identisch verschwinden. Diese Eigenschaft ist wesentlich für das Funktionieren von TEM verantwortlich.

Bei der Anwendung von TEM berechnet man im ersten Schritt mittels des Horner-Verfahrens die ersten $m+1$ Funktionswerte $p_0:=p(t_0)$, $p_1:=p(t_0+h)$, ... , $p_m:=p(t_0+m \cdot h)$ und anschließend die Vorwärtsdifferenzen $\Delta_h^i p_j$ für $i=1(1)m$, $j=0(1)m-i$. p sei hier Polynom m-ten Grades.

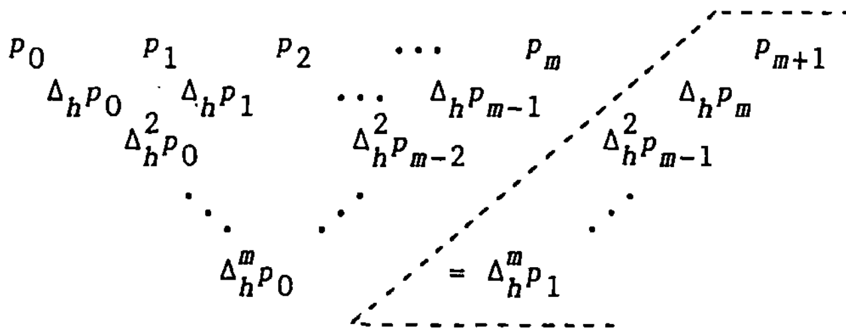

Nun ist, wie oben angemerkt, $D^m p$ und damit auch gemäß Lemma 2.2 $\Delta_h^m p_i$ konstant, also insbesondere $\Delta_h^m p_1 = \Delta_h^m p_0$. Durch die Identität

$$\Delta_h^k p_{i+1} = \Delta_h^k p_i + \Delta_h^{k+1} p_i \ , \tag{2.1}$$

die sich sofort aus Definition 2.1 ergibt, lassen sich nacheinander die Werte $\Delta_h^{m-1} p_2$, $\Delta_h^{m-2} p_3$, ... , $\Delta_h p_m$ und letztlich $\Delta_h^0 p_{m+1} = p_{m+1}$ berechnen. Durch wiederholte Anwendung dieses Schemas erhält man weiter die gewünschten Werte p_{m+2}, p_{m+3}, ...

Obwohl diese Methode wesentlich schneller arbeitet als das Horner-Verfahren ist sie für die Anwendung weniger gut geeignet. Die Funktionswerte p_{m+1}, p_{m+2}, ... werden alle aus den Größen p_0, ... , p_m durch immer mehr arithmetische Operationen abgeleitet. Entsprechend stark akkumulieren sich Rundungsfehler; man kann sogar nachweisen, daß sich der Fehler von p_i proportional zu i^m verhält (vgl. Filtschakow [1] S. 43). Situationsbedingt liegen die Startwerte p_0, ... , p_m größenordnungsmäßig dicht beieinander, so daß durch die Differenzenbildung in der Regel signifikante Ziffern verloren gehen. Dies macht sich ebenfalls sehr schnell als Qualitätsverlust bemerkbar.

Die genannten Nachteile lassen sich durch ein neueres Verfahren (vgl. Volk [5]) vermeiden, allerdings unter Verzicht einfach zu beschreibender Algorithmen. Daher soll hier nur die Arbeitsweise erläutert werden. Eine vollständige Beschreibung des Algorithmus ist im genannten Aufsatz zu finden.

Die nun zu beschreibende Alternative zu TEM basiert auf einer Beziehung zwischen Vorwärtsdifferenzen zu verschiedenen Schrittweiten.

2.3 Satz [4]: *Seien t, $h>0$ reelle Zahlen, $\lambda \geq 2$ ganzzahlig und $f:\mathbb{R} \to \mathbb{R}$. Dann gilt für $k \in \mathbb{N} \cup \{0\}$*

$$\Delta_{\lambda h}^k f(t) = \sum_{j=0}^{(\lambda-1)\cdot k} \gamma_{k,j}^{(\lambda)} \cdot \Delta_h^{k+j} f(t) \ .$$

Die Koeffizienten $\gamma_{k,j}^{(\lambda)}$ nehmen nur ganzzahlige Werte an und sind induktiv durch folgende Zuweisungen definiert:

$$\gamma_{0,0}^{(\lambda)} := 1 \ , \quad \gamma_{0,i}^{(\lambda)} := 0 \quad \textit{für } i \neq 0 \ \textit{und}$$

$$\gamma_{k,i}^{(\lambda)} = \sum_{\ell=0}^{\lambda-1} \binom{\lambda}{\ell+1} \cdot \gamma_{k-1,i-\ell}^{(\lambda)} \quad \textit{für } k \in \mathbb{N} \ \textit{und ganzzahliges } i.$$

Aus diesen Zusammenhängen und der Tatsache, daß Vorwärtsdifferenzen der $(m+1)$-sten und noch höheren Ordnungen für Polynome m-ten Grades identisch verschwinden, können die Werte $\Delta_h^k p(t)$ für $k=0(1)m$ durch Lösen des linearen Gleichungssystems

$$\begin{bmatrix} 1 & 0 & \cdots & 0 \\ 0 & \gamma_{1,0}^{(\lambda)} & \cdots & \gamma_{1,m-1}^{(\lambda)} \\ \vdots & \ddots & \ddots & \vdots \\ 0 & \cdots & 0 & \gamma_{m,0}^{(\lambda)} \end{bmatrix} \cdot \begin{bmatrix} \Delta_h^0 p(t) \\ \Delta_h^1 p(t) \\ \vdots \\ \Delta_h^m p(t) \end{bmatrix} = \begin{bmatrix} \Delta_{\lambda h}^0 p(t) \\ \Delta_{\lambda h}^1 p(t) \\ \vdots \\ \Delta_{\lambda h}^m p(t) \end{bmatrix} \tag{2.2}$$

aus den Werten $\Delta_{\lambda h}^k p(t)$ $(k=0(1)m)$ gewonnen werden. Die Koeffizientenmatrix hat zudem die für numerische Zwecke angenehme Dreiecksgestalt; das Lösen dieses Gleichungssystems erfordert $(m-1)m/2$ Multiplikationen, genau so viel Additionen bzw. Subtraktionen und m Divisionen.

Zur Berechnung der gewünschten Funktionswerte eines Polynoms m-ten Grades auf einem Punktraster ermittelt man zunächst die Funktionswerte $p_0, p_\lambda, \ldots, p_{\lambda m}$ und daraus die unmittelbar ableitbaren Vorwärtsdifferenzen $\Delta_{\lambda h}^k p_{\lambda i}$ für $k=1(1)m$, $i=0(1)m-k$. Dieses Dreiecksschema kann mit

Hilfe der Identität (2.1) ergänzt werden, so daß dann alle Werte $\Delta_{\lambda h}^{k} p_{\lambda i}$ für $i,k=0(1)m$ vorliegen. Durch $(m+1)$-maliges Lösen des linearen Gleichungssystems (2.2) für $t=t_0+\lambda i h$ $(i=0(1)m)$ erhält man die Vorwärtsdifferenzen zur Schrittweite h, $\Delta_{h}^{k} p_{\lambda i}$ für $i,k=0(1)m$, und kann dann wiederum durch Anwendung der Identität (2.1) die Werte $p_{\lambda i+j}$ für $j=0(1)\lambda-1$ und $i=0(1)m$ berechnen.

Dieses Vorgehen kann mehrstufig angelegt werden, d. h. man berechnet nacheinander – ausgehend von $p_{\lambda^n i}$ – zuerst $p_{(\lambda^n i+\lambda^{n-1} j)}$, dann weiter $p_{(\lambda^n i+\lambda^{n-1} j+\lambda^{n-2} k)}$, usw.. Da dieser Algorithmus im wesentlichen auf der Lösung von (2.2) beruht, wird dieses Vorgehen DIM (Differenzeninterpolationsmethode) genannt.

Die Komplexität der vorgestellten Algorithmen soll hier nicht mehr abgeleitet, sondern lediglich angegeben werden. Hierbei werden nur Gleitpunktoperationen betrachtet. Darüber hinausgehender Verwaltungsaufwand wie Schleifensteuerung, Abfragen usw. wird nicht einbezogen.

Das Horner-Verfahren benötigt für jeden Punkt – ein Polynom vom Grad m vorausgesetzt – m Multiplikationen und m Additionen. Eine weitere Addition ist jeweils zur Fortschaltung des Arguments bei der Rasterauswertung erforderlich. Ist dieses Polynom an M Punkten auszuwerten, ergibt sich ein Aufwand von $M \cdot m$ Multiplikationen und $M(m+1)-1$ Additionen.

Für die Anwendung von TEM sind $m+1$ Auswertungen gemäß Horner notwendig. Die Berechnung des Differenzenschemas erfordert $(m+1)m/2$ Subtraktionen. Für jeden weiteren Punkt, an dem das Polynom anzuwenden ist, sind lediglich m weitere Additionen erforderlich. Damit ergibt sich für $M>m$ ein Aufwand von $(m+1)m$ Multiplikationen und $M \cdot m+(m+1)m/2$ Additionen und Subtraktionen.

Die DIM besitzt einen frei wählbaren Parameter λ. Je kleiner der Wert für λ gewählt wird, desto größer wird der Rechenaufwand. Aus Gründen der Einfachheit sei $\lambda \geq m+1$ und $M=\lambda^n(m+1)$. DIM benötigt dann $2n+m \cdot (m+1)+m(m^2-1)/2 \cdot \lambda^n/(\lambda-1)$ Multiplikationen, $(m+1)m \cdot \lambda^n/(\lambda-1)$ Divisionen und weniger als $n+m(2m+1)+m(m+3/2)\lambda^n$ Additionen und Subtraktionen.

Damit ist sofort ersichtlich, daß TEM in Bezug auf minimale Komplexität konkurrenzlos ist. Das instabile numerische Verhalten bei großem M suggeriert allerdings die Wahl einer anderen Methode (vgl. Volk [5]). DIM benötigt etwa nur halb so viel wesentliche Operationen (Multiplikationen und Divisionen) wie das Horner-Verfahren.

3. Die Auswertung von Polynomen mehrerer Veränderlicher

Nachstehend werden die in Abschnitt 2 vorgestellten Verfahren auf Polynome zweier Veränderlicher im Sinne von Definition 1.2 übertragen. Dies geschieht hier mehr aus Gründen der Vollständigkeit und zur Vorbereitung auf den zentralen Abschnitt 4. Für eine bessere Lesbarkeit wird die Nomenklatur von Beispiel 1.3 verwendet und dadurch Doppelindizierung vermieden.

Der Funktionsterm in Beispiel 1.3 läßt sich mit den allgemeingültigen Rechenregeln in die Gestalt

$$p(t,s) = \sum_{i=0}^{m} \left(\sum_{j=0}^{n} a_{i,j} \cdot s^{j} \right) \cdot t^{i} \tag{3.1}$$

umformen, zwei ineinander geschachtelte Polynome unabhängiger Veränderlicher. Algorithmisch läßt sich dann das Horner-Verfahren durch folgende Anweisungen beschreiben:

```
v:=a_{m,n};
for j from n-1 by -1 to 0 do v:=v*s+a_{m,j} od;
for i from m-1 by -1 to 0 do
    w:=a_{i,n};
    for j from n-1 by -1 to 0 do w:=w*s+a_{i,j} od;
    v:=v*t+w
od;
```

Die Variable v enthält das Ergebnis $p(t,s)$.

Bevor auf die Methoden TEM und DIM näher eingegangen wird, soll noch eine Eigenschaft von Tensorproduktpolynomen erläutert werden, die den Einsatz dieser Methoden für allgemeine Punktraster einschränken.

Für jedes s ist die Funktion $p_s := p(\cdot,s)$ ein Polynom m-ten Grades und für jedes t die Funktion $p_t := p(t,\cdot)$ eines n-ten Grades. Betrachtet man das Polynom, das sich ergibt, wenn man p auf eine beliebige Gerade $\{\tau \cdot (t_1,s_1)+(1-\tau) \cdot (t_0,s_0) \mid \tau \in \mathbb{R}\}$ einschränkt, wobei (t_0,s_0) und (t_1,s_1) zwei verschiedene Punkte im Definitionsbereich von p seien, so ist p^* mit $p^*(\tau):=p(\tau \cdot t_1+(1-\tau)t_0, \tau \cdot s_1+(1-\tau)s_0)$ im allgemeinen ein Polynom $(m+n)$-ten Grades.

Die Methoden TEM und DIM werden einschränkend nur für solche Punktraster beschrieben, die achsenparallel sind, d. h. die Form $\{(t_0+i \cdot h_t, s_0+j \cdot h_s) \mid i=0(1)M, j=0(1)N\}$ für vorgegebenes t_0, s_0, $h_t>0$ und $h_s>0$ besitzen.

Für die geschilderte Situation ist die Übertragung von TEM auf den zweidimensionalen Definitionsbereich denkbar einfach. Man berechne zunächst die Werte $p_{0,0}, p_{0,1}, \ldots, p_{0,n}, p_{1,0}, p_{1,1}, \ldots, p_{1,n}, \ldots, p_{m,0}, \ldots, p_{m,n}$, interpretiere jede Zeile dieser Matrix als Funktionswerte eines Polynoms vom Grad n einer reellen Veränderlichen (s. o.) und berechne die Werte $p_{i,j}$ für $j=n+1(1)N$ und $i=0(1)m$ gemäß TEM für den eindimensionalen Fall (s. Abschnitt 2). Analog kann nun jede Spalte der erweiterten Matrix als $m+1$ Funktionswerte eines Polynoms m-ten Grades interpretiert werden. Durch Anwendung von TEM für den eindimensionalen Fall auf jede Spalte der Matrix erhält man alle gewünschten Funktionswerte.

DIM kann ebenfalls auf mehrfache "eindimensionale" Anwendung zurückgeführt werden. Für jede Koordinate t und s kann ein individueller Parameter λ_t bzw. λ_s verwendet werden.

Bei der Anwendung von DIM berechne man im ersten Schritt die Matrix $(p_{i \cdot \lambda_t, j \cdot \lambda_s})_{i=0, j=0}^{m, \quad n}$. Auf jede Zeile dieser Matrix, die als $n+1$ Funktionswerte eines Polynoms n-ten Grades aufgefaßt werden kann, ist DIM, wie in Abschnitt 2 beschrieben, anwendbar. Auf diese Weise erhält man die Werte $(p_{i \cdot \lambda_t, \ell})_{i=0, \ell=0}^{m, \quad N}$. Nun ist DIM auf jede Spalte dieser Matrix anwendbar und man erhält schließlich alle gewünschten Funktionswerte.

Das Vorgehen ist hier nur einstufig beschrieben, kann selbstverständlich aber auch mehrstufig angelegt werden; zweckmäßigerweise zuerst ein- oder mehrstufig in der einen Koordinate und dann ein- oder mehrstufig in der anderen. Offensichtlich ist die Reihenfolge, welche Koordinate zuerst festgehalten wird, beliebig.

Die beschriebenen Methoden können auf beliebigen q-dimensionalen Definitionsbereich sinngemäß übertragen werden.

4. Die Auswertung von Polynomen totalen Grades

Polynome von totalem Grad haben in praktischen Anwendungen gegenüber den Tensorprodukten gewisse Vorzüge, so daß auf die Auswertung auf Punktrastern für diese Klasse von Polynomen hier gesondert eingegangen wird.

__4.1 Definition:__ Seien $m, q \in \mathbb{N}$ und $a_{i_1, \ldots, i_q}$ für $i_1=0(1)m$, $i_2=0(1)m-i_1$, $\ldots$, $i_q=0(1)m-i_1-i_2-\ldots-i_{q-1}$ reelle Zahlen. Dann heißt die Funktion

$$p: \mathbb{R} \to \mathbb{R}$$

$$\vec{t} = (t_1, \ldots, t_q) \mapsto \sum_{i_1=0}^{m} \sum_{i_2=0}^{m-i_1} \cdots \sum_{i_q=0}^{m-i_1-\ldots-i_{q-1}} a_{i_1,\ldots,i_q} \cdot t_1^{i_1} \cdot \ldots \cdot t_q^{i_q}$$

<u>ganzrationale Funktion vom totalen Grad</u> m zu den Koeffizienten $a_{i_1,\ldots,i_q}$.

Eine in der Literatur oft verwendete alternative Schreibweise soll hier auch noch ergänzend angegeben werden:

$$p(\vec{t}) = \sum_{\substack{0 \leq i_1+i_2+\ldots+i_q \leq m \\ i_1,i_2,\ldots,i_q \geq 0}} a_{i_1,\ldots,i_q} \cdot t_1^{i_1} \cdot t_2^{i_2} \cdot \ldots \cdot t_q^{i_q}$$

Polynome von totalem Grad können definitionsgemäß auch als Tensorprodukte aufgefaßt werden. Dies wird dadurch erreicht, daß man die Indizes $i_1, \ldots, i_q$ bei der Summation stets bis zur oberen Grenze m laufen läßt und für $i_1+\ldots+i_q > m$ die Koeffizienten $a_{i_1,\ldots,i_q} := 0$ setzt. Umgekehrt kann auch jedes Tensorprodukt im Sinne von Definition 1.2 auch als Polynom vom totalen Grad $m_1+m_2+\ldots+m_q$ aufgefaßt werden.

Bei Polynomen von totalem Grad überschreitet die Summe der Exponenten $i_1+i_2+\ldots+i_q$ nie den Grad m. Damit ist gewährleistet, daß durch eine Koordinatentransformation das Polynom wieder in ein Polynom vom gleichen totalen Grad überführt wird. Insbesondere ist die Einschränkung auf eine Gerade (vgl. Abschnitt 3) ein Polynom vom gleichen Grad. (Bei eindimensionalem Definitionsbereich fallen die Begriffe Grad und totaler Grad zusammen.) Diese Eigenschaft gestattet es, daß im Gegensatz zu den Überlegungen in Abschnitt 3 allgemeine Punktraster betrachtet werden können.

Der Vollständigkeit halber sei erwähnt, daß der in Abschnitt 3 angegebene Algorithmus für das Horner-Verfahren durch Modifikation der Schleifengrenzen optimal für Polynome von totalem Grad angepaßt werden kann.

Der Kalkül der Vorwärtsdifferenzen kann auch auf die mehrdimensionale Situation übertragen werden; der Index des Differenzenoperators Δ beschreibt nicht mehr die Schrittweite sondern einen Schrittvektor. So sei $\Delta_{\vec{h}} p(\vec{t}) := p(\vec{t}+\vec{h}) - p(\vec{t})$.

<u>4.2 Lemma:</u> *Seien $\vec{h}_1$, $\vec{h}_2$ und $\vec{t}$ Vektoren im q-dimensionalen euklidischen Raum. (Zwischen Vektoren und Ortsvektoren wird in der vorliegenden Arbeit nicht unterschieden.) Dann gilt*

$$\Delta_{\vec{h}_1} \Delta_{\vec{h}_2} p(\vec{t}) = \Delta_{\vec{h}_2} \Delta_{\vec{h}_1} p(\vec{t}) \quad ,$$

d. h. die Operatoren $\Delta_{\vec{h}_1}$ und $\Delta_{\vec{h}_2}$ kommutieren.

Differenzen höherer Ordnung sind wie in Definition 2.1 zu bilden. Lemma 4.2 garantiert, daß eine Sortierung nach den Schrittvektoren vorgenommen werden kann. Die folgenden Überlegungen beleuchten die Zusammenhänge zwischen Ableitungen und Vorwärtsdifferenzen sowie Besonderheiten von Polynomen totalen Grades.

4.3 Definition: Seien $\vec{h} \neq 0$ und $\vec{t}$ Vektoren im q-dimensionalen Definitionsbereich einer reellwertigen Funktion f. Dann heißt f in $\vec{t}$ _Gâteaux-differenzierbar_ in Richtung $\vec{h}$, wenn der Grenzwert

$$D_{\vec{h}} f(\vec{t}) := \lim_{\tau \to 0} \left([f(\vec{t} + \tau \cdot \vec{h}) - f(\vec{t})]/\tau \right) \cdot \|\vec{h}\|^{-1}$$

existiert. $D_{\vec{h}} f(\vec{t})$ nennt man dann die _Richtungsableitung_ in $\vec{t}$ in Richtung $\vec{h}$ der Funktion f. $\|\cdot\|$ bezeichne die euklidische Norm, also $\|\vec{h}\|$ die Länge des Vektors $\vec{h}$.

4.4 Lemma: _Seien $\vec{h}_i \neq 0$ $(i=1(1)\ell)$ und $\vec{t}$ Vektoren im q-dimensionalen Definitionsbereich einer reellwertigen Funktion f. Dann gilt für $k_i \in \mathbb{N} \cup \{0\}$ $(i=1(1)\ell)$_

$$\Delta_{\vec{h}_1}^{k_1} \Delta_{\vec{h}_2}^{k_2} \ldots \Delta_{\vec{h}_\ell}^{k_\ell} f(\vec{t}) = \|\vec{h}_1\|^{k_1} \cdot \ldots \cdot \|\vec{h}_\ell\|^{k_\ell} \cdot D_{\vec{h}_1}^{k_1} \ldots D_{\vec{h}_\ell}^{k_\ell} f(\vec{\tau}) \quad ,$$

für mindestens einen Vektor $\vec{\tau}$, so daß $\vec{\tau} - \vec{t}$ Konvexkombination der Vektoren $\{k_i \cdot \vec{h}_i \mid i=1(1)\ell\}$ ist, sofern f hinreichend oft (Gâteaux-)differenzierbar ist.

Während bei Tensorprodukten von Polynomen nur gewährleistet ist, daß $D_{\vec{e}_1}^{m_1} \ldots D_{\vec{e}_q}^{m_q} p$ konstant ist - $\vec{e}_i$ bezeichne hier den i-ten Einheitsvektor -, besitzen Polynome von totalem Grad weitergehende Eigenschaften.

4.5 Satz: _Seien $\vec{h}_i \neq 0$ $(i=1(1)q)$ und $\vec{t}$ Vektoren im Definitionsbereich von p einem Polynom mit totalem Grad m. Dann ist für $k_i \in \mathbb{N} \cup \{0\}$ $(i=1(1)q)$ mit $\sum_{i=1}^{q} k_i = m$_

$$D_{\vec{h}_1}^{k_1} \ldots D_{\vec{h}_q}^{k_q} p = \text{konstant}$$

und als Konsequenz

$$\Delta_{\vec{h}_1}^{k_1} \ldots \Delta_{\vec{h}_q}^{k_q} p = \text{konstant} \quad .$$

Nach diesen allgemein für den q-dimensionalen Definitionsbereich gültigen Überlegungen sollen die Verfahren TEM und DIM für Polynome von totalem Grad stellvertretend nur für $q=2$ formuliert werden. Für eine bessere Lesbarkeit wird der Ausdruck $\Delta_{\vec{h}_1}^{k}\Delta_{\vec{h}_2}^{\ell}\,p(\vec{t}+i\cdot\vec{h}_1+j\cdot\vec{h}_2)$ durch $\Delta_1^{k}\Delta_2^{\ell}p_{i,j}$ abgekürzt.

Gleichung (2.1) hat für $q=2$ zwei entsprechende Varianten. So ist für beliebige i, j, k, ℓ

$$\Delta_1^{k}\Delta_2^{\ell}p_{i,j} = \Delta_1^{k}\Delta_2^{\ell}p_{i-1,j} + \Delta_1^{k+1}\Delta_2^{\ell}p_{i-1,j} \quad , \tag{4.1}$$

$$\Delta_1^{k}\Delta_2^{\ell}p_{i,j} = \Delta_1^{k}\Delta_2^{\ell}p_{i,j-1} + \Delta_1^{k}\Delta_2^{\ell+1}p_{i,j-1} \quad . \tag{4.2}$$

Darüber hinaus gibt es noch eine symmetrische Beziehung

$$\Delta_1^{k}\Delta_2^{\ell}p_{i,j} = \Delta_1^{k}\Delta_2^{\ell}p_{i-1,j-1} + \Delta_1^{k+1}\Delta_2^{\ell}p_{i-1,j-1} + \Delta_1^{k}\Delta_2^{\ell+1}p_{i-1,j-1} + \tag{4.3}$$

$$+ \Delta_1^{k+1}\Delta_2^{\ell+1}p_{i-1,j-1} \quad .$$

Letztere hat aber in den Anwendungen keine Vorteile, da man mit ihr alleine nicht auskommt und sie eine Kombination aus den Identitäten (4.1) und (4.2) ist.

Ein Polynom mit totalem Grad m besitzt für $q=2$ $(m+1)(m+2)/2$ Koeffizienten. Daher ist so ein Polynom auch vollständig durch genau so viele Funktionswerte bestimmt, wobei die Punkte, die zu den Funktionswerten gehören, bezüglich ihrer Lage gewisse Bedingungen erfüllen müssen. Beispielsweise können aus der Menge $\{p_{i,j}\,|\,i=0(1)m,\ j=0(1)m-i\}$ alle Funktionswerte an den übrigen Punkten des Rasters vollständig abgeleitet werden.

Für die Anwendung von TEM komplettiert man die im ersten Schritt mit dem Horner-Verfahren ermittelten Funktionswerte $\{p_{i,j}\,|\,i=0(1)m,\ j=0(1)m-i\}$, indem man alle daraus ableitbaren Vorwärtsdifferenzen $\{\Delta_1^{k}\Delta_2^{\ell}p_{i,j}\,|\,k+\ell\geq 1,\ i+j+k+\ell\leq m\}$ berechnet und durch Anwendung der Identitäten (4.1) und (4.2) die Werte $\{p_{i,j}\,|\,i=1(1)m,\ j=m-i+1(1)m\}$ ermittelt. Das weitere Vorgehen stimmt mit dem Verfahren von Abschnitt 3 überein, wobei auf die bereits berechneten Vorwärtsdifferenzen zurückgegriffen werden kann. Man beachte, daß durch das oben beschriebene Vorgehen geringfügig Rechenoperationen gegenüber Abschnitt 3 eingespart werden, doch erhöht sich auch weiter die Instabilität. Da dieser Ansatz keine neuen Ideen enthält, soll er auch hier nicht weiter diskutiert werden. Allerdings ist festzustellen, daß für Polynome von totalem Grad TEM auf beliebige Punktraster anwendbar ist.

Neben dem in Abschnitt 3 vorgestellten Ansatz zur Durchführung von DIM, der eine schlichte Übertragung des eindimensionalen Vorgehens beinhaltete, ist noch eine andere Möglichkeit denkbar. Wenn es möglich ist, aus $\{\Delta^k_{\lambda \vec{h}_1} \Delta^\ell_{\mu \vec{h}_2} p_{\lambda i,\mu j} \,|\, k=0(1)m,\ \ell=0(1)m-k\} - i$ und j seien beliebig aber fest – die Werte $\{\Delta^k_{\vec{h}_1} \Delta^\ell_{\vec{h}_2} p_{\lambda i,\mu j} \,|\, k=0(1)m,\ \ell=0(1)m-k\}$ abzuleiten, so könnten die Funktionswerte $\{p_{\lambda i+r,\mu j+s} \,|\, r=0(1)\lambda-1,\ s=0(1)\mu-1\}$ wie folgt ermittelt werden:

1) Man berechnet unter Verwendung von Gleichung (4.2) $\{p_{\lambda i,\mu j+s} \,|\, s=1(1)\mu-1\}$.

2) Mit Hilfe von Identität (4.1) berechnet man aus $\{\Delta^k_1 \Delta^\ell_2 p_{\lambda i,\mu j} \,|\, k=0(1)m,\ \ell=0(1)m-k\}$ die Werte $\{\Delta^k_1 \Delta^\ell_2 p_{\lambda i+1,\mu j} \,|\, k=0(1)m,\ \ell=0(1)m-k\}$.

3) Der vorangegangene Schritt liefert implizit $\{\Delta^\ell_2 p_{\lambda i+1,\mu j} \,|\, \ell=0(1)m\}$, woraus wie im ersten die Funktionswerte $\{p_{\lambda i+1,\mu j+s} \,|\, s=1(1)\mu-1\}$ abzuleiten sind.

Durch Wiederholung der beiden letzten Schritte erhält man schließlich alle gesuchten Funktionswerte.

__4.6 Satz:__ *Seien $\vec{h}_1,\vec{h}_2 \neq 0$ und $\vec{t}$ Vektoren im q-dimensionalen euklidischen Raum, $\lambda \geq 2$, $\mu \geq 2$ ganzzahlige Größen und $f:\mathbb{R}^q \to \mathbb{R}$. Dann gilt für $k,\ell \in \mathbb{N} \cup \{0\}$*

$$\Delta^k_{\lambda \vec{h}_1} \Delta^\ell_{\mu \vec{h}_2} f(\vec{t}) = \sum_{r=0}^{(\lambda-1)k} \sum_{s=0}^{(\mu-1)\ell} \gamma^{(\lambda)}_{k,r} \cdot \gamma^{(\mu)}_{\ell,s} \cdot \Delta^{k+r}_{\vec{h}_1} \Delta^{\ell+s}_{\vec{h}_2} f(\vec{t}) \quad,$$

wobei die Koeffizienten in Satz 2.3 definiert sind.

Aus den im vorstehenden Satz beschriebenen Zusammenhängen läßt sich die oben formulierte Annahme durch das Lösen eines linearen Gleichungssystems verifizieren. Sei zu diesem Zweck

$$A^{(\lambda)}_{k,r} := \begin{bmatrix} 1 & 0 & \cdots & 0 \\ 0 & \gamma^{(\lambda)}_{1,0} & \cdots & \gamma^{(\lambda)}_{1,r-1} \\ \vdots & \ddots & \ddots & \vdots \\ 0 & & 0 & \gamma^{(\lambda)}_{r,0} \\ 0 & \cdots & & 0 \\ \vdots & & & \vdots \\ 0 & \cdots & & 0 \end{bmatrix}$$

für $r=0(1)m$ und $k=r(1)m$ die $(k+1)$-reihige und $(r+1)$-spaltige Untermatrix

der Koeffizientenmatrix des linearen Gleichungssystems (2.2). Mit dieser
Vereinbarung hat das lineare System zur Berechnung der Vorwärtsdifferen-
zen $\{\Delta^k_{\vec{h}_1}\Delta^\ell_{\vec{h}_2}p_{\lambda i,\mu j}\,|\,k=0(1)m,\ \ell=0(1)m-k\}$ folgende Gestalt (die Indizes λi
und μj sind der besseren Lesbarkeit willen weggelassen):

$$
\begin{pmatrix}
A^{(\lambda)}_{m,m} & & & & \\
\gamma^{(\mu)}_{1,0}A^{(\lambda)}_{m-1,m-1} & \gamma^{(\mu)}_{1,1}A^{(\lambda)}_{m-1,m-2} & \cdots & \gamma^{(\mu)}_{1,m-1}A^{(\lambda)}_{m-1,0} \\
& \gamma^{(\mu)}_{2,0}A^{(\lambda)}_{m-2,m-2} & \cdots & \gamma^{(\mu)}_{2,m-2}A^{(\lambda)}_{m-2,0} \\
& & \ddots & \vdots \\
& & & \gamma^{(\mu)}_{m,0}A^{(\lambda)}_{0,0}
\end{pmatrix}
\begin{pmatrix}
p \\
\Delta_{\vec{h}_1}p \\
\vdots \\
\Delta^m_{\vec{h}_1}p \\
\Delta_{\vec{h}_2}p \\
\Delta_{\vec{h}_1}\Delta_{\vec{h}_2}p \\
\vdots \\
\Delta^{m-1}_{\vec{h}_1}\Delta_{\vec{h}_2}p \\
\vdots \\
\Delta^2_{\vec{h}_1}\Delta^{m-2}_{\vec{h}_2}p \\
\Delta^{m-1}_{\vec{h}_2}p \\
\vdots \\
\Delta_{\vec{h}_1}\Delta^{m-1}_{\vec{h}_2}p \\
\Delta^m_{\vec{h}_2}p
\end{pmatrix}
=
\begin{pmatrix}
p \\
\Delta_{\lambda\vec{h}_1}p \\
\vdots \\
\Delta^m_{\lambda\vec{h}_1}p \\
\Delta_{\mu\vec{h}_2}p \\
\Delta_{\lambda\vec{h}_1}\Delta_{\mu\vec{h}_2}p \\
\vdots \\
\Delta^{m-1}_{\lambda\vec{h}_1}\Delta_{\mu\vec{h}_2}p \\
\vdots \\
\Delta^2_{\lambda\vec{h}_1}\Delta^{m-2}_{\mu\vec{h}_2}p \\
\Delta^{m-1}_{\mu\vec{h}_2}p \\
\vdots \\
\Delta_{\lambda\vec{h}_1}\Delta^{m-1}_{\mu\vec{h}_2}p \\
\Delta^m_{\mu\vec{h}_2}p
\end{pmatrix}
$$

$$(4.4)$$

Damit kann die Differenzeninterpolationsmethode wie folgt skizziert wer-
den: Man berechnet zunächst $\{p_{\lambda i,\mu j}\,|\,i,j=0(1)m\}$ mittels Horner-Verfahren
und die Vorwärtsdifferenzen gemäß (4.1) und (4.2) $\{\Delta^k_{\lambda\vec{h}_1}\Delta^\ell_{\mu\vec{h}_2}p_{\lambda i,\mu j}\,|\,k=0(1)$
m, $\ell=0(1)m-k$, $i,j=0(1)m\}$. Durch Lösen des linearen Gleichungssystems
(4.4) für jedes Indexpaar (i,j) erhält man $\{\Delta^k_{\vec{h}_1}\Delta^\ell_{\vec{h}_2}p_{\lambda i,\mu j}\,|\,k=0(1)m,\ \ell=0(1)$
$m-k\}$, woraus sich die gewünschten Funktionswerte, wie bereits weiter
oben angegeben, ableiten. Dieses Vorgehen kann selbstverständlich auch
mehrstufig angelegt werden.

Abschließend ist noch anzumerken, daß es für das Gleichungssystem
(4.4) eine Entsprechung für Tensorprodukte (vgl. Abschnitt 3) gibt.

5. Komplexität und Stabilität

In Abschnitt 2 wurde der Rechenaufwand zur Durchführung des Horner-Verfahrens und von TEM wie auch DIM für eindimensionalen Definitionsbereich angegeben. Dort wurde bereits zu Vergleichszwecken die Anzahl der Rasterpunkte $M=\lambda^n(m+1)$ gesetzt, da bei DIM der Aufwand nicht genau proportional zu M ist. Darüber hinaus soll für nachstehende Betrachtungen auch $N=\mu^n(m+1)$ angenommen werden. Diese Annahmen dienen nur dem Zweck des Vergleichs der Verfahren. (n bezeichnet hier die Anzahl der Stufen von DIM.)

Um die Vergleiche möglichst übersichtlich zu gestalten, sollen hier nur die wesentlichen Operationen, (Gleitpunkt-)Multiplikationen und Divisionen, in die Betrachtungen einbezogen werden. Ferner soll der maximale Exponent für Tensorprodukte sowohl bzgl. t als auch s den Wert m besitzen.

Abschnitt 2 lieferte für die einzelnen Verfahren für eindimensionalen Definitionsbereich ($q=1$) an wesentlichen Operationen:

Horner: $\quad M{\cdot}m$,

TEM: $\qquad (m+1)m$,

DIM: $\qquad 2n+(m+1)m+M{\cdot}m(m+1)/(2(\lambda-1))$

$\qquad\qquad \left[\; = 2n+(m+1)m+M(m+1)/2 \quad,\ \text{für } \lambda=m+1 \;\right]$.

Für Tensorprodukte ergibt sich mit den oben getroffenen Vereinbarungen und $q=2$ für die in Abschnitt 3 vorgestellten Methoden:

Horner: $\quad M{\cdot}N{\cdot}(m^2+2m)$,

TEM: $\qquad (m+1)^2(m^2+2m)$,

DIM: $\qquad (m+1)\{4n+(m+1)(m^2+2m)+m(m+1)/[2(\lambda-1)]{\cdot}M\}+MN{\cdot}m(m+1)/[2(\mu-1)]$

$\qquad\qquad \left[\; \sim M{\cdot}N{\cdot}(m+1)/2+M{\cdot}(m+1)^2/2 \quad,\ \text{für } \lambda,\mu=m+1 \;\right]$.

TEM ist auch hier wieder signifikant schneller durchzuführen als die beiden anderen Methoden. Horner benötigt etwas weniger als $2m$ mal so viel wesentliche Operationen wie DIM.

Abschließend sollen noch Polynome von totalem Grad betrachtet werden. Vorab ist zu bemerken, daß die Lösung des linearen Gleichungssystems (4.4) $m^4/24+m^3/12-m^2/24+11m/12$ Multiplikationen und Divisionen erfordert. Mit dieser Überlegung erhält man für $q=2$:

Horner: $\quad M{\cdot}N{\cdot}(m^2+3m)/2$,

TEM: $\qquad (m+1)^2(m^2+3m)/2$,

DIM: $\qquad 4n+(m+1)^2(m^2+3m)/2+(m^4/24+m^3/12-m^2/24+11m/12)(\lambda\mu)^n/(\lambda\mu-1)$

$\qquad\qquad \left[\; \sim M{\cdot}N/24 \quad,\ \text{für } \lambda,\mu=m+1 \;\right]$.

Nach wie vor benötigt TEM eine von M und N unabhängige Anzahl von Multiplikationen. Der Vorteil von DIM gegenüber Horner wird mit wachsendem m

immer bedeutender.

Während die Stabilität von TEM, wie in [5] an einigen Beispielen demonstriert ist, für große Werte für M und N ungenügend ist, wachsen Rundungsfehler bei DIM nur logarithmisch (proportional zur Anzahl der Stufen n). Damit kann DIM in Bezug auf Genauigkeit durchaus mit dem Horner-Verfahren konkurrieren.

Zum Schluß sei noch darauf hingewiesen, daß TEM wie auch DIM nur die Funktionswerte an einigen wenigen Punkten des Rasters als Eingangsgrößen benötigen, gleichgültig in welcher Form das Polynom vorgegeben ist. D. h. die genannten Methoden sind auch dann anwendbar, wenn das Polynom bezüglich baryzentrischer Koordinaten vorliegt (vgl. Schumaker und Volk [4]).

Literaturverzeichnis

[1]   Filtschakow, P.F.: Numerische und graphische Methoden der ange-
       wandten Mathematik. Vieweg, Braunschweig 1975
[2]   Schumaker, L. L.: Spline Functions; Basic Theory. Wiley, New York
       1981
[3]   Schumaker, L. L.: Numerical aspects of spaces of piecewise poly-
       nomials on triangulations. CAT Report 91, Center of Approxi-
       mation Theory, Texas A&M University 1985
[4]   Schumaker, L. L. und Volk, W.: Efficient evaluation of multivari-
       ate polynomials. Computer Aided Geom. Des. 3 (1986), S. 149 –
       154
[5]   Volk, W.: An efficient raster evaluation method for univariate
       polynomials. Computing 40 (1988), S. 163 – 173

Mit Fehlern leben

Minimierung von Fehlern bei der
Approximation und Transformation
von Splines

Oskar Klemisch

HELLA KG Hueck & Co., Lippstadt
Mitglied der CEFE.

1. Zusammenfassung

Bei der Approximation von Regelkurven und Splines muß man Abweichungen von
der Sollvorgabe zwischen den Stützpunkten zwangsläufig in Kauf nehmen. Des-
gleichen können Abweichungen bei der Transformation in andere Programme auftreten. Anhand von Beispielen werden nachfolgend einige Möglichkeiten zur
Minimierung solcher Fehler aufgezeigt.

2. Einleitung

Freiformflächen werden in der Regel durch Stützpunkte beschrieben, zwischen
denen interpoliert werden muß. Viele Programme benutzen hierzu Polynome 3.
Grades.

Regelkurven, wie z.B. Kegelschnittlinien oder Rollkurven, sind nicht in allen Programmen in der mathematisch exakten Form vorhanden. Man beschränkt
sich in diesen Fällen auf die Berechnung der Koordinaten einer begrenzten
Anzahl von Stützpunkten, zwischen denen wiederum interpoliert wird.

Die Transformation in unterschiedliche Koordinatensysteme ist aus mancher-
lei Gründen nötig. In einigen Fällen stimmt die Anbaulage, in der das Teil
konstruiert wurde, nicht mit der Werkzeugauszugsrichtung überein. In anderen
Fällen wird zur Erzielung höherer Meßgenauigkeiten im Bereich starker Krümmungen gerne in Richtung der Normalen gemessen. Die Koordinaten der Sollvor-
gaben sind zumeist auch hier in Anbaulage vorgegeben.

Transformation in andere Programme wird nötig, wenn z.B. Kunde und Lieferant
mit unterschiedlichen Softwaresystemen arbeiten und Datenaustausch betrei-
ben.

Viele Großbetriebe haben in Entwicklung und Fertigung unterschiedliche System-
konfigurationen um jeweils optimale Arbeitsergebnisse in diesen Bereichen zu
erzielen.

Es gibt also eine ganze Reihe von Aufgabenstellungen, zu deren Lösung wir auf
Approximation und (oder) Transformation zurückgreifen müssen.

3. Approximation einer Parabel

Paraboloide haben die Eigenschaft vom Brennpunkt ausgehende Strahlen parallel
zu richten. Sie werden daher zur Darstellung von Reflektoren für Scheinwer-
fer, Signaleinrichtungen, Richtfunk- und Radarantennen u.ä. eingesetzt. Eine
Parabel wird durch die Formel

$$x^2 = 4fy \tag{1}$$

beschrieben, woraus man für die Berechnung von Punkten auf der Parabel die
Formeln

$$y = \frac{x^2}{4f} \tag{2}$$

und

$$x = 2\sqrt{fy} \tag{3}$$

ableiten kann (Bild 1).

In dieser Form ist die Parabel in einigen Programmen enthalten. Andere Pro-
gramme dagegen bieten diese Darstellung nicht an. In diesen Fällen gibt es die
Möglichkeit, Stützpunkte der Parabel als MACRO einzugeben. Man approximiert
mit Hilfe von SPLINE's eine angenäherte Parabel, die durch die vorgegebenen
Stützpunkte läuft. Abweichungen ergeben sich in den Intervallen zwischen den
Stützpunkten.

Bei entsprechender Verdichtung der Punktfolge ließen sich theoretisch beliebige Genauigkeiten erzielen. Dem steht entgegen, daß manche Programme für
Splines nur eine begrenzte Anzahl von Stützpunkten zulassen. Ältere Versionen
waren auf 5o Stützpunkte begrenzt, neuere Programme lassen bis zu 2oo Punkte
je Spline zu. Große Punktmengen verschlechtern das Antwortzeitverhalten deutlich, besonders beim Aufbau von Flächen.

Die Generierung eines MACRO's ist dann besonders einfach, wenn die Intervall-
Längen in Richtung einer der Hauptachsen konstant sind. Im Falle der Parabel
bieten sich die Achsen x bzw. y an. Teilt man eine Parabel der Brennweite
f = 2o mm von ihrem Scheitelpunkt bis zu einem Öffnungswinkel von 180° in 8
gleiche Teile, dann ergeben sich bei einer Teilung in y-Richtung Intervalle
von 2,5 mm, in x-Richtung beträgt deren Größe 5 mm.

Bild 2 und Bild 3 zeigen die Auswirkung der unterschiedlichen Vorgehensweise
auf die jeweils andere Koordinatenachse. In den Tabellen sind die zugehörigen
Intervall-Längen in Richtung der Koordinatenachse Δx, Δy und als Sehnenlänge
Δs angegeben. Es ist unschwer zu erkennen, daß Δx = const. eine Verdichtung
der Punktfolge im Bereich des Scheitels, Δy = const. dagegen zum freien Ast
hin bewirken. Errechnete Abweichungen für Spline's 3. Ordnung betragen
zwischen den Stützpunkten im Bereich des Scheitels bis 18o° Öffnungswinkel
bei

$$\Delta y = \text{const.}$$

etwa die Größenordnung $1.1o^{-2}$. Über 18o° sinken sie schnell auf Werte
$< 2.1o^{-3}$. Setzt man

$$\Delta x = \text{const.,}$$

dann ergeben sich durchweg Abweichungen in der Größenordnung $1.1o^{-3}$ wenn

$$\Delta x \leq \frac{f}{3}$$

gemacht wird.

Das Beispiel zeigt, daß man ohne großen Aufwand, allein durch sachgemäße
Vorgehensweise, eine Fehlerminimierung erreichen kann.

Abschließend noch der Hinweis, daß man Kurven jeglicher Art für die Berechnung über den Gebrauchsbereich hinaus verlängern sollte, wenn die Richtung der Tangente des Endpunktes nicht bekannt ist. Die Abweichungen
zwischen den jeweils letzten Stützpunkten werden wegen des freien Aus-
schwingens des Spline sonst u.U. zu groß.

Die eleganteste - aber auch aufwendigste - Problemlösung erreicht man dann,
wenn die Punktdichte in Abhängigkeit vom örtlichen Krümmungsradius variabel
ausgelegt wird. In Bereichen kleinerer Krümmungsradien soll die Punktdichte
größer sein als in Bereichen großer örtlicher Krümmungsradien. Die Anzahl
der erforderlichen Stützpunkte ergibt sich aus den zulässigen Abweichungen.
Hier muß aber in jedem Fall geprüft werden, ob die Anzahl der im Programm
zulässigen Stützpunkte nicht überschritten wird.

Ähnliche Überlegungen sollten für die Approximierung aller Regelkurven angestellt werden. Bei freien Kurven muß man - sofern diese Wahl möglich ist - die
Punktfolge stets im Bereich starker Krümmungen verdichten.

4. Kurven aus Flächen

Gekrümmte Flächen werden ähnlich approximiert wie Kurven. Üblich sind kubische
Splines zur Flächenstimmung zwischen den Stützpunkten.

Die Berechnung von Verschneidungslinien erfolgt iterativ. Die Programme legen
die Schrittlängen für die Berechnung der Verschneidungslinie automatisch fest.
Sie ergibt sich aus der frei wählbaren zulässigen Überhöhung (Toleranz) und
dem örtlichen Krümmungsradius. Bei dieser Vorgehensweise gehen von der Verschneidungslinie getroffene Stützpunkte in der Originalfläche verloren. Die
Genauigkeit der Wiedergabe einer Verschneidungslinie hängt hier in erster
Linie von den Stützpunktabständen der Originalfläche ab.

Bild 4 zeigt eine parabolische Fläche in drei Ansichten und in isometrischer
Darstellung. Das Stützpunktraster liegt mathematisch exakt auf der errechne-
ten Fläche. Kurve A entsteht als Schnitt des Paraboloiden mit einer schräg
verlaufenden Ebene. Obwohl die Schnittlinie an einigen Stellen über die
Stützpunktraster verläuft und Stützpunkte genau trifft, gehen deren Koordinaten verloren.

Benötigt man eine genaue Wiedergabe der Stützpunkte auf der Verschneidungslinie, dann ist eine andere Vorgehensweise erforderlich. Der Schnitt muß so
ausgelegt sein, daß die Verschneidungslinie über eine ausreichende Anzahl von
Stützpunkten verläuft (Kurve B in Bild 4). Gegebenenfalls müssen zusätzliche
Stützpunkte längs der Verschneidungslinie errechnet und der Fläche hinzugefügt werden. Anschließend wird die Fläche nicht geschnitten sondern längs
der Verschneidungslinie geteilt! Bei diesem Vorgang werden nur die Stützpunkte
übernommen. Die neue Kurve entsteht nach den Iterationsregeln des Programmes.

Die erzielbare Genauigkeit hängt wiederum ausschließlich von der Punktdichte ab.

5. Transformation in andere Programme

Die Größe von Übertragungsfehlern ist abhängig von der Art der Darstellung der Kurven oder Flächen in den Systemen. Eine genaue Übertragung von einem System in das andere ist nur möglich, wenn beide Systeme das gleiche Iterationsverfahren mit gleichen Intervall-Längen anwenden. Diese Voraussetzung ist so gut wie nie gegeben.

Beschreiben zwei Programme Spline's mit gleichem Polynomgrad aber unterschiedlichem Iterationsverfahren, dann hängt die Übertragungsgüte wiederum in erster Linie von der festgelegten Punktdichte ab. Diese sollte man zur Erzielung optimaler Ergebnisse durch eine zulässige Überhöhung festlegen, aus der sich ein Polygonzug mit variablen Intervall-Längen errechnen läßt. Die Endpunkte der Intervalle sind dann die Stützpunkte des neuen, angenäherten Polynoms. Mit vertretbarem Aufwand sind max. Abweichungen von 1.10^{-3} erzielbar.

Manche Systeme lassen für die Approximation von Splines Polynome bis zum 15. Grad zu. Dadurch entstehen weitere Probleme bei der Übertragung in Systeme, die z.B. nur mit Polynomen 3. Grades arbeiten. Kurven 3. Grades werden heute zwischen solch unterschiedlichen Systemen mit der befriedigenden Genauigkeit von 1.10^{-3} übertragen.

6. Fehler infolge falscher Interpretation

Bei der Durchführung von Translationen gibt es keine Probleme, solange man im gleichen Programm bleibt und die vorgegebenen Stützpunkte beibehält. Die richtige Interpretation von Kippwinkeln dagegen bereitet manchen Konstrukteuren Schwierigkeiten. Fehlerhafte Interpretationen können recht unangenehme Folgen haben.

Bild 5 zeigt einen Ausschnitt aus einer Zeichnung für ein Kunststoffteil. Zur Vermeidung von Hinterschneidungen muß das Werkzeug gegen die Anbaulage gekippt werden. In der x-z Ebene um 17,5° und im Schnitt L-L um weitere 8°.

Die korrekte Vorgehensweise zur Lösung dieses Problems ist in Bild 6 dargestellt. Punkt P liegt auf der mit K49D bezeichneten Kurve, von der ein Abschnitt zu sehen ist. Die Kurve wird zunächst aus der Anbaulage um die
y-Achse mit 17,5° gekippt und in das Koordinatensystem x' y z' transformiert.
Eine weitere Drehung um die x'-Achse mit 8° bringt die Kurve in die Werkzeuglage x' y' z". Mit dieser Transformation verschieben sich dann die Koordinaten von P im ursprünglichen Koordinatensystem in die gewünschte Endlage
(Bild 6c).

Bei der Arbeit am Bildschirm kommt es relativ oft zu einer falschen Interpretation der Darstellung. Nach Bild 7 wurde die Drehung jeweils über die in
den Ansichten angegebenen Winkel durchgeführt. Dies bleibt in der ersten Stufe
noch ohne Folgen, das Ergebnis ist identisch mit dem aus der Drehung um y
bei korrektem Vorgehen. In der zweiten Arbeitsstufe bewirkt die falsche Interpretation eine Verringerung des Drehwinkels um x' von 8° auf 7,63°. Die Fehler
können ein beträchtliches Ausmaß annehmen. Bild 8 zeigt die Abweichungen am
vollständigen Kurvenzug.

Um derartige Fehlinterpretationen zu vermeiden, sollte die Transformationsvor-
schrift jeweils in eindeutiger Form dem Datensatz vorangestellt werden. Damit
ist dann sichergestellt, daß der Werkzeugkonstrukteur die Absichten des Er-
zeugniskonstrukteurs versteht und in sachgemäßer Weise umsetzt.

7. Schlußbetrachtung

Im Umgang mit CAD-Programmen kann der Anwender zunächst einmal fast alle
Fehler machen, die bei konventioneller Arbeitsweise möglich sind. Hinzu kommen
die Schwierigkeiten die sich aus den Programmen und aus dem eingeschränkten -
kleineren - Arbeitsfeld ergeben. Der Beitrag zeigt anhand einiger Beispiele
auf, wie ohne allzu großen Aufwand vermeidbare Fehler ausgemerzt und unver-
meidbare Abweichungen minimiert werden können.

$$x^2 = 4\,fy$$

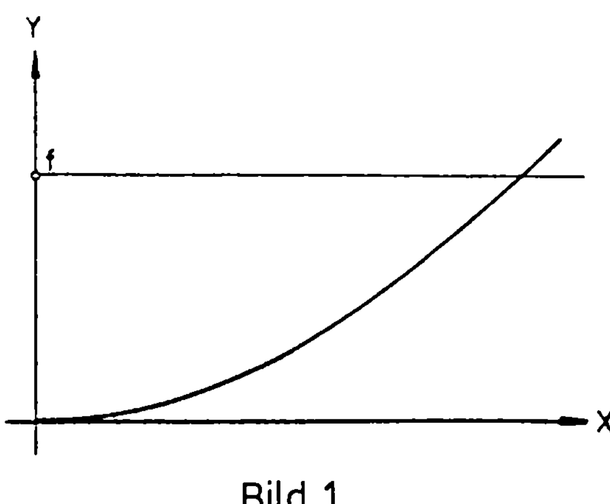

Bild 1

Pkt	y	x	Δx	Δs
1	2,5	14,14	14,14	14,36
2	5	20	5,86	6,37
3	7,5	24,5	4,49	5,14
4	10	28,28	3,79	4,54
5	12,5	31,62	3,34	4,17
6	15	34,64	3,02	3,92
7	17,5	37,42	2,78	3,73
8	20	40	2,58	3,59

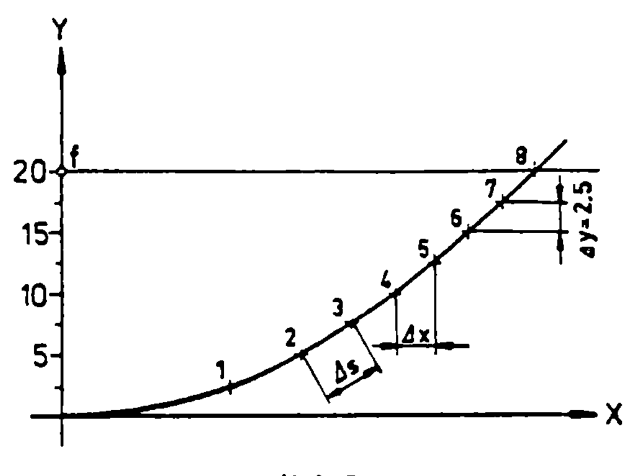

Bild 2

Pkt	x	y	Δy	Δs
1	5	0,31	0,31	5,01
2	10	1,25	0,94	5,09
3	15	2,81	1,56	5,24
4	20	5	2,19	5,46
5	25	7,81	2,81	5,74
6	30	11,25	3,44	6,07
7	35	15,31	4,06	6,44
8	40	20	4,69	6,85

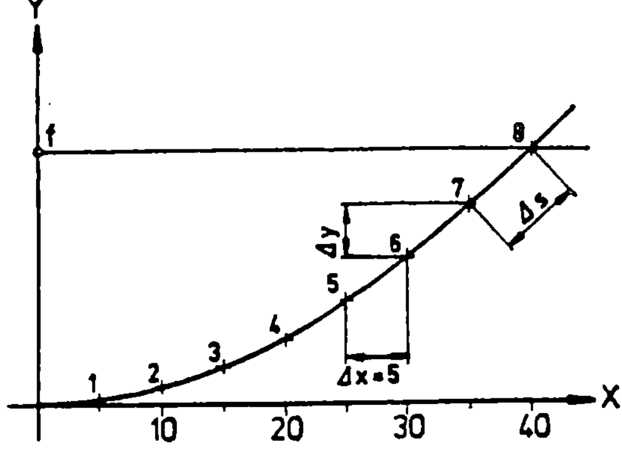

Bild 3

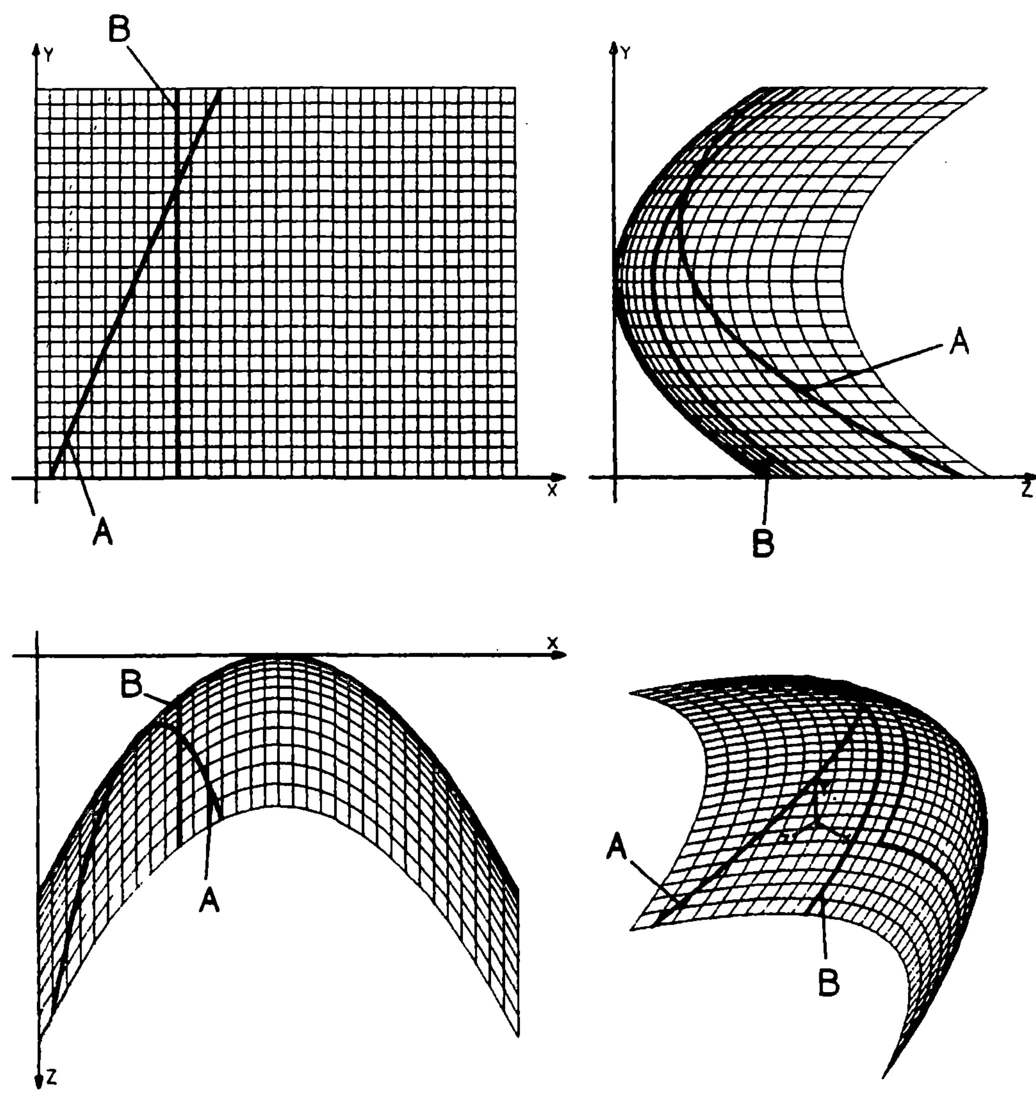

Bild 4

Y
-700 -662 -600
500
E
459
X
400
E
L-L
um 17,5° gedreht
in YZ-Ebene dargestellt
Y
500
8°
Auszugsrichtung
Z
400
L
3200
K49D
E-E
Nullpunkt
L
3300
3305
X
P
K49D
3400
17,5°
Auszugsrichtung
Z

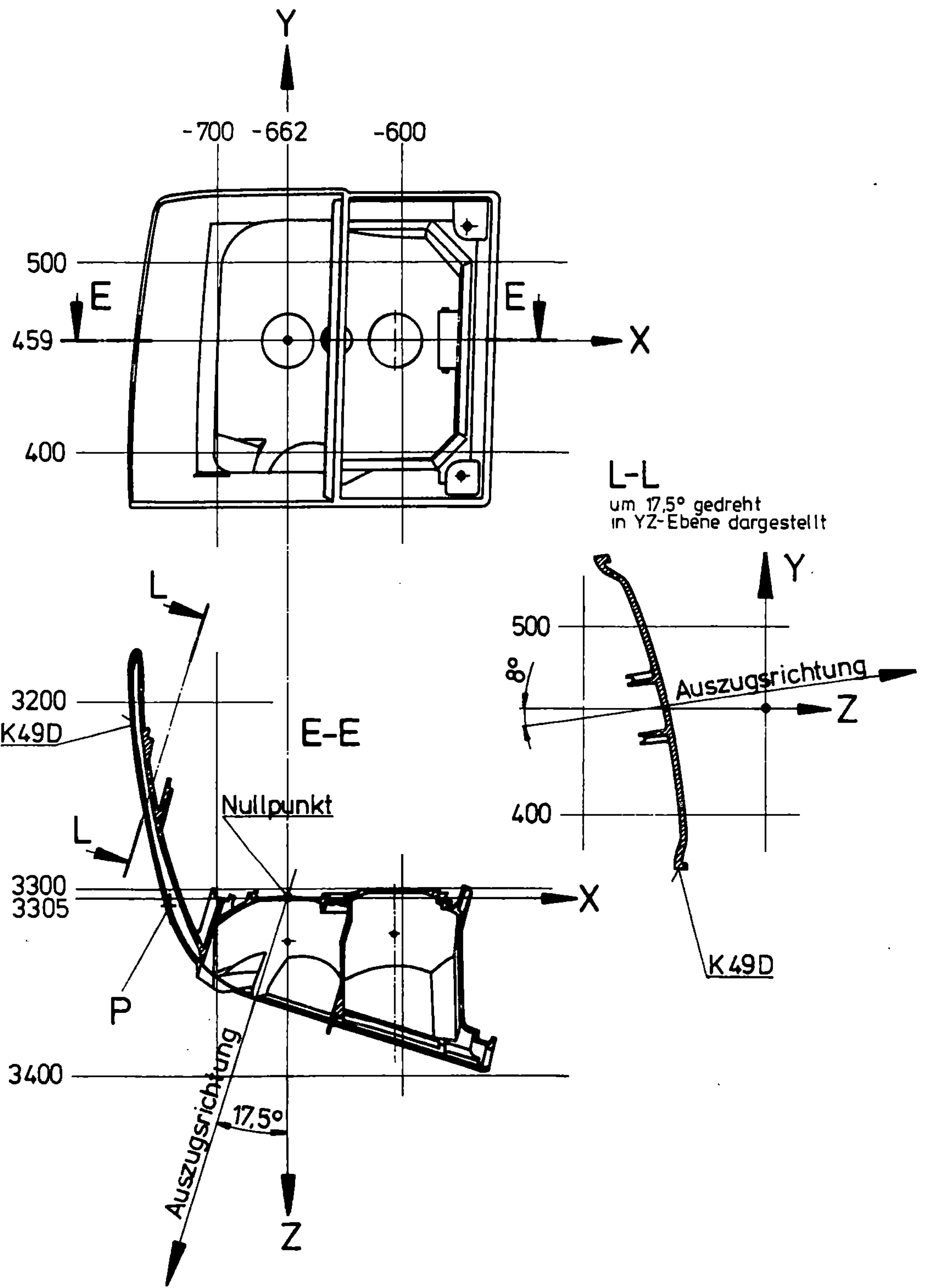

Bild 5

6a) Anbaulage   P = X -64,268
Y -88,517
Z   3,277
Y
X
Y
Z
P
X
Z
K49 D
Y
Z
X

6b) Drehung um Y   P = X -60,308
Y -88,517
Z   22,451
Y
X
Y
Z
K49 D
P
X'
X
175°
Z Z'
Y
Z
X'
X
Z'

6c) Werkzeuglage   P = X -64,022
Drehung um X'   Y -88,112
Z   10,671
Y Y'
X
Y Y'
8°
Z
Z''
K49D
X'
X
P
Z Z''
Y' Y
Z
X'
X
Z''

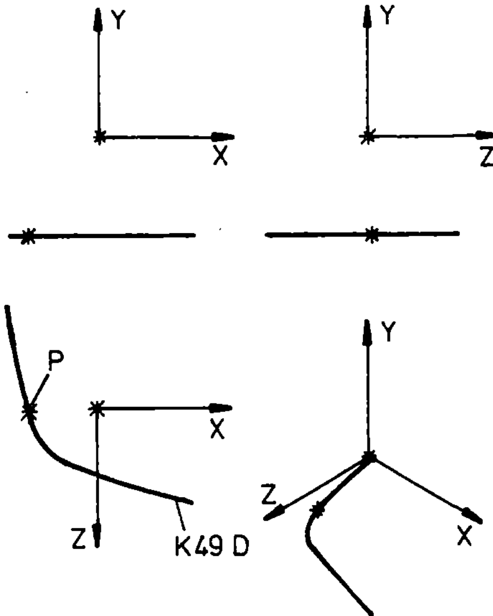

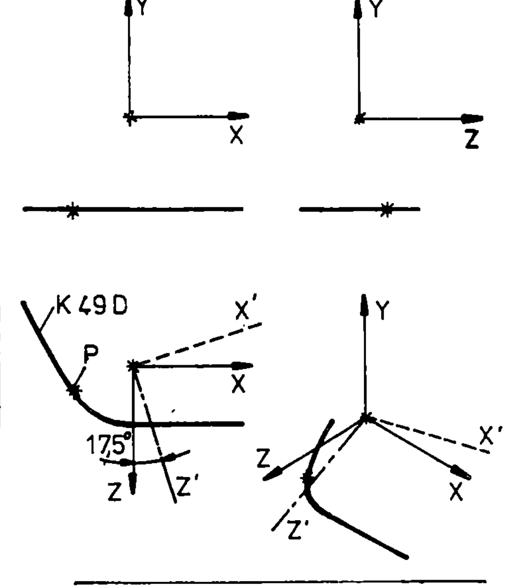

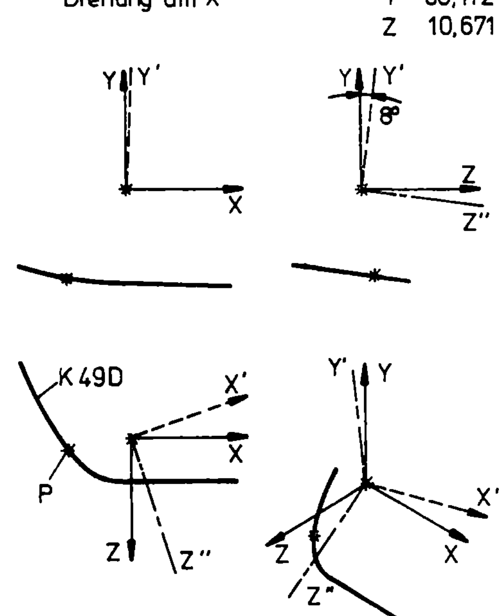

Bild 6

7a) Anbaulage P= X -64,268
Y - 88,517
Z 3,277

Y
X
8°
Y
Z
17,5°
X
P
Z
K49D
Y
Z
X

7b) Projektion auf X'Y'Z' P= X -60,308
Y -88,517
Z 22,451
Y,Y'
X,X'
Y,Y'
Z,Z'
K49D
17,5°
X'
X
P
Z
Z'
Y,Y'
Z
X'
X
Z'

7c) Projektion auf X"Y"Z" P= X -60,308
Y -90,715
Z 10,492
Y,Y"
X"
X
Z"
Y
Y"
7,63°
Z
Z"
K49D
175°
X"
X
P
Z
Z"
Y"
Y
Z
X"
X
Z"

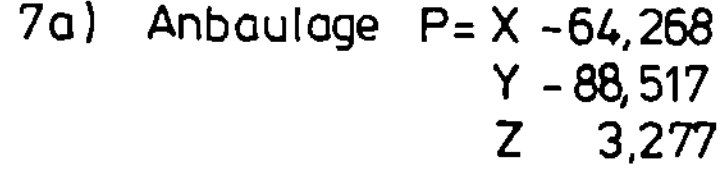

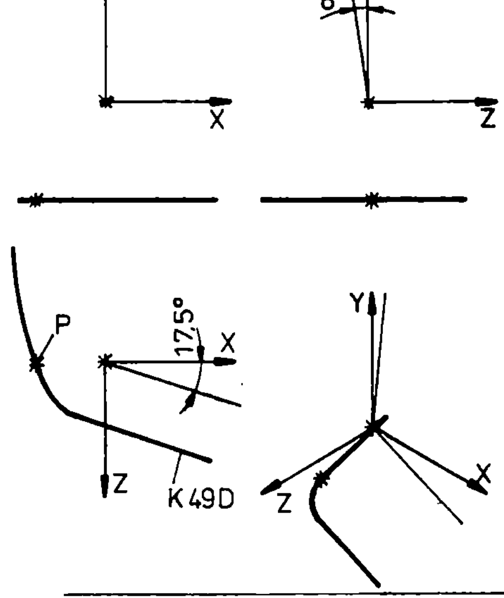

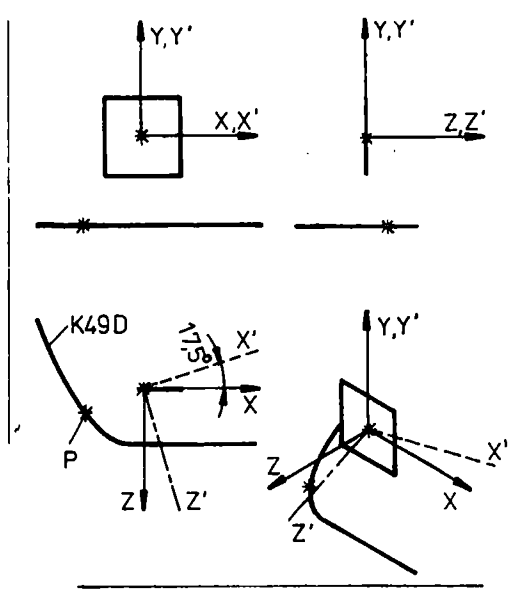

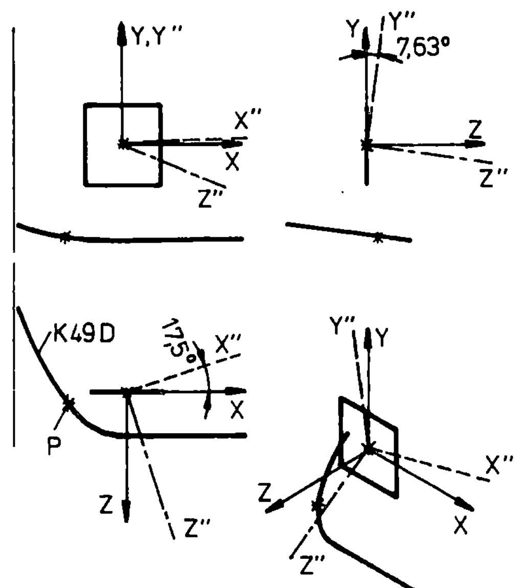

Bild 7

Y
X
Y
Z
Werkzeuglage richtig P = X - 64,022
Y - 88,112
Z 10,671
Werkzeuglage falsch P = X - 60,308
Y - 90,715
Z 10,492
Anbaulage
K49D
P
X
Z
Y
Z
X

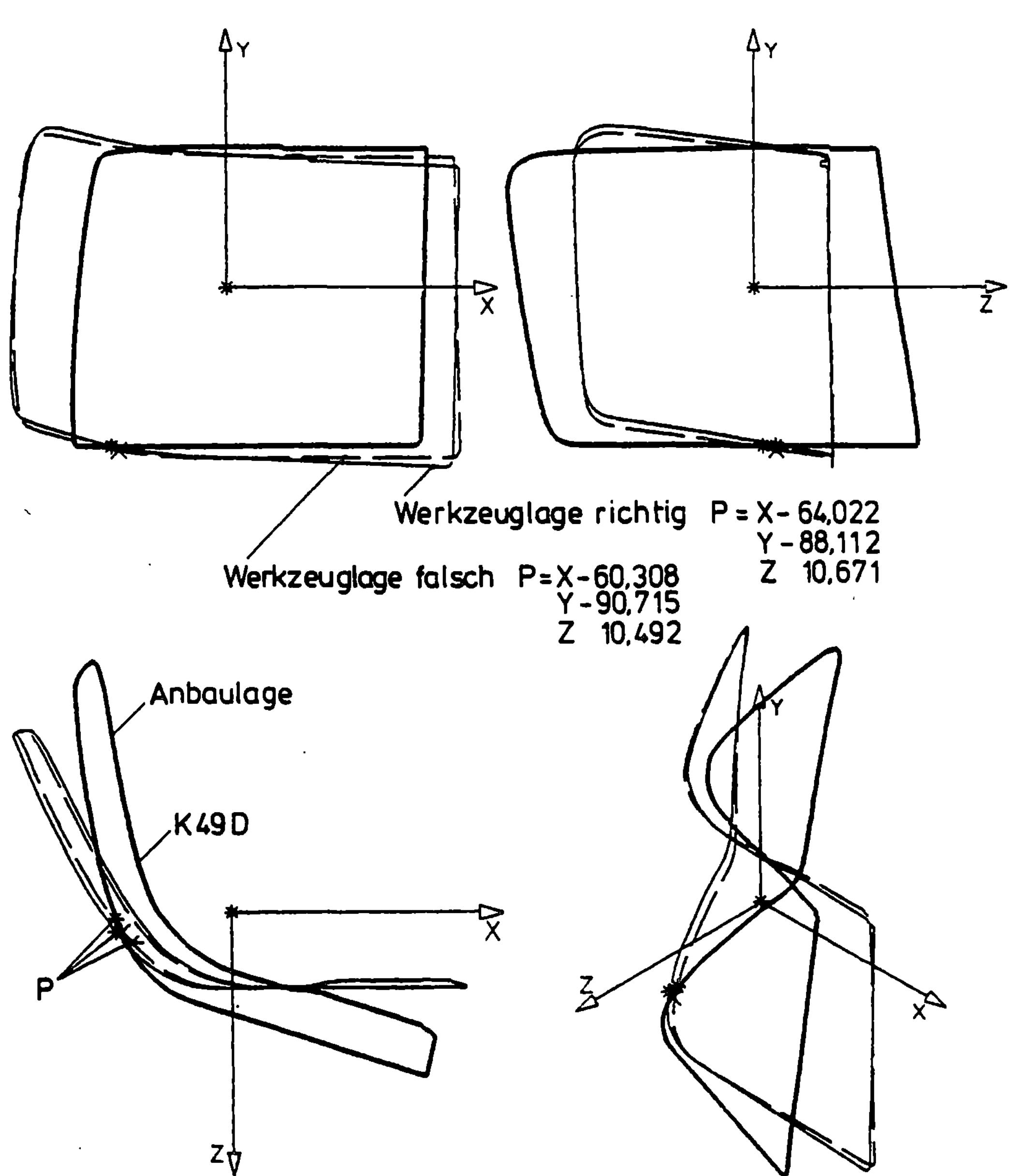

Bild 8

Autorenverzeichnis

Becker B. Dipl.-Inform.
Institut für Angewandte Informatik
und Formale Beschreibungsverfahren
Universität Karlsruhe
Zirkel 2
D - 7500   Karlsruhe 1

Clauer Alexander Dipl.-Ing.
Institut für Praktische Informatik
Technische Universität Wien
Karlsplatz 13/180A
A - 1040   Wien

Egloff P. Dr.
GMD Fokus
Hardenbergplatz 2
D - 1000   Berlin 12

Fellner Wolf-Dietrich Dipl.-Ing. Dr.
Institut für Informationsverarbeitung
Schießstattgasse 4a
A - 8010   Graz

Fröhlich Bernd Dipl.-Inform.
FB Informatik
Universität Kaiserslautern
Erwin-Schrödinger-Straße
D - 6750   Kaiserslautern

Grünbacher Herbert Prof.Dr.
Institut für Technische Informatik
Technische Universität Wien
Treitlstraße 3/182
A - 1040   Wien

Günther Oliver Dr.
Department of Electrical Engineering
and Computer Science
University of California
231 Cory Hall
Berkley CA 94720
USA

Hagen Hans Prof. Dr.
Institut für Graphische DV und Computergeometrie
Universität Kaiserslautern
Erwin-Schrödinger-Straße
D - 6750   Kaiserslautern

Herzner Wolfgang Dipl.-Ing. Dr.
Institut für Physik
Österreichisches Forschungszentrum Seibersdorf
A - 2444   Seibersdorf

Horejs Alexander Dipl.-Ing. Dr.
Institut für Praktische Informatik
Technische Universität Wien
Karlsplatz 13/180D
A - 1040   Wien

Johannsen Andreas Dipl.-Inform.
FB Informatik
Universität Kaiserslautern
Erwin-Schrödinger-Straße
D - 6750 Kaiserslautern

Klemisch Oskar Ing.grad.
Hella KG Hueck&Co
Postfach 28 40
D - 4780 Lippstadt

Köberle Georg
Zentrum für Graphische Datenverarbeitung
Wilhelminenstraße 7
D - 6100 Darmstadt

Ottmann Th. Prof. Dr.
Institut für Informatik
Universität Freiburg
Rheinstr. 10-12
D - 7800 Freiburg i.Br.

Pflug Georg Ch. Prof. Dr.
Mathematisches Institut der Universität Gießen
Arndtstr. 2
D - 6300 Gießen

Posch Karl C. Dr.
Institut für Informationsverarbeitung
Technische Universität Graz
Schießstattgasse 4a
A - 8010 Graz

Pottmann Helmut Univ.-Doz. Dr.
Institut für Geometrie
Technische Universität Wien
Wiedner Hauptstraße 8-10
A - 1040 Wien

Prohaska Michael Dr.
Institut für Höhere Studien
Stumpergasse 56
A - 1060 Wien

Purgathofer Werner Univ.-Doz. Dr.
Institut für Praktische Informatik
Technische Universität Wien
Karlsplatz 13/180
A - 1040 Wien

Santarelli Paolo Dipl.-Math.
Institut für Graphische DV und Computergeometrie
Universität Kaiserslautern
Erwin Schrödinger-Straße
D - 6750 Kaiserslautern

Schulze Guido Dipl.-Math.
Institut für Graphische DV und Computergeometrie
Universität Kaiserslautern
Erwin Schrödinger-Straße
D - 6750 Kaiserslautern

Schwarz Wolfgang Dr.
Kastanienweg 2
D - 6500   Mainz

Stögerer Josef K. Dipl.-Ing.
Institut für Informationsverarbeitung
Schießstattgasse 4a
A - 8010   Graz

Volk Wolfgang Dr.
SIETEC - Siemens Systemtechnik
Nonnendammallee 101
D - 1000   Berlin 13

Wilmersdorf Erich Dipl.-Ing.
Magistrat der Stadt Wien
Rathausstraße 1
A - 1082   Wien

Wong Eugene
Department of Electrical Engineering
 and Computer Science
University of California
231 Cory Hall
Berkley CA 94720
USA